Dino Buzzati

I SETTE MESSAGGERI

Introduzione di Fausto Gianfranceschi

© 1984 Arnoldo Mondadori Editore S.p.A., Milano
© 2018 Mondadori Libri S.p.A., Milano

I edizione Oscar narrativa ottobre 1984
I edizione Oscar scrittori del Novecento settembre 1995
I edizione Oscar Moderni giugno 2018

ISBN 978-88-04-70091-3

Questo volume è stato stampato
presso ELCOGRAF S.p.A.
Stabilimento - Cles (TN)
Stampato in Italia. Printed in Italy

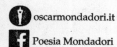 oscarmondadori.it

Poesia Mondadori

Anno 2018 - Ristampa 7

librimondadori.it
anobii.com

Introduzione

Buzzati postmoderno

A Dino Buzzati non si può applicare il modello romantico, tramandato anche in altre forme, di "genio e sregolatezza". Tanto la sua fantasia è stata fervida e fertile, quanto la sua vita è stata lineare almeno esteriormente. Nato il 16 ottobre 1906 presso Belluno, Buzzati proviene da un ambiente di salde tradizioni morali e sociali. Dopo il liceo classico a Milano e la laurea in legge conseguita per accontentare il padre giurista, nel 1928 Buzzati fu assunto al «Corriere della Sera», e da allora, fino alla morte che lo ha colto il 28 gennaio 1972, non ha mai abbandonato quell'azienda editoriale, risiedendo sempre a Milano. Come corrispondente di guerra nella marina, ha partecipato alla battaglia di Capo Matapan e alla seconda battaglia della Sirte. Ha esordito letterariamente nel 1933 con il romanzo *Bàrnabo delle montagne*; il secondo romanzo, *Il segreto del Bosco Vecchio*, è del 1935. Il successo venne nel 1940 con la pubblicazione del terzo libro, *Il deserto dei Tartari*, il romanzo più noto dello scrittore, che suscitò molti consensi e presto fu tradotto in varie lingue.

Tutti i testi successivi – raccolte di racconti, diari, romanzi, commedie, poesie, libretti per opera – hanno contribuito a rafforzare il credito di Buzzati presso il pubblico, nonostante l'innata riservatezza dell'autore, il suo signorile distacco, il suo isolamento dal mondo del professionismo culturale, il suo rifiuto di appartenere a correnti, gruppi e sottogruppi. Anche per questo, forse, Buzzati non ha avuto in vita, nonostante la notorietà, i pieni riconoscimenti critici che la sua originalità e il suo valore meritavano. Dopo la sua morte, invece, l'interesse della critica e dei lettori è andato costantemente crescendo.

Perché per lungo tempo l'opera di Buzzati è stata accolta con una maggiore tara di incomprensione o di mancanza di sintonia che non oggi? In un certo senso Buzzati era in anticipo sui tempi: lo si può definire adesso uno scrittore "postmoderno", un termine che indica la fine delle ipoteche ideologiche sulla cultura e la riconquista di una nuova libertà espressiva.

Buzzati ha composto i suoi libri nel momento forse più ideologizzato della storia della cultura italiana. Eppure di questo condizionamento non si trova alcuna traccia nelle sue pagine: non l'invadenza della politica, non il panpsicologismo e il sessismo, non la visione economicista o classista del mondo, non il positivismo. Il fondamento antropologico della sua opera è il senso drammatico della responsabilità della persona, la percezione costante del bene e del male non storicizzati e non storicizzabili, l'attesa della remunerazione o del castigo: l'opposto dei grandi miti della modernità.

Di qui l'imbarazzo e il non tanto nascosto fastidio dei critici che hanno cercato di classificarlo. Uno dei discorsi più curiosi ed equivoci su Buzzati è quello delle ascendenze letterarie. Si è forzosamente parlato di kafkismo, di favolismo, di neogotico, di ispirazione mitteleuropea. Ora è possibile ridurre queste diversioni alla loro giusta misura e scoprire interamente l'originalità di Buzzati, essendo entrata in crisi l'ideologia storicista (che era alla radice delle altre), per la quale ogni evento dello spirito umano viene dal precedente, e insieme procedono per il meglio. Se cade il dogmatismo di questa visione, si capisce che il discorso su ascendenze e derivazioni va impostato in altro modo. C'è del kafkismo, c'è del neogotico, c'è un'influenza mitteleuropea, e c'è molto altro nelle pagine di Buzzati, ma non come riferimenti diretti, bensì come riferimenti *paralleli*. Sia Buzzati sia coloro ai quali egli è stato accostato, ciascuno con la sua originalità espressiva e con una parte inevitabile di influenze storico-culturali, hanno attinto al grande Immaginario del sapere narrativo universale, alle alte metafore viventi che la modernità ha tentato di mettere fuori gioco ma che non hanno mai smesso di parlare al cuore degli uomini.

D'altronde Buzzati ha indirettamente aggredito lo storicismo rimescolando il tempo in molte sue pagine, creando un tempo indistinto e tuttavia compresente per la potenza della resa narrativa. Uno studioso francese, Robert Baudry, in una relazione al convegno svoltosi a Milano nel novembre 1982 per i dieci anni dalla morte dello scrittore, ha osservato: «L'arte di Buzzati non è una creazione dal nulla, l'invenzione totale di racconti radicalmente nuovi, ma il prolungamento, cosciente o no, dei miti che hanno sempre nutrito l'immaginazione umana, soprattutto in Italia, terra tradizionale dell'antichità in cui essa affonda le proprie radici». È curioso notare che, di fronte ai critici italiani impacciati nel collocare Buzzati e alla ricerca di echi stranieri, uno studioso straniero ripropone invece, alla radice, l'italianità dello scrittore.

Anche la definizione di postmoderno, che ho adottato convenzionalmente, è per qualche verso limitativa. Con la fine delle ideologie, nella cultura si manifesta una consistente tendenza al ritorno del nichilismo, sulla scia della delusione per la crisi del progressismo e del marxismo; questi erano i valori e sembravano assoluti, se cadono tutto cade. L'opera di Buzzati non soffre tale crisi perché in essa non albergano quelle fedi. I valori per Buzzati sono altri, e vivi, e pregnanti, benché soltanto allusi dalla caparbia consapevolezza dell'unicità irripetibile della persona insieme con l'intuizione di una legge superiore, più giusta dei criteri individuali.

In un certo senso Buzzati si confrontò in vita con il nichilismo, con quella strana, anticipata forma di nichilismo che fu, sul piano espressivo, la neoavanguardia degli anni Sessanta. Scompaginiamo l'ordine del discorso, basta con i valori formali, si suggeriva e si cercava di imporre allora, e molti ne furono influenzati. Buzzati rimase indenne, fedele a se stesso; anche per questo fu guardato con sospetto, o fu ignorato, nel dibattito critico che allora sembrava più "avanzato".

Tuttavia, stilisticamente Buzzati pone non pochi problemi. Non è un prosatore d'arte, però possiede un'eccezionale agilità stilistica che fa aderire la scrittura ai modi della situazione narrata. Il suo stile è un problema perché pare che non costituisca alcun problema; è originale perché non segue preordinatamente alcuna maniera, né d'altronde vuole colpire con la sua originalità. Inerente alla materia della narrazione, coincide con il suo andamento, e se ne possono cogliere toni cangianti in uno stesso racconto, o addirittura in pochi capoversi. Volendo ridurre in una sintetica classificazione la varietà stilistica buzzatiana, si possono indicare due poli principali d'attrazione che si influenzano reciprocamente: il discorsivo-quotidiano e il metaforico, ricco di similitudini, di immagini, addirittura di barocchismi. Alle volte le due forme si incastrano, alle volte sono in contrappunto con le situazioni narrate; la metafora, cioè, può lampeggiare all'improvviso per dare una prospettiva impensata a un quadro comune, come un'imboscata dell'autore; e al contrario una descrizione fredda e oggettiva può funzionalmente precedere l'apertura di una dimensione misteriosa, che si armonizzerà senza discordanze nel tessuto letterario.

Queste le modulazioni stilistiche di una narrativa che coniuga un rigoroso senso etico con l'attesa del meraviglioso, e con l'amore e la compassione per le creature, nel segno della speranza. Si resterebbe però nel dominio dei meri concetti se non si aggiungesse qualche osservazione sul modo tipico che Buzzati inventa per trasfondere il mondo delle sue idee e delle sue emozioni nella creazione letteraria. La particolarità strutturale ricorrente nelle sue pagine è lo scatto di un inverosimile che però non ha mai apparenze gratuite (come nel surrealismo) né disperatamente inappellabili e incomprensibili (come in Kafka), ma assume il valore di una quarta dimensione che aiuta a capire, che completa il senso dell'approccio a un'esperienza, a un'avventura. Un po' come accade a quegli etnologi che, studiando una società lontanissima, si accorgono della sua suscettibilità – proprio perché "inverosimile" rispetto ai nostri moduli mentali – a modificare e ampliare la visione delle cose.

Buzzati non vuole sorprendere epidermicamente con le sue invenzioni e i suoi artifici; li usa con una fantasia vivacissima, ma per condurci subito al loro interno, per mostrarcene gli ingranaggi, per farceli sentire come espressioni di un allarme che gli urge nel cuore, per il sospetto che ogni situazione abbia un lato nascosto non immediatamente percepibile, eppure reale e significativo. Sorretta da un desiderio di conoscenza, la fantasia di Buzzati non trascolora nell'arbitrio o nell'assurdo puro; essa è semplicemente alla ricerca di un più di significato. Buzzati parte sempre da dati di fatto comuni, quelli della realtà con cui tutti abbiamo dimestichezza; la sorpresa si sviluppa gradatamente, quasi insensibilmente, da premesse psicologicamente accettabili. I protagonisti delle sue storie sono personaggi normali, e se le cose intorno a loro assumono movenze fantastiche, essi vi scivolano dentro quasi naturalmente, incontrandosi con le relazioni segrete che costituiscono il sottofondo dell'esistenza. Come un libro non si esaurisce nei segni impressi sulle sue pagine, così una vita umana non si esaurisce nei suoi accadimenti (così per la storia, così per le vicende della natura).

È il modo tradizionalmente corretto di leggere il grande libro del mondo; il simbolo, la metafora, non sono più mere proiezioni della psiche individuale, ma diventano la realtà, quella non immediatamente visibile e tangibile, quella da decodificare; e a sua volta la realtà diventa simbolo.

Attraverso l'immaginazione creatrice e l'intuizione dell'invisibile, Buzzati indica i sentieri della libertà spirituale sui quali si può recuperare una sufficiente ampiezza dell'essere, contro gli impulsi riduttivi della modernità in declino.

I sette messaggeri

I sette messaggeri è la prima raccolta di racconti pubblicata da Buzzati, nel 1942. I due romanzi giovanili, *Bàrnabo delle montagne* e *Il segreto del Bosco Vecchio*, avevano suscitato scarsa attenzione; ma nel 1940 si era imposto il caso Buzzati con il romanzo-cardine dello scrittore, *Il deserto dei Tartari*. Dunque questa raccolta poteva contare su un pubblico già avvertito, e difatti nello stesso anno fu stampata una seconda edizione. Cominciava così la fortunata serie di racconti in volume che rappresentano un aspetto di grande rilievo nella produzione narrativa dello scrittore bellunese.

Nel primo racconto di questo libro, che dà il titolo alla raccolta, perdura l'eco del *Deserto dei Tartari*, con un accentuato simbolismo. Il protagonista è un giovane principe in viaggio verso i confini del suo regno per prenderne possesso. Rimane in contatto con la capitale tramite sette messaggeri che fanno incessantemente la spola; più il principe si allontana, più si allunga il percorso di ciascun messaggero, più aumenta l'intervallo di tempo tra l'arrivo di un messaggero e il successivo. Il viaggio non ha fine, le frontiere sembrano ritirarsi lontano, forse il principe si è perduto nell'ignoto. I calcoli sono chiari: l'ultimo messaggero, appena partito, tornerà con le sue notizie dopo un numero di anni così grande che allora il principe sarà morto. La strana geometria delle moltiplicazioni rende più suadente e insieme arcano come un imperativo del destino il progressivo distacco del principe dalle sue memorie, dalle radici della vita, spinto inesorabilmente – come Drogo, il protagonista del *Deserto dei Tartari* – da una forza a lui stesso sconosciuta. Così, secondo la metafora del racconto, i messaggeri segreti del nostro cuore non riescono a tenere il passo tra noi e le sembianze di quel che eravamo, e che rimane una parte viva e fondante della nostra esistenza.

I sette messaggeri consente un accostamento a uno scrittore, Jorge Luis Borges, che Buzzati certamente non conosceva negli anni Quaranta; un accostamento che nella sua natura puramente *parallela* contribuisce a rafforzare l'indicazione di un "fondo" sotterraneo comune di miti, di immagini, di trame archetipe, cui tutti i grandi scrittori visionari hanno attinto, anche i contemporanei, Kafka come Buzzati, Borges come Hoffmannsthal, anche senza conoscersi tra loro. La passione di Borges per le enumerazioni e per le progressioni matematiche ha uno specchio evidente nei *Sette messaggeri*; ma le correlazioni possibili fra i due autori, che pur non si conoscevano all'epoca della loro aurorale, più fervida attività, vanno oltre, e le accenno rapidamente: la visione labirintica del mondo; l'attenzione alle coincidenze e ai rapporti segreti fra le cose; la convinzione che esista una significativa simmetria in avvenimenti all'apparenza diversi e lontani; l'ambientazione spazio-temporale spesso esotica e remota; il debito di entrambi verso le suggestioni del favolismo orientale. Certo, le differenze stilistiche sono notevoli; Borges è più lucido e ironico nei suoi giochi eruditi, sostenuti tutti di testa, mentre Buzzati, più narratore che elegante ricercatore di incastri culturali, fa partecipare anche il cuore e i nervi alle sue invenzioni; ma le analogie esistono, e liberano Buzzati dalla schiavitù di riferimenti che si possono ricomprendere in un orizzonte assai più vasto ove ciascun autore ha la sua cifra e tuttavia è tributario, insieme con gli altri, di una ininterrotta tradizione.

In questo volume il racconto centrale è *L'uccisione del drago*. Un racconto-chiave nella poetica di Buzzati. Lo scenario, descritto minuziosamente, è quello di una caccia in montagna; soltanto la preda è singolare: un essere mitologico, un drago, rimasto da millenni chissà come rintanato nell'antro di un anfiteatro roccioso. Gli uomini sono bene armati di fucili, colubrine e mazzapicchi, ma la lotta sembra interminabile perché il portentoso animale ha una vitalità quasi inesauribile; mentre i suoi carnefici lo torturano, si limita a emettere un fitto fumo dai fianchi e a lanciare verso il cielo strepiti orrendi. È come se in quel momento si compisse un sacrificio cosmico, l'ultimo atto di una lotta fra due mondi, quello degli uomini che basano la loro superiorità sull'orgoglio tecnologico, e l'altro di cui il drago è il superstite testimone. Finalmente la bestia massacrata cessa di vivere, ma nessuna allegria pervade i cacciatori: è come se avessero commesso un sacrilegio. Il capo della spedizione muore intossicato dai vapori emessi dalla sua vittima, mentre tutti sentono il peso di una maledizione.

L'uccisione del drago è un racconto-chiave a cominciare dalla datazione, che ha un valore eminentemente simbolico, indicativo per molte altre pagine dello stesso scrittore. In genere la collocazione temporale delle invenzioni di Buzzati rimane incerta, e tuttavia assume un senso emblematico. Nel *Deserto dei Tarta-*

ri vari elementi fanno pensare a un tempo storico a cavallo fra l'Ottocento e il Novecento (come, con le divise asburgiche, ha perfettamente intuito Zurlini nella trasposizione cinematografica del romanzo). Altre opere hanno la stessa ambiguità cronologica, da *Bàrnabo delle montagne* a parecchi racconti. Nell'*Uccisione del drago*, invece, la data degli eventi è indicata per esteso: «Nel maggio 1902...», così comincia la prima riga; e la precisione del riferimento conferma l'impressione suscitata da altri testi. La data segna una specie di centro, come un'età ideale, perché in bilico fra il nostro tempo e un mondo favoloso-romanzesco che nascostamente sopravvive (dove Buzzati incontra e assume i suoi modelli); in bilico fra una dimensione leggendaria e il pragmatismo dell'uomo contemporaneo, aggressivo ma tuttora insicuro perché sente gravare il retaggio e l'ammonimento degli evi trascorsi. Quel 1902 è il geroglifico di una operazione di sutura fra il tempo mitologico che si protrae sotterraneamente fino all'ultimo superstite della stirpe dei draghi, e il tempo odierno in cui i mostri continuano a vivere dentro di noi. Ha dunque un significato traslato, valido – come schema sottinteso – anche per altre opere di Buzzati differentemente ambientate: una vicenda che si svolge in epoche remote avrà una risonanza nitida e decifrabile nel linguaggio di oggi; così il presente sarà vivo e significativo soltanto se lo si vede come incrocio fra la risacca del passato e le possibili quanto imprevedibili mutazioni dell'avvenire; infine il futuro, quello fantascientifico (nel romanzo *Il grande ritratto*, in molti racconti), avrà il volto di un'anticipazione ricalcata a nostra somiglianza.

Altri elementi tipici della complessa poetica di Buzzati sono presenti in questa prima raccolta di racconti. *Eleganza militare* è una preziosa espressione della sensibilità dello scrittore per i valori eroici, esaltati non nell'esteriorità del bel gesto spettacolare, bensì nel loro effetto di trasmutazione interiore; difatti un magico mutamento, che nel racconto diventa visibile secondo lo stile visionario di Buzzati, è il nodo catartico della narrazione: ufficiali e soldati irreprensibilmente abbigliati alla partenza per una manovra, a mano a mano che la marcia si trasforma in una pericolosa e interminabile azione di guerra, perdono il loro bell'aspetto, le loro divise si lacerano, e tuttavia essi assumono una bellezza superiore che si manifesta anche in ornamenti fiabeschi.

Sette piani è un altro racconto memorabile, dal quale Buzzati ha tratto un eccellente testo teatrale, *Un caso clinico*. Quel malato che scende inesorabilmente di piano in piano nella clinica dove è entrato con la fiducia di uscirne in breve tempo completamente guarito, incarna una terribile metafora dell'avventura umana, dalla quale non si esce mai vivi. In *Sette piani*, come in altre opere di Buzzati, la prospettiva della morte è ciò che dà insieme senso e nonsenso all'esistenza.

Il penultimo racconto, *Il sacrilegio*, ha i toni di una favola ingenua, con quel bambino che passa nell'al di là convinto di aver commesso un peccato mortale, e perciò è sottoposto al giudizio del tribunale celeste; ma l'ingenuità – da racconto popolare edificante – è una delle maschere sapienti di Buzzati, che qui lo scrittore indossa forse per pudore, toccando per la prima volta uno dei temi periodicamente emergenti nella sua narrativa, e tuttavia tra i meno notati dalla critica: un profondo sentimento religioso unito alla persuasione ancor più radicata di un'infrangibile dialettica tra il bene e il male cui le creature umane non possono sottrarsi perché dotate di libertà. Per Buzzati il senso di colpa non è un complesso, è un complemento della dignità dell'uomo.

Fausto Gianfranceschi

Cronologia

1906
Dino Buzzati Traverso nasce il 16 ottobre a Belluno, nella villa di proprietà della famiglia in località San Pellegrino. Ma per gran parte dell'anno i Buzzati risiedono a Milano, nella casa di piazza San Marco 12. Il padre, Giulio Cesare Buzzati, è professore di Diritto internazionale all'Università di Pavia e alla Bocconi di Milano. La madre, Alba Mantovani, è discendente di una nobile famiglia, e sorella del letterato e scrittore Dino Mantovani. I Buzzati avranno quattro figli: Augusto (1903), Angelina (1904), Dino, e Adriano (1913).
Negli anni dell'infanzia si sovrappongono in Dino le suggestioni legate al luogo di origine e quelle derivate dall'ambiente cittadino. «Le impressioni più forti che ho avute da bambino appartengono alla terra dove sono nato, la Valle di Belluno, le selvatiche montagne che la circondano e le vicinissime Dolomiti. Un mondo complessivamente nordico al quale si è aggiunto il patrimonio delle rimembranze giovanili e la città di Milano dove la mia famiglia ha sempre abitato d'inverno» (*L'uomo libero di Buzzati cerca un'uniforme per vincere la paura*, in «Il Giorno», 26 maggio 1959). E la Milano scoperta nei primi anni è quella cui Buzzati rimarrà sempre fedele: il quartiere che si estende tra via San Marco e il Pontaccio, tra corso Garibaldi e piazza Castello.

1916
È iscritto al Ginnasio Parini di Milano, allora con sede in via Lulli. Vi conosce Giovanni Mira e Arturo Brambilla. Mira era lo scolaro migliore, il vero primo della classe. «Brambilla era secondo. E terzo ero praticamente io. Ma la superiorità di Mira era una cosa spaventosa, anche irritante...» (Y. Panafieu, *Dino Buzzati: un autoritratto*, Mondadori, Milano

1973, pp. 62-63). Soprattutto con Arturo si stabilisce un rapporto destinato a durare: il fedele «Illa», che sarebbe poi divenuto professore di latino e greco al Liceo Beccaria, rimarrà il primo degli amici di Dino.

1919

Frequenta il Ginnasio superiore. La famiglia si trasferisce in piazza Castello 28. È una casa dell'alta borghesia colta, dotata di una ricca biblioteca: Dino vi abita con i genitori, i fratelli Augusto e Adriano, la sorella Nina. Nasce in lui la passione per l'egittologia, che coltiva insieme con l'amico Arturo. È un libro di Gaston Maspéro, *La storia dell'arte egiziana*, che accende la fantasia dei due ragazzi. «Eravamo in quarta ginnasio. Avevamo tredici anni. È stato una follia. Tutto quello che era Osiride, Iside, Anubis, Orus, eccetera, Ramsete, Sesostri, bastava vederlo e avevamo un senso di emozione quasi fisica. Lui faceva un poema su Orus, io facevo un poema su Anubis e così via...» (*Dino Buzzati: un autoritratto*, cit., p. 27). Dino è anche affascinato dalle tavole di un grande illustratore inglese, Arthur Rackham. A tredici-quattordici anni comincia a leggere autori come Poe e Hoffmann.

1920

Muore il padre, per un tumore al pancreas. Di lui Dino ha un ricordo «assai vago», come dirà molti anni dopo commentando su un settimanale le foto del suo album di famiglia: «Conservo un ricordo assai vago della sua persona. Forse anche perché portava la barba dava l'impressione, a me ragazzo, di essere molto vecchio. Quello che posso dire con certezza è che era un uomo estremamente chic: aveva una distinzione naturale, amava l'eleganza, non perdeva mai il controllo di se stesso [...] Se ho preso qualche cosa da lui, è stato senza dubbio il mio gusto nel vestire» (G. Grieco, *La mia vita, i miei amici*, in «Gente», 9 luglio 1969). Si sviluppa in lui la passione per la montagna, a cui rimarrà fedele per tutta la vita. Compie le prime escursioni sulle Dolomiti: con il fratello Augusto e poi con gli amici Alessandro Bartoli, Arturo Brambilla, Emilio Zacchi. Di Bartoli Dino ricorderà la vocazione per l'alpinismo: «Era molto più bravo di me, e sarebbe diventato uno dei più grandi alpinisti del mondo, come capacità, volontà e fisico, senonché morì in montagna nel 1928 per un incidente cretino» (*Dino Buzzati: un autoritratto*, cit., p. 60). Comincia a scrivere e a disegnare. Legge i romanzi di Dostoevskij. Nel dicembre compone una prosa poetica, *La canzone alle montagne*. Tiene un diario, in cui continuerà ad annotare, con una breve pausa tra il 1966 e il 1970, impressioni, giudizi, pensieri.

1924
Supera gli esami di maturità. Ne scrive, da Agordo, all'amico Arturo Brambilla: «Essendo passato, sono felice. Me ne frego dei voti più o meno belli. A me basta essere venuto fuori da quell'abominevole scuola» (lettera del 10 agosto 1924, in *Lettere a Brambilla*, a cura di L. Simonelli, De Agostini, Novara 1985, p. 154). Il solo professore per cui conserva sentimenti di gratitudine è Luigi Castiglioni, latinista di fama, docente severo e amato: anche in un articolo di molti anni dopo rievocherà «le sue meravigliose virtù di insegnante» (D. Buzzati, *Tante lodi e tutte sincere paiono troppe a Luigi Castiglioni*, in «Corriere della Sera», 7 maggio 1961).
Dopo alcune esitazioni, si iscrive alla facoltà di Legge.

1926-1927
Chiamato a svolgere il servizio militare, frequenta il corso per allievi ufficiali presso la Caserma Teulié, a Milano, in corso Italia. In una lettera dell'8 settembre 1926 scrive: «Ora sono qui in questa specie di prigione in cui bisogna lavorare senza requie dalla mattina alla sera. Orribilmente ricoperti come forzati, sempre sotto la minaccia di punizioni. Così che le pupe, le montagne, la musica, la libertà appaiono cose così straordinariamente belle che sembra non si potranno più avere» (*Lettere a Brambilla*, cit., p. 182).
Il 30 settembre del 1927 è congedato dal servizio di leva con il grado di sottotenente. Presenta regolare domanda di assunzione al «Corriere della Sera».

1928
È assunto al «Corriere», come praticante cronista. Annota il 10 luglio, nel diario: «Oggi sono entrato al Corriere, quando ne uscirò? – presto, te lo dico io, cacciato come un cane». Raccoglie le notizie dai commissariati e stende brevi trafiletti per la cronaca cittadina.
Il 30 ottobre si laurea in Legge, con una tesi su *La natura giuridica del Concordato*. Riporta una votazione di 95/110. Così valuterà, in una lettera del 15 febbraio 1930, la conclusione dei suoi studi: «Da piccolo a scuola e anche all'università ho conosciuto dei falsi trionfetti che mi hanno montato: mi sono creduto superiore alla media. Il fiasco alla laurea è stato il primo segno del ristagno» (*Lettere a Brambilla*, cit., p. 197).
Si innamora di Beatrice («Bibi») Giacometti. Annota nel diario, in dicembre: «Domenica sono stato a ballare con la Bibi al Camparino. Mi dispiace che la mamma abbia paura di questo amore».

1929

Nel novembre viene promosso redattore interno, e liberato dall'incarico di «fare i commissariati». Diventa anche vice del titolare Gaetano Cesari per la critica musicale. Deve seguire i concerti e il programma minore della Scala. Dino non è digiuno di qualche competenza: aveva, fin dagli anni dell'infanzia, studiato violino e pianoforte. Ma svolge senza entusiasmo tale compito che lo impegna, presumibilmente, fino all'agosto del 1930. Di Bibi parla nelle lettere a Brambilla. In quella del 25 luglio 1929: «Poi voglio bene alla deliziosa pupa e lavoro al giornale con notevole serenità» (*Lettere a Brambilla*, cit., p. 191), e in una di poco posteriore (2 settembre): «La B., che purtroppo sempre più amo, è ad Alleghe per 10 giorni e ha fatto il viaggio insieme con me» (ivi, p. 192).
La famiglia si trasferisce nella casa di via Donizetti 20.

1930

In una lettera del 13 gennaio delinea un bilancio della situazione: «Io continuo a fare la solita vita: concerti, paura di fare qualche fotta nella cronaca scaligera, inquietudini, vedere un po' la B., essere solo, pensare alle montagne piene di neve dove sono adesso perfino mio cognato, la Nina e la pupa. Poi vorrei fare qualche cosa d'altro o studiare o suonare il piano, o scrivere qualche capolavoro; ma mi viene un'apatia spaventosa e sento che il mio cervello si spappola nella vita attiva» (*Lettere a Brambilla*, cit., p. 195).
Dopo due anni di praticantato è iscritto come professionista (14 febbraio) al sindacato dei giornalisti (allora Sindacato fascista lombardo dei giornalisti).
In vacanza a San Pellegrino, compie a giugno e settembre due campagne alpinistiche. Nella salita della Cima Piccola di Lavaredo è con lui la guida Giuseppe Quinz, di Misurina.
Durante le escursioni e le scalate raccoglie idee per il primo romanzo. Annota nel diario: «Penso alla storia di "Bàrnabo delle montagne", che attende di essere scritta. Ecco prima la strada che va su verso la valle, la sera e la stanchezza di Bàrnabo giovane; meglio passare al di là – la notte il fuoco lontano, il suono delle sette armoniche. La vita nella casa alta, la caccia, la cornacchia prigioniera, la tempesta ed il racconto di quello ch'era stato. La guardia alla polveriera, il pomeriggio grigio e gli spiriti, i vecchi ultimi spiriti della montagna».
Inizia la collaborazione a «Il Popolo di Lombardia», settimanale «politico-sindacale della Federazione provinciale fascista milanese». Vi pubblica articoli, racconti, disegni.

1932
Il 13 aprile muore improvvisamente, per un attacco di peritonite, Beatrice Giacometti.
Fa leggere al capocronista del «Corriere» Ciro Poggiali il manoscritto di *Bàrnabo*. Poggiali si impegna a trovargli un editore.
Nuovo trasferimento della famiglia in viale Majno 18.

1933
Passa in redazione e cura, insieme con Emilio Radius, le corrispondenze «dalle province». Ricorderà tale incarico, che mantenne fino al '39, in un articolo di molti anni più tardi: «Domenica sera, quando si entrava in redazione, ci aspettava uno spettacolo desolante: gigantesche pile di fogli, dattiloscritti, manoscritti, telegrammi, che venivano da ogni parte d'Italia. Per il 95 per cento cerimonie: adunate, celebrazioni, inaugurazioni, sagre, visite e discorsi di gerarchi; e tutti invariabilmente terminavano con deliranti acclamazioni all'indirizzo del "Duce"[...] Noi redattori dovevamo trasformare quelle corrispondenze, in genere prolisse e nauseabonde, in un notiziario che avesse un minimo di umanità e di decenza. Impresa improba che alle cinque del mattino ci faceva rincasare estenuati, con la testa ridotta a una vescica...» (D. Buzzati, *Quello strano umore che si chiamò fascismo*, in «Corriere della Sera», 21 novembre 1964). Con Radius stabilisce un rapporto di fraterna amicizia. «In questo lavoro ero inesperto, e anche piuttosto intimidito dall'ambiente nuovo. Potevo fare delle fesserie. Ora, lui mi ha aiutato senza quasi ch'io me ne accorgessi. Anziché fregarmi lui mi ha aiutato a fare bella figura, il che è tanto contrario a quello che succede di solito nella vita!» (*Dino Buzzati: un autoritratto*, cit., p. 61).
Pubblica sul «Corriere» il suo primo elzeviro: *Vita e amori del cavalier rospo. Il Falstaff della fauna* (27 marzo).
Il romanzo *Bàrnabo delle montagne* esce per le edizioni Treves-Treccani-Tumminelli.
Su incarico del giornale Buzzati parte per la Palestina. Fa tappa in Grecia, in Siria, in Libano. Ne nascono alcune corrispondenze dalla motonave *Augustus* (*I misteri della motonave*, in «Corriere della Sera», 19 agosto 1933) e dalle città visitate nel corso del viaggio.

1934
Si collocano in questi mesi le prime letture dei libri di Kafka. Buzzati ne dà conto in una lettera ad Arturo Brambilla del 3 aprile 1934: «Non sono andato avanti per complesse ragioni fisiche e temporali, nel libro

di Kafka» (*Lettere a Brambilla*, cit., p. 219) e in una del 2 giugno 1935: «Scrivimi cosa ti sembra *Il Castello*. È più Kafkiano ancora del *Processo*, mi sembra» (ivi, p. 231).

Termina la stesura del *Segreto del Bosco Vecchio*. Il 28 settembre scrive a Brambilla: «Due minuti fa ho finito la mia storia meditata da oltre due anni. A me piace, ma questo non basta» (ivi, p. 222).

1935

È colpito da una dolorosa mastoidite che rende necessaria un'operazione. Il decorso della malattia gli suggerisce pessimistiche considerazioni. Da queste fantasie nasce il racconto *Sette piani*, poi su «La Lettura», 1° marzo 1937. Scrive a Brambilla il 29 marzo: «Eccomi oggi di ritorno dalla casa di salute dopo dodici giorni di cosiddetta degenza, piuttosto sfessato e triste. Mi hanno detto che l'operazione è stata abbastanza grave perché hanno dovuto levare pus che si era formato a contatto della prima meninge» (*Lettere a Brambilla*, cit., p. 226).

Pur continuando a lavorare nella redazione del «Corriere», nell'aprile è chiamato a occuparsi del periodico «La Lettura», supplemento letterario che esce con cadenza mensile. Sulla rivista pubblicherà alcuni dei suoi racconti migliori: *Sette piani* (marzo 1937), *Una cosa che comincia per elle* (gennaio 1939), *I sette messaggeri* (giugno 1939), *Eppure battono alla porta* (settembre 1940). Esce, sempre per le edizioni Treves-Treccani-Tumminelli, *Il segreto del Bosco Vecchio*.

Compone con il cognato Eppe Ramazzotti *Il libro delle pipe*, che verrà pubblicato dieci anni più tardi, con preziose illustrazioni dello stesso Buzzati.

1936

Si interrompe il suo lavoro per «La Lettura» e Dino riprende al «Corriere» l'orario completo di redazione.

1939

Il 12 aprile si imbarca a Napoli e parte per Addis Abeba, come inviato speciale. Rimarrà per circa un anno in Etiopia, impegnato in un compito che lo sottrae alla routine del lavoro redazionale. *Gibuti in letargo*, pubblicato sul «Corriere della Sera» del 7 maggio 1939, è l'articolo che inaugura la serie «africana».

Prima di partire consegna il manoscritto de *La Fortezza* a Leo Longanesi, che lo accoglierà nella collana «Il sofà delle Muse» dell'editore Rizzoli. Longanesi chiederà poi un mutamento del titolo e il romanzo acquisirà allora quello definitivo, *Il deserto dei Tartari*.

1940
Dopo aver superato un attacco di tifo lascia Addis Abeba in aprile per un breve congedo in Italia. Il 6 giugno è a Napoli e si accinge a tornare in Etiopia. Ma le navigazioni per l'Africa vengono sospese: si è alla vigilia del conflitto con la Francia e la Gran Bretagna.
Il 10 giugno a Roma ascolta il discorso di Mussolini e la dichiarazione di guerra.
Richiamato alle armi, il 30 luglio riparte da Napoli, imbarcato sull'incrociatore *Fiume* come corrispondente di guerra, e raggiunge la zona delle operazioni navali del Mediterraneo. Il 27 novembre, a bordo del *Trieste*, partecipa alla battaglia di Capo Teulada. Così lo ricorda un testimone diretto, Giorgio Dissera Bragadin: «Dino Buzzati, pur non essendo dei nostri, non avendo cioè specifiche mansioni nel tiro o nella manovra [...] rimaneva sempre al suo posto, dimostrando calma e coraggio» (*Dino Buzzati*, a cura di A. Fontanella, Olschki, Firenze 1982, p. 350).
Da Addis Abeba continua a seguire le fasi di composizione e di stampa del nuovo romanzo. Scrive il 16 febbraio all'amico Arturo e lo incarica di correggere le bozze e di procedere a un ritocco dettato dal timore di eventuali censure: si dovrà passare dal «lei» al «voi» nei dialoghi, per uniformarsi alle direttive del regime (*Lettere a Brambilla*, cit., p. 249).
Finalmente *Il deserto dei Tartari* esce in giugno, presso l'editore Rizzoli. «La copertina era gialla, con il titolo in carattere egizio e nel risvolto una fotografia dell'autore, molto romantica» (G. Afeltra, *Il tenente Drogo dal «lei» al «voi»*, in «Corriere della Sera», 20 settembre 1990). Il libro ha successo, la prima edizione si esaurisce rapidamente.
Sul «Corriere della Sera» del 2 agosto viene pubblicata una recensione di Pietro Pancrazi, che giudica *Il deserto* «uno dei romanzi più singolari che si siano pubblicati da noi negli ultimi anni». Il 3 agosto da Napoli Dino scrive a Brambilla: «Hai visto l'articolo di Pancrazi? Un bell'onore in fondo. E mi ha detto cose molto simpatiche» (*Lettere a Brambilla*, cit., p. 252).
Lascia Rizzoli e il 25 novembre firma con la casa editrice Mondadori un contratto che lo impegna per la pubblicazione delle opere future (prevede una durata di cinque anni «a datare dalla consegna del primo manoscritto»).

1941
Il 28-29 marzo partecipa alla battaglia di Capo Matapan, assistendo all'affondamento dell'incrociatore *Pola* e rischiando la morte. Il 17 dicembre prende parte alla prima battaglia della Sirte.

1942
Agli inizi dell'anno è a Messina, dove, per incarico delle autorità della Marina, lavora alla preparazione di un libro «sulla attuale nostra guerra navale»: l'opera non verrà portata a compimento. Si imbarca di nuovo in marzo. È presente, sempre come corrispondente di guerra, alla seconda battaglia della Sirte (22 marzo). È a bordo del *Gorizia* quando assiste allo svolgimento delle operazioni, che ricostruirà poi in un ampio e documentato articolo, *La tempesta salvò gli Inglesi nella seconda battaglia della Sirte* («Corriere della Sera», 6 aprile 1947). In un successivo scritto, *Fecero di giorno notte gli Inglesi alla seconda Sirte* (4 aprile 1953), dirà di condividere, da testimone diretto dei fatti, le opinioni e le giustificazioni dell'ammiraglio Angelo Iachino. Nell'agosto è richiamato a Milano. A Messina incontra C.M., la donna con la quale inizia una lunga e difficile relazione. Da San Pellegrino scrive a Brambilla il 29 agosto 1942: «Ma invece mi trovo in una deplorevole condizione: di amare una donna la quale credo, sul serio, che mi voglia abbastanza bene, nello stesso tempo di non vedere nel futuro, per tale legame, che amarezze, lontananza, sospetti eccetera; che cosa posso sperare di tirarne fuori?» (*Lettere a Brambilla*, cit., pp. 268-69). Alla fine della guerra Buzzati rintraccerà la donna, e con l'aiuto degli amici Indro Montanelli e Silvio Negro la farà venire a Milano, occupandosi della sua sistemazione.
Esce la raccolta *I sette messaggeri* (Mondadori, Milano), il primo libro pubblicato da Dino con il suo nuovo editore.
Compare la traduzione tedesca del *Deserto*: *Im vergessenen Fort* (traduzione di R. Hoffman – Zsolnay Verlag – K.H. Bischoff, Wien 1942). È la prima versione del romanzo in lingua straniera.

1943-1944
La caduta del fascismo provoca terremoti al «Corriere» e coglie Buzzati nel pieno svolgimento del consueto lavoro. Il 25 luglio Aldo Borelli è sostituito alla direzione da Ettore Janni, che a sua volta all'arrivo dei tedeschi (9 settembre) si allontana dal giornale. Gli subentra Ermanno Amicucci, con il quale il quotidiano di via Solferino si allinea alle posizioni degli occupanti. Alla fine d'agosto Dino termina il suo ser-

vizio in Marina e lascia l'incarico di corrispondente di guerra: l'ultimo articolo inviato «da una base navale» è pubblicato l'8 agosto 1943 (*Il cappellano porta fortuna*). Mentre si trova a Napoli è richiamato dalla direzione del «Corriere». Rientra a Milano e riprende il suo vecchio lavoro. «L'8 settembre il giornale diede ordine a Buzzati di restare al lavoro in redazione e Buzzati ci restò» (I. Montanelli, *Tali e quali*, Longanesi, Milano 1951, p. 197). Svolge il suo compito in mezzo a difficoltà di ogni genere, mentre la maggior parte dei suoi amici ha abbandonato il «Corriere». Continua a pubblicare, ma con frequenza via via decrescente, articoli e testi che in qualche caso ristamperà in successivi volumi: *La questione della porta murata* (26 settembre 1943), *Progetto sfumato* (29 settembre 1943), *L'uomo nero* (2 aprile 1944), *Patrocinatore dei giovani* (20 aprile 1944), *Cuore intrepido* (27 aprile 1944), *Miniera stanca* (6 maggio 1944), *Mercato nero* (20 maggio 1944), *L'esattore* (3 giugno 1944), *Scherzo* (23 giugno 1944), *Dopo tanto tempo* (25 giugno 1944), *La fine del mondo* (7 ottobre 1944), *Pranzo di guerra* (15 dicembre 1944), *Una goccia* (25 gennaio 1945).

1945
Esce a puntate sul «Corriere dei Piccoli», tra il 7 gennaio e il 29 aprile, *La famosa invasione degli orsi*, con le tavole a colori dello stesso Buzzati. La pubblicazione rimane interrotta e la favola, rielaborata dall'autore, verrà riproposta in volume con il titolo *La famosa invasione degli orsi in Sicilia* (Rizzoli, Milano 1945).
Si dirada la sua collaborazione al «Corriere». Ma è richiamato in redazione il 25 aprile dopo che del giornale ha assunto la direzione Mario Borsa. Ricorda Gaetano Afeltra: «Era a casa come se nulla stesse accadendo. Cenava con la mamma. Gli dissi di venire. Non si scompose, né chiese il perché di quell'unica violazione alla messa al bando di tutti i collaborazionisti. Anche lui arrivò in bicicletta» (*Buzzati e il Corriere*, supplemento al «Corriere della Sera», 12 giugno 1986). Scrive a tamburo battente il racconto delle vicende della città liberata, quella *Cronaca di ore memorabili* che campeggia il giorno dopo in prima pagina («Il Nuovo Corriere», 26 aprile 1945).
Alle vicissitudini politico-editoriali del giornale Buzzati assiste in modo più defilato. È impegnato nel progetto di un nuovo quotidiano, di orientamento liberale moderato, «Il Corriere Lombardo», che realizza insieme con Gaetano Afeltra, Bruno Fallaci, Benso Fini. Il primo numero esce il 30 luglio 1945.
In una pagina di diario datata «Giugno 1945» registra alcune sue im-

pressioni sulla fine del conflitto: «Le città nottetempo sono illuminate, le finestre aperte, gli animi tornati ormai alle cose di un tempo che
parevano perdute, il sole vogliamo dire sulle spiagge felici, i suoni di
festa dalle aeree logge, le partenze verso regni favolosi, le avventure di notti lontane, le speranze, i sogni (la luna non fa più paura). Eppure da un momento all'altro, oggi o domani, domani o dopodomani
l'altro, misericordia di Dio, ma che cosa abbiamo fatto per avere tutto questo? Il silenzio ora regna sulle notti, gli amori, delicate chitarre,
sospiri, canti, fischi di locomotive, tenebrose sirene di piroscafi illu-
minati in partenza, pieni di fatalità. Ma non è un gioco questo, un inganno? Forse che è mutata la nostra condanna, ch'era così giusta?» (D.
Buzzati, *In quel preciso momento*, Mondadori, Milano 2006, pp. 21-22).
Esce la seconda edizione del *Deserto dei Tartari*. La pubblica Mondadori, cui Rizzoli ha ceduto i diritti di ristampa, dopo laboriose trattative.

1946
Esauritasi l'esperienza del «Lombardo», Buzzati torna nel novembre
al «Nuovo Corriere della Sera», diretto da Mario Borsa.

1947
Il 16 luglio quarantaquattro bambini ospiti di una colonia milanese
muoiono annegati ad Albenga per il naufragio di una motobarca. Buzzati detta alla telescrivente una cronaca divenuta celebre, *Tutto il dolore del mondo in quarantaquattro cuori di mamma* («Corriere della Sera»,
18 luglio 1947).

1948
Scrive *Paura alla Scala*, un ampio racconto in forma di parabola in cui
rappresenta la paura "dei rossi" che aveva attanagliato la borghesia
milanese dopo l'attentato a Togliatti. Il tema gli era stato proposto da
Arrigo Benedetti, direttore de «L'Europeo». Sul settimanale il racconto esce, in quattro puntate e come «romanzo breve», tra l'ottobre e il
novembre.

1949
È inviato del «Corriere» al seguito del Giro d'Italia, di cui racconta le
vicende, incentrate sul duello tra Bartali e Coppi, con liberi e fantasiosi
commenti. Gli articoli di Buzzati, pubblicati dal 18 maggio al 14 giugno,
verranno poi raccolti in *Dino Buzzati al Giro d'Italia* (a cura di C. Marabini, Mondadori, Milano 1981).

Pubblica un nuovo libro di racconti, *Paura alla Scala*, sempre presso Mondadori.
Esce la traduzione francese del *Deserto*: *Le Désert des Tartares* (traduzione di M. Arnaud, Laffont, Paris 1949). Farà da apripista alla cospicua fortuna dell'opera buzzatiana tra i lettori francesi. L'editore Robert Laffont è un ammiratore di Buzzati e svolge un ruolo non secondario nel promuovere l'affermazione dello scrittore italiano.

1950
Diviene vicedirettore della «Domenica del Corriere», affidata ufficialmente a Eligio Possenti. Manterrà tale incarico fino al 1963. Il suo nome non figura nello staff della redazione, ma di fatto spetta a lui il compito di sovraintendere alla realizzazione del popolare settimanale (N. Giannetto, *Uno scambio di lettere fra Calvino e Buzzati*, in «Studi buzzatiani», I, 1996, p. 103). Verrà citato solo a posteriori nel numero 1 del 1964, in cui Possenti, abbandonando il suo incarico, ringrazia tra gli altri «Dino Buzzati, geniale e operoso, che mi fu compagno e vicedirettore dal 1950 ad oggi». È in realtà una sorta di direttore occulto e dà un taglio suo alla rivista, scrivendo pochissimo, commissionando articoli e lavorando di fino sui titoli e sulle didascalie. Il suo amore per il mestiere e le sue inclinazioni per un certo *côté* fantastico-popolare trovano non inadeguato ricetto in quel settimanale di larga diffusione: la «Domenica» di Buzzati «reste encore entièrement à découvrir pour pouvoir comprendre l'écrivain, son rapport entre réalité et imagination, son vrai rapport avec le fantastique qui ne passe pas tellement par Kafka (comme on dit souvent) mais par le féerique italien» (A. Cavallari, *Buzzati journaliste*, in *Dino Buzzati*, cit., p. 272).
Viene pubblicato sulla «Revue de Deux Mondes» un articolo di Marcel Brion, saggista e narratore di fama, che contribuisce a richiamare l'attenzione sull'autore del *Deserto*, di cui era uscita l'anno prima la traduzione francese (M. Brion, *Trois écrivains italiens nouveaux*, in «Revue de Deux Mondes», 19, 1950, pp. 530-39).
Presso l'editore Neri Pozza di Venezia, Buzzati pubblica *In quel preciso momento*, una raccolta di prose, abbozzi, pagine diaristiche.

1953
Il 14 maggio viene rappresentato al Piccolo Teatro di Milano, per la regia di Giorgio Strehler, *Un caso clinico*. La pièce ha un esiguo numero di repliche ma è accolta con favorevoli giudizi. Il più autorevole critico del momento, Silvio D'Amico, la recensisce sul «Tempo» del 22 mag-

gio 1953: «Di Dino Buzzati, scrittore sui generis, è stato detto fra l'altro che il suo genere sarebbe il "pezzetto". La verità si è che tra le sue virtù ci sono quelle del costruttore: e buon naso hanno avuto Paolo Grassi e Giorgio Strehler quando, non scoraggiati dall'esito dubbio o negativo d'altri tentativi per portare al loro Piccolo Teatro scrittori di cartello, si sono rivolti al romanziere Dino Buzzati».

1954

Esce presso Mondadori un nuovo volume di racconti, *Il crollo della Baliverna*, con cui l'autore il 23 ottobre vince il premio Napoli, *ex aequo* con Cardarelli, premiato per il suo *Viaggio di un poeta in Russia*.

1955

Viene presentata a Parigi la commedia *Un cas intéressant*, trasposizione di *Un caso clinico*. Autore dell'adattamento è Albert Camus. L'opera va in scena il 9 marzo al Théâtre La Bruyère, con la regia di Georges Vitaly e alla presenza dello stesso Buzzati. Suscita l'interesse del pubblico e della critica; e si avvale dell'acuta presentazione di Camus, che con Buzzati stringe un rapporto di amicizia e di simpatia: «Même lorsque les Italiens passent par la porte étroite que leur montrent Kafka ou Dostoievski, ils y passent avec tout leur poids de chair. Et leur noirceur rayonne encore. J'ai trouvé cette simplicité à la fois tragique et familière dans la pièce de Buzzati et j'ai, en tant qu'adaptateur, essayé de la servir» (in D. Buzzati, *Œuvres*, Laffont, Paris 1995, p. 697).
Compone il libretto di *Ferrovia soprelevata*, racconto musicale in sei episodi, con cui si avvia la sua collaborazione con il musicista Luciano Chailly. L'opera è rappresentata il 1° ottobre al teatro Donizetti di Bergamo.

1957

Conosce Yves Klein alla galleria Apollinaire di via Brera. Alla sua mostra dedica un resoconto (*Blu, blu, blu*) sul «Corriere d'informazione» del 9-10 gennaio.

1958

Esce da Mondadori la raccolta *Sessanta racconti*, un'antologia personale curata dallo stesso Buzzati mediante una selezione di pezzi in parte già inclusi in precedenti raccolte. Il libro ottiene il premio Strega; vince con 135 voti contro i 118 attribuiti a *Il soldato* di Carlo Cassola. A tale occasione si lega l'importante intervento di Debenedetti, *Dino Buzzati, premio Strega*, in «La Fiera letteraria», 20 luglio 1958 (poi in *Intermezzo*, Mondadori, Milano 1963, pp. 181-89).

Il 1° dicembre alla galleria dei Re Magi, «al pianterreno di un austero palazzetto milanese, con ingresso ad arco e pusterla, nella Milano che rammenta gli scapigliati, fu inaugurata la prima mostra del pittore Dino Buzzati» (A. Sala, *Dino Buzzati pittore: la frontiera perenne*, in *Dino Buzzati*, cit., p. 307).

1959

Nel marzo va in scena alla Scala di Milano *Jeu de cartes* di Igor' Stravinskij. Buzzati è autore del bozzetto e dei costumi.

In aprile incontra S.C., la giovane donna che poi diverrà la protagonista di *Un amore*.

Il 30 settembre viene presentata al teatro Villa Olmo di Como l'opera buffa in un atto *Procedura penale*, con musiche di Luciano Chailly.

1960

Pubblica sul «Corriere d'informazione» del 5-6 gennaio un ricordo di Albert Camus (*Era un uomo semplice*), che aveva conosciuto alcuni anni prima a Parigi.

Esce a puntate sul settimanale «Oggi», e poi in volume presso Mondadori, il romanzo *Il grande ritratto*.

Scrive nel diario, riferendosi alla tormentata *liaison* che poi narrerà in *Un amore*: «L'unica, per salvarmi, è scrivere. Raccontare tutto, far capire il sogno ultimo dell'uomo alla porta della vecchiaia. E nello stesso tempo lei, incarnazione del mondo proibito, falso, romanzesco e favoloso, ai confini del quale era sempre passato con disdegno e oscuro desiderio».

Conosce, in estate, Almerina Antoniazzi, che incontra durante la lavorazione di un servizio fotografico per «La Domenica del Corriere».

1961

In una conversazione con Paolo Monelli del febbraio del 1961 rivela alcuni aspetti della sua esperienza privata: «Ci sono individui [...] che maturano tardi, molto avanti con gli anni. Io debbo essere uno di quelli. Molte cose non le capisco ancora, altre le ho capite quando non mi serviva più di capirle. L'amore per la donna, dico l'amore, non l'andarci a letto, le gelosie, le lacrime di passione, il desiderio di morire o addirittura di uccidersi, il piacere disperato di soffrire per un'ingrata, per un'infedele, tutto questo l'ho scoperto solo in questi tempi. Non saprei dire se son diventato finalmente maturo, o arrivo appena adesso ai veri vent'anni» (P. Monelli, *Ombre cinesi. Scrittori al girarrosto*, Mondadori, Milano 1965, p. 111).

Il 18 giugno muore la madre, Alba Mantovani. «Mia madre era l'unica persona che veramente, se io facevo qualcosa, se avevo un piccolo successo, ne era felice. E se invece avevo un piccolo dolore, era veramente infelice. Questo è l'unico tipo di amore – per quello che conosco io – che veramente realizza in modo perenne (cioè senza squilibri) questa partecipazione meravigliosa, che è proprio l'amore del prossimo» (*Dino Buzzati: un autoritratto*, cit., p. 20). La morte e il funerale della madre producono in Dino un acuto rimorso: le accuse di ingratitudine e di egoismo che rivolge a se stesso si riverberano nella novella *I due autisti* («Corriere della Sera», 21 aprile 1963).

1962

Dino si trasferisce nella casa di viale Vittorio Veneto 24. Nello stabile abitano anche il fratello Augusto e la sorella Nina con il marito Eppe Ramazzotti.

1963

In aprile esce, presso Mondadori, il romanzo *Un amore*, che suscita discussioni e polemiche. Il 18 aprile si svolge alla galleria del Mulino in via Brera una vivace discussione sul libro, sotto forma di "processo a Dino Buzzati".

Il 16 maggio muore Arturo Brambilla. Buzzati dirà a Panafieu, commentando tale perdita: «[...] io dopo la sua morte in un certo senso sono stato un sopravvissuto. In un certo senso sono subito diventato vecchio... Sono diventato l'omino che va al cimitero, una sera di novembre...» (*Dino Buzzati: un autoritratto*, cit., p. 63).

Comincia un'intensa stagione di viaggi in qualità di inviato speciale. Tra il 19 ottobre e il 18 novembre è in Giappone. Da Tokyo manda al giornale una serie di corrispondenze. Al suo ritorno si trova privato del suo incarico di vicedirettore della «Domenica del Corriere».

1964

Nel gennaio è inviato del «Corriere» a Gerusalemme, per seguire il viaggio di Paolo VI. Il pontefice gli dimostra stima e considerazione.

In febbraio si reca a New York e a Washington. A tale tour si lega un primo articolo sulla Pop Art: *Una folle camera da letto* («Corriere della Sera», 23 febbraio 1964).

In dicembre segue il viaggio del papa a Bombay.

1965

Nella primavera visita Praga. «Mi è piaciuta anche la bellezza di Praga, come città fantastica, benché io l'abbia vista con della popolazione che dava un senso di grande tristezza e miseria» (*Dino Buzzati: un autoritratto*, cit., p. 39). Tra le corrispondenze che invia spicca l'elzeviro *Le case di Kafka* («Corriere della Sera», 31 marzo 1965).

In dicembre compie il secondo viaggio a New York, di circa dieci giorni. Approfondisce la conoscenza degli artisti della Pop Art, di cui visita gli studi. La spedizione è raccontata con humour e con manciate di aneddoti in tre articoli pubblicati sul «Corriere della Sera» (2, 9, 13 gennaio 1966).

Per l'editore Neri Pozza esce il primo libro di versi, *Il capitano Pic e altre poesie*. Sul numero 5 del «Caffè» (5 marzo) compare il poemetto *Tre colpi alla porta*.

1966

Lavora alla stesura del copione de *Il viaggio di G. Mastorna*, per un film che avrebbe dovuto realizzare Federico Fellini. Il quale si dichiarava ammiratore di vecchia data di Dino: ricordava in particolare uno dei primi racconti, *Lo strano viaggio di Domenico Molo*, letto ai tempi del liceo. Tra il '66 e il '67 il lavoro è compiuto ma il film non verrà mai realizzato.

Esce presso Mondadori *Il colombre e altri cinquanta racconti*, che comprende testi pubblicati a partire dal 1960.

Nel maggio espone i suoi dipinti a Milano, presso la galleria Gian Ferrari. L'8 dicembre sposa nella parrocchia di San Gottardo in Corte Almerina Antoniazzi. Dopo il matrimonio rimane a vivere nella casa di viale Vittorio Veneto, dove tuttora abita Almerina.

1967

Assume l'incarico di critico d'arte per il «Corriere della Sera», subentrando a Leonardo Borgese. In tale veste ufficiale (ma si era già variamente ed ecletticamente occupato, soprattutto sulle colonne del «Corriere d'Informazione», di artisti e pittori) esordisce con *È arrivata l'arte Funk* («Corriere della Sera», 13 ottobre 1967).

1969

Vara la pagina settimanale «Il mondo dell'arte», che dirigerà fino agli ultimi mesi di vita. Il primo numero si apre con un breve editoriale siglato «d.b.», *E se fosse ancora viva* («Corriere della Sera», 26 gennaio 1969).

Pubblica presso Mondadori *Poema a fumetti*.

1970

Gli viene assegnato il premio giornalistico Mario Massai per gli articoli pubblicati sul «Corriere» nel 1969, a commento dello sbarco dei primi astronauti sulla Luna.

Dipinge gli ex voto della serie *I miracoli di Val Morel*. La mostra delle tavole buzzatiane si tiene in settembre a Venezia, nella galleria Il Naviglio.

1971

Nel febbraio avverte i primi sintomi della malattia, un tumore al pancreas. In estate registra al magnetofono una lunga serie di colloqui con Yves Panafieu, che da quel materiale trarrà il libro-intervista *Dino Buzzati: un autoritratto* (Mondadori, Milano 1973).

Esce presso Mondadori l'ultima raccolta di racconti e di elzeviri, *Le notti difficili*. Il libro non è accolto dalla critica con particolari consensi. Anche Giorgio Bocca pubblica una recensione in cui, pur riconoscendo il talento dello scrittore, ripropone le obiezioni allora correnti sulla sua posizione ideologica: ostile al nuovo e fedele al genere della favola, Buzzati rischierebbe «di stare oggettivamente dalla parte di coloro i quali vogliono che tutto stia fermo com'è per non perdere uno solo dei loro privilegi» (G. Bocca, *I rischi e i timori di un reazionario*, in «Il Giorno», 27 ottobre 1971).

Le sue condizioni di salute si aggravano progressivamente. «Giorno per giorno lo abbiamo visto allontanarsi come l'eroe di uno dei suoi racconti fuori del tempo e dello spazio: sempre più solo, sempre più ombra, bisbiglio, sussurro. Sapeva tutto, prima ancora che lo sapessero i medici. Sin d'allora si era ritirato nella sua inaccessibile spiaggia, e rispondeva ai nostri richiami ghiacciandoci sulla bocca le pietose menzogne di cui li condivamo» (I. Montanelli, *Lo stile di una vita*, in «Corriere della Sera», 29 gennaio 1972).

Dal diario, 1° dicembre: «[...] e invece adesso la storia è terminata, sta per terminare tra l'assoluta indifferenza del pubblico pagante che per me non ha mai pagato mezzo soldo, è freddo, è il principio di dicembre, farò in tempo a vedere il Natale?».

Pubblica sul «Corriere della Sera» dell'8 dicembre il suo ultimo elzeviro, *Alberi*. Nello stesso giorno viene ricoverato nella clinica La Madonnina di Milano.

1972
Muore il 28 gennaio, alle quattro e venti del pomeriggio.

(a cura di Giulio Carnazzi)

Bibliografia

Opere di Dino Buzzati

ROMANZI E RACCONTI

Bàrnabo delle montagne, Treves-Treccani-Tumminelli, Milano-Roma 1933 (poi Garzanti, Milano 1949).

Il segreto del Bosco Vecchio, Treves-Treccani-Tumminelli, Milano-Roma 1935 (poi Garzanti, Milano 1957).

Il deserto dei Tartari, Rizzoli, Milano-Roma 1940 (poi Mondadori, Milano 1945).

I sette messaggeri, Mondadori, Milano 1942.

La famosa invasione degli orsi in Sicilia, Rizzoli, Milano 1945 (poi Martello, Milano 1958).

Il libro delle pipe, in collaborazione con G. Ramazzotti e con disegni degli autori, Antonioli, Milano 1945 (poi Martello, Milano 1966).

Paura alla Scala, Mondadori, Milano 1949.

In quel preciso momento, Neri Pozza, Vicenza 1950 (2ª ed. accresciuta 1955; 3ª ed. Mondadori, Milano 1963).

Il crollo della Baliverna, Mondadori, Milano 1954.

Esperimento di magia. 18 racconti, Rebellato, Padova 1958.

Sessanta racconti, Mondadori, Milano 1958.

Egregio signore, siamo spiacenti di..., con illustrazioni di Siné, Elmo, Milano 1960 (poi con il titolo Siamo spiacenti di, con introduzione di D. Porzio, Mondadori, Milano 1975).

Il grande ritratto, Mondadori, Milano 1960.

Un amore, Mondadori, Milano 1963.

Il colombre e altri cinquanta racconti, Mondadori, Milano 1966.

La boutique del mistero, Mondadori, Milano 1968.

Poema a fumetti, Mondadori, Milano 1969.

Le notti difficili, Mondadori, Milano 1971.

I miracoli di Val Morel, Garzanti, Milano 1971 (1ª ed. nel catalogo *Miracoli inediti di una santa*, Edizioni del Naviglio, Milano 1970; poi *Per grazia ricevuta*, GEI, Milano 1983).

Romanzi e racconti, a cura di G. Gramigna, Mondadori, Milano 1975 ("I Meridiani").

180 racconti, con una presentazione di C. Della Corte, Mondadori, Milano 1982.

Il reggimento parte all'alba, con una prefazione di I. Montanelli e uno scritto di G. Piovene, Frassinelli, Milano 1985.

Il meglio dei racconti, a cura di F. Roncoroni, Mondadori, Milano 1990.

Lo strano Natale di Mr. Scrooge e altre storie, a cura di D. Porzio, Mondadori, Milano 1990.

Bestiario, a cura di C. Marabini, Mondadori, Milano 1991.

Opere scelte, a cura di G. Carnazzi, Mondadori, Milano 1998 ("I Meridiani").

POESIA

Il capitano Pic e altre poesie, Neri Pozza, Vicenza 1965 (poi in *Le poesie*, Neri Pozza, Vicenza 1982).

Scusi, da che parte per Piazza del Duomo?, in G. Pirelli – C. Orsi, *Milano*, Alfieri, Milano 1965 (poi in *Due poemetti*, Neri Pozza, Vicenza 1967; quindi in *Le poesie*, cit.).

Tre colpi alla porta, in «Il Caffè», n. 5, 1965 (poi in *Due poemetti*, cit.; quindi in *Le poesie*, cit.).

TEATRO

La rivolta contro i poveri, in «I quaderni di "Film"», 1946.

Un caso clinico, Mondadori, Milano 1953.

Drammatica fine di un noto musicista, in «Corriere d'informazione», 3-4 novembre 1955.

Sola in casa, in «L'Illustrazione italiana», maggio 1958, pp. 75-80.

Le finestre, in «Corriere d'informazione», 13-14 giugno 1959.

Un verme al Ministero, in «Il dramma», aprile 1960, pp. 15-48.

Il mantello, in «Il dramma», giugno 1960, pp. 37-47.

I suggeritori, in «Documento Moda 1960», Milano 1960.

L'uomo che andrà in America, in «Il dramma», giugno 1962, pp. 5-37 (poi in *L'uomo che andrà in America. Una ragazza arrivò*, Bietti, Milano 1968).

La colonna infame, in «Il dramma», dicembre 1962, pp. 33-61.

La fine del borghese, Bietti, Milano 1968.

L'aumento, in «Carte segrete», VI, n. 19, luglio-settembre 1972, pp. 73-85 (l'atto unico, del 1961, è preceduto da una nota di L. Pascutti).
Un caso clinico e altre commedie in un atto, a cura di G. Davico Bonino, Mondadori, Milano 1985 ("Oscar Teatro e Cinema").
Teatro, a cura di G. Davico Bonino, Mondadori, Milano 2006 (raccoglie tutti i testi teatrali).

LIBRETTI PER MUSICA

Ferrovia soprelevata, Edizioni della Rotonda, Bergamo 1955 (poi Ferriani, Milano 1960).
Procedura penale, Ricordi, Milano 1959.
Il mantello, Ricordi, Milano 1960.
Battono alla porta, Suvini-Zerboni, Milano 1963.
Era proibito, Ricordi, Milano 1963.

SCRITTI GIORNALISTICI IN VOLUME

Cronache terrestri, a cura di D. Porzio, Mondadori, Milano 1972.
I misteri d'Italia, Mondadori, Milano 1978.
Dino Buzzati al Giro d'Italia, a cura di C. Marabini, Mondadori, Milano 1981.
Cronache nere, a cura di O. Del Buono, Theoria, Roma-Napoli 1984.
Le montagne di vetro, a cura di E. Camanni, Vivalda, Torino 1989.
Il buttafuoco. Cronache di guerra sul mare, Mondadori, Milano 1992.
La «nera» di Dino Buzzati, 2 voll., a cura di L. Viganò, Mondadori, Milano 2002.
Le cronache fantastiche, 2 voll., a cura di L. Viganò, Mondadori, Milano 2003.
Il panettone non bastò, a cura di L. Viganò, Mondadori, Milano 2004.
Sulle Dolomiti. Scritti dal 1932 al 1970, a cura di M.A. Ferrari, Editoriale Domus, Rozzano 2005.
I fuorilegge della montagna, 2 voll., a cura di L. Viganò, Mondadori, Milano 2010.

PREFAZIONI E ALTRI SCRITTI

Ritratto con battaglia, in AA.VV., *Prime storie di guerra,* a cura di A. Cappellini, Rizzoli, Milano-Roma 1942, pp. 39-50.
Difficoltà di Verdi, in AA.VV., *Giuseppe Verdi,* a cura di F. Abbiati, Milano s.d. [ma 1951], pp. 79-81 (pubblicazione del Teatro alla Scala per le onoranze a Giuseppe Verdi nel cinquantenario della morte).

Prefazione a G. Supino, *La vera storia di Galatea*, Ceschina, Varese-Milano 1962.

Milano, in AA.VV., *Lo stivale allo spiedo. Viaggio attraverso la cucina italiana*, a cura di P. Accolti e G.A. Cibotto, Canesi, Roma s.d. [ma 1964], pp. 75-81.

Come fece Erostrato, in AA.VV., *Quando l'Italia tollerava*, a cura di G. Fusco, Canesi, Roma 1965, pp. 101-106.

Il maestro del Giudizio universale, in *L'opera completa di Bosch*, con apparati critici e filologici di M. Cinotti, Rizzoli, Milano 1966 ("Classici dell'arte").

Prefazione ad A. Pigna, *Miliardari in borghese*, Mursia, Milano 1966.

Week-End, in F.S. Borri, *Il Cimitero Monumentale di Milano*, Arti Grafiche E. Marazzi, Milano 1966, pp. 71-75.

Prefazione ad A. Giannini, *Il brevetto*, con tredici disegni di D. Buzzati, Longanesi, Milano 1967.

Prefazione a M.R. James, *Cuori strappati*, Bompiani, Milano 1967 ("Il pesanervi").

Testimonianza di aue amici, in A. Brambilla, *Diario*, a cura di F. Brambilla Ageno e A. Brambilla, Mondadori, Milano 1967.

Disegno e fotografia, in *Trieste e il Carso nelle tavole di Achille Beltrame della «Domenica del Corriere» (1915-1918)*, All'insegna del pesce d'oro, Milano 1968, pp. 10-16.

Prefazione a D. Manzella, *L'incontro giusto*, Bietti, Milano 1968.

Prefazione a W. Disney, *Vita e dollari di Paperon de' Paperoni*, Mondadori, Milano 1968.

Introduzione ad A. Sala, *Il giusto verso*, Rusconi, Milano 1970.

Un nobile addio, introduzione a W. Bonatti, *I giorni grandi*, Mondadori, Milano 1971.

Prefazione a E.R. Burroughs, *Tarzan delle scimmie*, Giunti, Firenze 1971.

Prefazione ad A. Pasetti, *L'ora delle lucertole*, Bietti, Milano 1971.

Il giornale segreto, con prefazione di G. Schiavi, Fondazione Corriere della Sera, Rizzoli, Milano 2006.

LETTERE

D. Buzzati, *Lettere a Brambilla*, a cura di L. Simonelli, De Agostini, Novara 1985 (cfr. M. Depaoli, *Il «Fondo Buzzati»*, in «Autografo», vol. VII, n.s., n. 19, febbraio 1990, pp. 101-108).

—, *Il figlio della notte. Lettere inedite di Dino Buzzati ad Arturo Brambilla*, a cura di M. Depaoli, in «Autografo», vol. VIII, n.s., n. 23, giugno 1991, pp. 50-67.

N. Giannetto, *Uno scambio di lettere fra Calvino e Buzzati*, in «Studi buzzatiani», I, 1996, pp. 99-112.

—, «*Di solito ciò che si scrive su di me mi annoia terribilmente...*»: *una lettera inedita di Buzzati sul libro dedicatogli da Gianfranceschi*, in «Studi buzzatiani», II, 1997, pp. 164-72.

—, «*Sono arrivato all'ultimo capitolo...*»: *una preziosa lettera di Dino Buzzati a Franco Mandelli a proposito di «Un amore»*, in «Studi buzzatiani», VI, 2001, pp. 95-98.

Bibliografia della critica

BIBLIOGRAFIE E RASSEGNE DI STUDI

A. Marasco, *Buzzati nella critica dal 1967 ad oggi* (con nota bio-bibliografica), in «Annali della Facoltà di Magistero dell'Università degli Studi di Lecce», II, 1972-1973, pp. 3-46.

N. Giannetto, *Bibliografia della critica buzzatiana*, in *Il coraggio della fantasia. Studi e ricerche intorno a Dino Buzzati*, Arcipelago, Milano 1989, pp. 106-51.

G. Fanelli, *Dino Buzzati. Bibliografia della critica (1933-1989)*, Quattroventi, Urbino 1990.

C. Bianchini, *Bibliografia della critica buzzatiana 1989-1994*, in «Studi buzzatiani», I, 1996, pp. 173-203.

N. Giannetto, *Il caso Buzzati*, in *Il sudario delle caligini. Significati e fortune dell'opera buzzatiana*, Olschki, Firenze 1996, pp. 225-52.

L'aggiornamento della bibliografia della critica buzzatiana per gli anni successivi (dal 1995 in poi) è pubblicato annualmente dalla rivista «Studi buzzatiani», edita dagli Istituti editoriali e poligrafici internazionali di Pisa e Roma.

PROFILI BIOGRAFICI E TESTIMONIANZE

E. Montale, *L'artista dal cuore buono*, in «Corriere della Sera», 29 gennaio 1972 (poi in *Il secondo mestiere. Prose 1920-1979*, a cura di G. Zampa, Mondadori, Milano 1996, p. 2991).

I. Montanelli, *Lo stile di una vita*, in «Corriere della Sera», 29 gennaio 1972.

D. Porzio, *Buzzati nel grande deserto*, in «Epoca», 6 febbraio 1972.

Y. Panafieu, *Dino Buzzati: un autoritratto*, Mondadori, Milano 1973.

AA.VV., *Il mistero in Dino Buzzati*, a cura di R. Battaglia, Rusconi, Milano 1974.

A. Buzzati – G. Le Noci, *Il pianeta Buzzati*, Apollinaire, Milano 1974.

G. Piovene, *Avvisi di partenza*, in «il Giornale», 30 ottobre 1974 (poi in D. Buzzati, *Il reggimento parte all'alba*, cit., pp. VII-X).

G. Grieco, *«Mio marito Dino Buzzati»*, in «Gente», 17 ottobre 1980 (la ricostruzione biografica prosegue poi nei numeri successivi: 24, 31 ottobre, 7, 14, 21, 28 novembre, 5, 12, 19 dicembre).

A. Montenovesi, *Dino Buzzati*, Veyrier, Paris 1984.

AA.VV., *Dino Buzzati. Vita & colori, Mostra antologica: dipinti, acquarelli, disegni, manoscritti* (catalogo della mostra di Cencenighe, Belluno, 28 giugno - 14 settembre 1986), a cura di R. Marchi, Overseas, Milano 1986.

G. Afeltra, *Famosi a modo loro*, Rizzoli, Milano 1988, pp. 47-49.

M. Carlino, voce "Buzzati Traverso, Dino", in *Dizionario biografico degli Italiani*, vol. XXXIV, Istituto della Enciclopedia Italiana, Roma 1988, pp. 567-71.

G. Ioli, Nota biografica in *Dino Buzzati*, Mursia, Milano 1988, pp. 203-15.

Y. Panafieu, *Les miroirs éclatés*, Panafieu, Paris 1988.

G. Afeltra, *Lungo viaggio di Dino verso la notte*, in «Corriere della Sera», 27 gennaio 1992.

G. Soavi, *Buzzati, narratore di quadri*, in «il Giornale», 18 maggio 1995.

L. Viganò (a cura di), *Album Buzzati*, Mondadori, Milano 2006.

MONOGRAFIE E STUDI DI AMBITO GENERALE

E. Bigi, *Romanzi e racconti di Dino Buzzati*, in «Saggi di Umanesimo Cristiano», V, n. 3, settembre 1950, pp. 26-31.

R. Bertacchini, *Dino Buzzati*, in AA.VV., *Letteratura italiana. I contemporanei*, vol. II, Marzorati, Milano 1963, pp. 1397-1411 (poi in AA.VV., *Novecento. I contemporanei*, a cura di G. Grana, vol. VI, Marzorati, Milano 1979, pp. 5633-59).

W. Pedullà, *Buzzati scivola nel buonsenso*, in «Avanti!», 28 giugno 1966 (poi in *La letteratura del benessere*, Edizioni Scientifiche Italiane, 1968, pp. 200-203; 2ª ed. Bulzoni, Roma 1973).

F. Gianfranceschi, *Dino Buzzati*, Borla, Torino 1967.

C. Marabini, *Dino Buzzati*, in «Nuova Antologia», CII, fasc. 1999, luglio 1967, pp. 357-77 (poi in *Gli Anni Sessanta: narrativa e storia*, Rizzoli, Milano 1969, pp. 113-33).

E. Kanduth, *Wesenzüge der modernen Italienischen. Erzählliterature. Gehälte und Gestaltung bei Buzzati, Piovene und Moravia*, Winter, Heidelberg 1968.

AA.VV., *Dino Buzzati. Un caso a parte*, Delta, Roma 1971.

C. Garboli, *Dino delle montagne*, in «Il Mondo», 21 gennaio 1972.

C. Bo, *Buzzati e il tarlo delle verità*, in «Nuova Antologia», CVII, vol. 514, fasc. 2054, febbraio 1972, pp. 147-50.

A. Veronese Arslan, *Invito alla lettura di Buzzati*, Mursia, Milano 1974 (4ª ed. aggiornata 1993).

G. Gramigna, Introduzione a D. Buzzati, *Romanzi e racconti*, cit.

AA.VV., *Omaggio a Dino Buzzati scrittore pittore alpinista* (Atti del Convegno, Cortina d'Ampezzo, 18-24 agosto 1975), a cura del Circolo Stampa Cortina, Mondadori, Milano 1977.

I. Crotti, *Dino Buzzati*, La Nuova Italia, Firenze 1977.

A. Lagoni Danstrup, *Dino Buzzati et le rapport dialectique de la littérature fantastique avec l'individu et la société*, in «Cahiers Dino Buzzati», n. 3, 1979, pp. 71-116.

B. Baumann, *Dino Buzzati. Untersuchungen zur Thematik in seinem Erzählwerk*, Winter, Heidelberg 1980.

E. Gioanola, *Dino Buzzati*, in AA.VV., *Letteratura italiana contemporanea*, vol. II, Lucarini, Roma 1980, pp. 819-28.

M.B. Mignone, *Anormalità e angoscia nella narrativa di Dino Buzzati*, Longo, Ravenna 1981.

AA.VV., *Dino Buzzati* (Atti del Convegno di Venezia, Fondazione Cini, 3-4 novembre 1980), a cura di A. Fontanella, Olschki, Firenze 1982.

A. Zanzotto, *Per Dino Buzzati*, in AA.VV., *Dino Buzzati*, cit., pp. 77-82 (poi in *Aure e disincanti del Novecento letterario*, Mondadori, Milano 1994, pp. 242-47).

A. Laganà Gion, *Dino Buzzati. Un autore da rileggere*, Corbo e Fiore, Venezia-Belluno 1983.

S. Jacomuzzi, *«Questa quiete assoluta»: la montagna di Buzzati e la letteratura alpinistica*, in AA.VV., *Montagna e letteratura*, a cura di A. Audisio e R. Rinaldi, Museo nazionale della Montagna, Torino 1983, pp. 217-28.

M. Carlino, *Autour de quelques constantes du style narratif de Dino Buzzati*, in «Cahiers Dino Buzzati», n. 6, 1985, pp. 249-66.

A. Veronese Arslan, voce "Buzzati, Dino", in AA.VV., *Dizionario critico della letteratura italiana*, diretto da V. Branca, vol. I, Utet, Torino 1986 (2ª ed.), pp. 445-49.

G. Bàrberi Squarotti, *Invenzione e allegoria: il «fantastico» degli anni Trenta*, in *La forma e la vita: il romanzo del Novecento*, Mursia, Milano 1987, pp. 208-41.

C. Toscani, *Guida alla lettura di Buzzati*, Mondadori, Milano 1987.

G. Ioli, *Dino Buzzati*, Mursia, Milano 1988.

N. Giannetto, *Il coraggio della fantasia*, cit.

V. Anglard, *Technique de la nouvelle chez Buzzati*, Pierre Bordas et fils, Paris 1990.

M.-H. Caspar, *Fantastique et mythe personnel dans l'oeuvre de Dino Buzzati*, Editions Européennes Erasme, La Garenne - Colombes 1990.

M. Suffran – Y. Panafieu, *Buzzati. Suivi des entretiens Dino Buzzati - Yves Panafieu*, La Manifacture, Besançon 1991.

AA.VV., *Il pianeta Buzzati* (Atti del Convegno internazionale, Feltre e Belluno, 12-15 ottobre 1989), a cura di N. Giannetto, Mondadori, Milano 1992.

A. Biondi, *Metafora e sogno: la narrativa di Buzzati fra «Italia magica» e «surrealismo italiano»*, in AA.VV., *Il pianeta Buzzati*, cit., pp. 15-59.

I. Crotti, *Tre voci sospette: Buzzati, Piovene, Parise*, Mursia, Milano 1994.

S. Lazzarin, *Immagini del mondo e memoria letteraria nella narrativa buzzatiana*, in «Narrativa», n. 6, giugno 1994, pp. 139-54.

C. Lardo, *L'universo tangente. Una lettura della narrativa di Dino Buzzati*, Nuova Cultura, Roma 1994 (2ª ed. 1996).

Y. Panafieu, *Le mystère Buzzati. Dédales et labyrinthes. Masques et contradictions*, Y.P. Éditions, Liancourt - St Pierre 1995.

N. Giannetto, *Il sudario delle caligini*, cit.

G. Cavallini, *Buzzati. Il limite dell'ombra*, Studium, Roma 1997.

S. Lazzarin, *Preliminari a uno studio dell'intertestualità buzzatiana*, in «Italianistica», XXVI, n. 2, maggio-agosto 1997, pp. 303-11.

AA.VV., *Dino Buzzati*, a cura di F. Siddell, numero monografico di «Spunti e ricerche», rivista del dipartimento di Italianistica dell'Università di Melbourne, n. 13, 1998.

AA.VV., *Buzzati giornalista*, Atti del Congresso internazionale, a cura di N. Giannetto, Mondadori, Milano 2000.

P. Biaggi, *Buzzati. I luoghi del mistero*, Edizioni Messaggero, Padova 2001.

AA.VV., *Dino Buzzati trent'anni dopo*, a cura di M.-H. Caspar, numero monografico di «Narrativa», rivista del dipartimento di Italianistica dell'Università di Parigi X, n. 23, maggio 2002.

P. Dalla Rosa, *Dove qualcosa sfugge: lingua e luoghi di Buzzati*, Istituti editoriali e poligrafici internazionali, Pisa-Roma 2004.

AA.VV., *La saggezza del mistero. Saggi su Dino Buzzati*, Ibiskos Editrice Risolo, Empoli 2006.

L. Bellaspiga, *Dio che non esisti ti prego. Dino Buzzati, la fatica di credere*, Ancora Editrice, Milano 2006.

M. Trevisan, *Dino Buzzati, l'alpinista*, Istituti editoriali e poligrafici internazionali, Pisa-Roma 2006.

L. Cremonesi, *Il nemico invincibile. Diari e reportage di Dino Buzzati*, in *Dai nostri inviati. Inchieste, guerre ed esplorazioni nelle pagi-*

ne del Corriere della Sera, Fondazione Corriere della Sera, Rizzoli, Milano 2008.

S. Lazzarin, *Fantasmi antichi e moderni. Tecnologia e perturbante in Buzzati e nella letteratura fantastica otto-novecentesca*, Fabrizio Serra Editore, Pisa-Roma 2008.

C. Posenato, *Il «Bestiario» di Dino Buzzati*, Gli inchiostri Associati, Bologna 2010.

A partire dal 1977 l'Association Internationale des Amis de Dino Buzzati ha pubblicato la serie dei già citati «Cahiers Dino Buzzati». Nel complesso i nove volumi usciti tra il '77 e il '94 raccolgono un notevole corpus di testimonianze, documenti, interpretazioni critiche. I numeri 2, 4, 5, 6, 7 e 9 sono dedicati quasi interamente agli atti dei «colloques» organizzati dall'Associazione. Tale eredità è stata raccolta, per iniziativa del Centro studi Buzzati di Feltre, dalla rivista «Studi buzzatiani».

SULLE PRIME OPERE NARRATIVE

M. Brion, *Préface a Bàrnabo des montagnes – Le secret du Bosco Vecchio*, Laffont, Paris 1959.

S. Jacomuzzi, *I primi racconti di Buzzati: il tempo dei messaggi*, in AA.VV., *Dino Buzzati*, cit., pp. 99-119.

F. Spera, *Modelli narrativi del primo Buzzati*, in AA.VV., *Dino Buzzati*, cit., pp. 87-98.

M.-H. Caspar, *Récit iniziatique et discours sur la violence du pouvoir (Il segreto del Bosco Vecchio)*, Université de Paris X, Nanterre 1982.

F. Livi, *«Bàrnabo des montagnes»: genèse d'une mithologie*, in «Cahiers Dino Buzzati», n. 5, 1982, pp. 63-73.

F. Schettino, *Le pouvoir de l'écriture dans «Bàrnabo delle montagne»*, in «Cahiers Dino Buzzati», n. 6, 1985, pp. 229-48.

A. Colombo, *«Un linguaggio universalmente comprensibile». Correzioni e varianti nei primi racconti di Buzzati*, DBS, Seren del Grappa 1996.

SU «IL DESERTO DEI TARTARI»

P. Pancrazi, *«Il deserto dei Tartari»*, in «Corriere della Sera», 2 agosto 1940 (poi in *Ragguagli di Parnaso*, vol. III, Ricciardi, Milano-Napoli 1967, pp. 137-40).

E. De Michelis, *Letteratura narrativa*, in «La Nuova Italia», XII, 1, gennaio 1941, pp. 28-31 (poi in *Narratori al quadrato*, Nistri-Lischi, Pisa 1962, pp. 159-64).

M. Brion, *Trois écrivains italiens nouveaux*, in «La Revue des Deux Mondes», 1° ottobre 1950, n. 19, pp. 530-39.

F. Livi, *Le désert des Tartares. Analyse critique*, Hatier, Paris 1973.

M. Carlino, *Come leggere «Il deserto dei Tartari» di Dino Buzzati*, Mursia, Milano 1976.

M. Suffran, *Bastiani ou le For intérieur. Racines et prolongements mythiques de l'oeuvre de Dino Buzzati*, in «Cahiers Dino Buzzati», n. 3, 1979, pp. 119-37.

I. Calvino, *Quel deserto che ho attraversato anch'io*, in «la Repubblica», 1° novembre 1980 (ora in *Saggi 1945-1985*, a cura di M. Barenghi, Mondadori, Milano 1995, pp. 1012-15).

AA.VV., *Analyses et réfléctions sur «Le Désert des Tartares» de Dino Buzzati. La fuite du temps*, Marketing, Paris 1981.

AA.VV., *Lectures de «Le Désert des Tartares» de Dino Buzzati*, Belin, Paris 1981.

G. Amoroso, *Una «rientrata avventura»: Il deserto dei Tartari*, in «Humanitas», XXXVI, 2, aprile 1981, pp. 270-74.

A. Biondi, *Il Tempo e l'Evento (tre momenti della narrativa buzzatiana)*, in «Il Contesto», nn. 4-6, 1981, pp. 307-20.

S. Jacomuzzi, *1939: l'armata del Nord davanti al Deserto dei Tartari. Per una rilettura del romanzo di Dino Buzzati*, in «Sigma», 1, gennaio 1981, pp. 56-68 (poi in *Sipari ottocenteschi e altri studi*, Tirrenia, Torino 1987, pp. 255-68).

G. Nascimbeni, *Buzzati: i Tartari in mezzo a noi*, in *Il calcolo dei dadi. Storie di uomini e di libri*, Bompiani, Milano 1984, pp. 233-36.

G. Bàrberi Squarotti, *La fortezza e la forma: «Il deserto dei Tartari»*, in AA.VV., *Dino Buzzati*, cit. (poi in *La forma e la vita: il romanzo del Novecento*, Mursia, Milano 1987, pp. 133-48).

J.L. Borges, *Prólogo*, in D. Buzzati, *El desierto de los tártaros*, Hyspamérica Ediciones, Buenos Aires 1985, p. 9.

D. Unfer, *Il deserto del tempo e le frontiere del desiderio. Una lettura del «Deserto dei Tartari»*, in «Inventario», XXIII, n. 15, settembre-dicembre 1985, pp. 97-116.

G. Fanelli, *Le tre edizioni del «Deserto dei Tartari»*, in «Il lettore di provincia», XIX, n. 71, 1988, pp. 22-31.

G. Afeltra, *Il tenente Drogo dal «lei» al «voi»*, in «Corriere della Sera», 20 settembre 1990.

A. Mariani, *«Il deserto dei Tartari» di Dino Buzzati ed «Aspettando i Barbari» di J.M. Coetzee: il tema dell'attesa*, in AA.VV., *Lingua e letteratura italiana nel mondo oggi* (Atti del XIII Congresso AISL-LI, Perugia, 30 maggio - 3 giugno 1988), a cura di I. Baldelli e B.M. Da Rif, vol. II, Olschki, Firenze 1991, pp. 481-88.

SU «SESSANTA RACCONTI»

A. Bocelli, *Racconti di Buzzati*, in «Il Mondo», 1° luglio 1958.

E. Cecchi, *«Sessanta racconti»*, in «Corriere della Sera», 10 luglio 1958 (poi in *Letteratura italiana del Novecento*, vol. II, Mondadori, Milano 1972, pp. 1006-11).

G. Debenedetti, *Dino Buzzati, premio Strega*, in «La Fiera letteraria», 20 luglio 1958 (poi, con il titolo *Buzzati e gli sguardi del «Di qua»*, in *Intermezzo*, Mondadori, Milano 1963, pp. 181-89).

P. Milano, *Dino Buzzati o il brivido borghese*, in «L'Espresso», 20 luglio 1958 (poi in *Il lettore di professione*, Feltrinelli, Milano 1960, pp. 321-24).

C. Varese, *Scrittori d'oggi*, in «Nuova Antologia», XCIV, fasc. 1897, gennaio-aprile 1959, pp. 119-23.

L. Bianciardi, Prefazione a D. Buzzati, *Sessanta racconti*, Club degli Editori, Milano 1969.

N. Bonifazi, *Dino Buzzati e la «catastrofe»*, in *Teoria del fantastico e il racconto «fantastico» in Italia: Tarchetti-Pirandello-Buzzati*, Longo, Ravenna 1982, pp. 141-70.

P.L. Cerisola, *I «Sessanta racconti» di Dino Buzzati*, in «Testo», nn. 6-7, gennaio-giugno 1984, pp. 56-69.

E. Esposito, *«Il cane che ha visto Dio» di Dino Buzzati*, in «Narrativa», n. 6, giugno 1994, pp. 5-14.

N. Giannetto, *Sessanta racconti e una lingua da scoprire*, in *Il sudario delle caligini*, cit., pp. 167-223.

SU «UN AMORE»

G. Piovene, *Il nuovo sorprendente romanzo di Dino Buzzati, poeta bambino*, in «La Stampa», 10 aprile 1963.

E. Montale, *«Un amore»*, in «Corriere della Sera», 18 aprile 1963 (ora in *Il secondo mestiere. Prose 1920-1979*, cit., p. 2567).

A. Bonsanti, *Un amore di Buzzati*, in «La Nazione», 23 aprile 1963.

G. Vigorelli, *Un atto di coraggio*, in «Il Tempo», 4 maggio 1963.

P. Citati, *I gentili automi di Buzzati*, in «Il Giorno», 15 maggio 1963.

G. Pullini, *Buzzati, «Un amore»*, in «Comunità», XVII, 106, maggio 1963 (poi in *Volti e risvolti del romanzo italiano contemporaneo*, Mursia, Milano 1971, pp. 152-54).

—, «*Il deserto dei Tartari*» e «*Un amore*»: *due romanzi in rapporto speculare fra metafora e realtà*, in AA.VV., *Dino Buzzati*, cit., pp. 169-93.

V. Volpini, *Un compiacimento decadente*, in «Il Popolo», 12 giugno 1963.

D. Fernandez, *La call-girl*, in «L'Express», 19 marzo 1964.

M. Brion, *Un roman d'amour de Dino Buzzati*, in «Le Monde», 4 aprile 1964.

A. Biondi, *Il Tempo e l'Evento*, cit., pp. 320-28.

G. Bàrberi Squarotti, *L'ora dell'alba e la città*, in AA.VV., *Il pianeta Buzzati*, cit., pp. 151-74.

SU «IN QUEL PRECISO MOMENTO»

Per la bibliografia storica si rimanda al libro di G. Fanelli, *Dino Buzzati. Bibliografia della critica: 1933-1989*, Quattroventi, Urbino 1990, e ai successivi aggiornamenti pubblicati su «Studi buzzatiani».

F. Linari, *Dalla narrativa al diario: strutture diaristiche nella raccolta buzzatiana «In quel preciso momento»*, in «Studi buzzatiani», V, 2000.

L. Viganò, Introduzione a D. Buzzati, *In quel preciso momento*, Mondadori, Milano 2006.

SUL TEATRO

S. D'Amico, «*Un caso clinico*» *al Piccolo Teatro di Milano*, in «Il Tempo», 22 maggio 1953 (poi in *Cronache del Teatro*, a cura di E.F. Palmieri e S. D'Amico, vol. II, Laterza, Bari 1964, pp. 785-88).

R. De Monticelli, «*Un caso clinico*» *di Dino Buzzati*, in «L'Illustrazione italiana», giugno 1953, n. 6, p. 49.

A. Camus, «*Le Cheval Dino Buzzati*», in «Combat», 10 marzo 1955.

G. Marcel, *Le théâtre. Un cas intéressant*, «Les Nouvelles Littéraires», 24 marzo 1955.

M. Esslin, *The Theatre of the Absurd*, Anchor Books, London 1961 (trad. it. *Il teatro dell'assurdo*, Abete, Roma 1975, pp. 240-41).

F. Grisi, «*Ferrovia soprelevata*», in *Incontri in libreria*, Ceschina, Milano 1961, pp. 71-78.

Y. Panafieu, *Thanatopraxis*, in «Cahiers Dino Buzzati», n. 1, 1977, pp. 85-134 (poi in *Les miroirs éclatés*, cit., pp. 458-66).

R. Bertacchini, *L'«assurdo» teatrale di Buzzati*, in AA.VV., *Novecento*, a cura di G. Grana, vol. X, Marzorati, Milano 1980, pp. 9954-65.

P.L. Cerisola, *Il teatro dell'assurdo: Dino Buzzati*, in «Testo», n. 12, luglio-dicembre 1986, pp. 99-112.

L. Chailly, *Buzzati in musica*, EDA, Torino 1987

N. Giannetto, *Buzzati a teatro. Rassegna*, in «Quaderni Veneti», n. 14, dicembre 1991, pp. 117-46.

P. Puppa, *Il teatro di Buzzati: modelli vecchi e stimoli nuovi*, in AA.VV., *Il pianeta Buzzati*, cit., pp. 307-18.

—, *Buzzati: la lingua in scena*, in AA.VV., *Dino Buzzati: la lingua, le lingue* (Atti del Convegno internazionale, Feltre e Belluno, 26-29 settembre 1991), a cura di N. Giannetto, con la collaborazione di P. Dalla Rosa e I. Pilo, Mondadori, Milano 1994, pp. 55-64.

M. Marcone, *Su Buzzati librettista e la sua collaborazione con Luciano Chailly: l'esperienza di «Procedura penale»*, in «Studi buzzatiani», I, 1996, pp. 27-43.

SULL'OPERA POETICA

C. Marabini, *Buzzati poeta*, in «Il Resto del Carlino», 10 marzo 1965.

G. Gramigna, *Il capitano trova la rima (su alcuni aspetti della poesia di Buzzati)*, in AA.VV., *Dino Buzzati*, cit., pp. 321-30.

B. Pento, *Prosa in versi di Buzzati*, in «Letteratura», nn. 91-92, gennaio-aprile 1968, pp. 147-49.

F. Bandini, Scheda bibliografica in D. Buzzati, *Le poesie*, Neri Pozza, Vicenza 1982.

A. Sala, *Quando Buzzati scriveva versi*, in «Corriere della Sera», 11 luglio 1982.

P. Corbo, *Buzzati poeta*, in «Margo», IV, 7, dicembre 1991, pp. 54-65.

SU «POEMA A FUMETTI» E SULL'ULTIMO BUZZATI

G. Nascimbeni, *Buzzati a fumetti*, in «Epoca», 19 ottobre 1969.

V. Lisiani, *L'Aldilà di Dino Buzzati*, in «La Notte», 13 novembre 1969.

E. Falqui, *I fumetti di Buzzati*, in «Il Tempo», 14 novembre 1969.

I. Montanelli, *L'ultimo Buzzati*, in «Corriere della Sera», 15 novembre 1969.

C. Della Corte, *Orfeo a fumetti nella Milano-pop dell'ultimo Buzzati*, in «Il Gazzettino», 16 novembre 1969.

F. Giannessi, *Orfeo ed Euridice oggi, a fumetti*, in «La Stampa», 16 novembre 1969.

C. Marabini, *È uscito il volume di Dino Buzzati «Poema a fumetti»*, in «Ti-Sette», 23 novembre 1969.

A. Sala, *Orfeo con chitarra*, in «Corriere d'informazione», 26-27 novembre 1969.

C. Garboli, *Tutta la vita in venti minuti*, in «Il Mondo», 4 dicembre 1969.

A. De Lorenzi, *Orfeo cantautore a Milano*, in «Il Messaggero veneto», 7 dicembre 1969.

C. Quarantotto, *Orfeo a fumetti*, in «Roma», 11 dicembre 1969.

L. Gigli, *Quando i fumetti diventano poesia*, in «Gazzetta del Popolo», 16 gennaio 1970.

D. Borioni, *«Poema a fumetti» di Dino Buzzati*, in «Gazzetta di Parma», 27 gennaio 1970.

D. Buzzati, *L'autore giudica i suoi critici*, in «Corriere della Sera», 8 febbraio 1970.

S. Castelli, *Fumetti di Buzzati*, in «Avanti!», 22 febbraio 1970.

G. Casolari, *Poema a fumetti*, in «Letture», aprile 1970, pp. 289-92.

D. Porzio, Introduzione a D. Buzzati, *Le notti difficili*, Mondadori, Milano 1971, pp. V-XI.

D. Del Giudice, *Gli incubi di Buzzati*, in «Paese Sera», 29 ottobre 1971.

G. Pampaloni, *Buzzati uno e due*, in «Corriere della Sera», 19 dicembre 1971 (su *Le notti difficili* e *I miracoli di Val Morel*).

A. Veronese Arslan, *«Poema a fumetti»*, in *Invito alla lettura di Buzzati*, cit., pp. 106-107.

L. Pozzoli, *Dino Buzzati tra limpidità e lucidità*, in «Letture», giugno-luglio 1975, p. 442.

A. Laganà Gion, *Caratteri unitari nell'opera di Buzzati: i rapporti tra letteratura e pittura*, in *Dino Buzzati*, Atti del congresso di Venezia, 3-4 novembre 1980, cit., pp. 290-304.

A. Sala, *Dino Buzzati pittore: la frontiera perenne*, in AA.VV., *Dino Buzzati*, cit., pp. 305-11.

A. Laganà Gion, *Una pittura esistenziale su uno sfondo naïf* e *Rapporti fra letteratura e pittura*, in *Dino Buzzati. Un autore da rileggere*, cit., pp. 89-109.

G. Zampa, *Una partenza senza perché*, in «il Giornale», 27 gennaio 1985.

C. Marabini, *Buzzati guida un reggimento carico di pena*, in «Tuttolibri», supplemento de «La Stampa», 2 marzo 1985.

G. Gargiulo, *Il lettore degli anni Sessanta nel «Cut-up» di «Poema a fumetti»*, in AA.VV., *Il pianeta Buzzati*, cit., pp. 293-306.

A.P. Zugni Tauro, *L'affabulazione fantastica ne «I miracoli di Val Morel»*, in AA.VV., *Il pianeta Buzzati*, cit., pp. 341-71.

C. Donati, *Scrittura-immagine nel «Poema a fumetti» di Dino Buzzati*, in *Letteratura italiana e arti figurative*, Olschki, Firenze 1988, pp. 1139-47.

M. Ferrari, *L'immaginario dipinto*, in *Dino Buzzati. La donna, la città, l'inferno*, a cura di M. Ferrari, Canova, Treviso 1997, pp. 15-18.

—, *Buzzati 1969: il laboratorio di «Poema a fumetti»*, Mazzotta, Milano 2002.

AA.VV., *Poema a fumetti di Dino Buzzati nella cultura degli anni '60 tra fumetto, fotografia e arti visive* (Atti del Convegno internazionale), a cura di N. Giannetto, Mondadori, Milano 2005.

L. Viganò, Introduzione a D. Buzzati, *Poema a fumetti*, 7ª ed. Mondadori, Milano 2009.

Per una bibliografia più esaustiva si rimanda al catalogo elettronico della Biblioteca del Centro Studi Buzzati di Feltre (Belluno).

SULLE TRADUZIONI E LA FORTUNA EUROPEA

N. Giannetto, *Bibliografia delle traduzioni delle opere di Buzzati*, in *Il coraggio della fantasia*, cit., pp. 93-101.

C. Bec – J.-M. Gardair – F. Livi, *Cinquant'anni di letteratura italiana nei paesi europei di lingua francese (1937-1986)*, in AA.VV., *Lingua e letteratura italiana nel mondo oggi*, cit., vol. I, pp. 193-201.

AA.VV., *Dino Buzzati: un écrivain européen. Problèmes de traduction et d'analyse textuelle* (Actes du colloque international organisé les 10, 11 et 12 avril 1992), a cura di M. Bastiaensen e E. Hoppe, in «Idioma», 5, 1993.

Y. Frontenac, *Réflexions sur Dino Buzzati écrivain européen*, in «Cahiers Dino Buzzati», n. 9, 1994, pp. 355-60.

AA.VV., *Dino Buzzati: la lingua, le lingue*, cit., con un'appendice di M. Formenti e I. Pilo, *Buzzati all'estero*, pp. 267-76, che integra la precedente bibliografia di N. Giannetto.

(a cura di Lorenzo Viganò)

I sette messaggeri

I sette messaggeri

Partito ad esplorare il regno di mio padre, di giorno in giorno vado allontanandomi dalla città e le notizie che mi giungono si fanno sempre più rare.

Ho cominciato il viaggio poco più che trentenne e più di otto anni sono passati, esattamente otto anni, sei mesi e quindici giorni di ininterrotto cammino. Credevo, alla partenza, che in poche settimane avrei facilmente raggiunto i confini del regno, invece ho continuato ad incontrare sempre nuove genti e paesi; e dovunque uomini che parlavano la mia stessa lingua, che dicevano di essere sudditi miei.

Penso talora che la bussola del mio geografo sia impazzita e che, credendo di procedere sempre verso il meridione, noi in realtà siamo forse andati girando su noi stessi, senza mai aumentare la distanza che ci separa dalla capitale; questo potrebbe spiegare il motivo per cui ancora non siamo giunti all'estrema frontiera.

Ma più sovente mi tormenta il dubbio che questo confine non esista, che il regno si estenda senza limite alcuno e che, per quanto io avanzi, mai potrò arrivare alla fine.

Mi misi in viaggio che avevo già più di trent'anni, troppo tardi forse. Gli amici, i familiari stessi, deridevano il mio progetto come inutile dispendio degli anni migliori della vita. Pochi in realtà dei miei fedeli acconsentirono a partire.

Sebbene spensierato – ben più di quanto sia ora! – mi preoccupai di poter comunicare, durante il viaggio, con i miei cari, e fra i cavalieri della scorta scelsi i sette migliori, che mi servissero da messaggeri.

Credevo, inconsapevole, che averne sette fosse addirittura un'esagerazione. Con l'andar del tempo mi accorsi al contrario che erano ridicolmente pochi; e sì che nessuno di essi è mai caduto malato, né è incappato nei briganti, né ha sfiancato le cavalcature. Tutti e sette mi hanno servito con una tenacia e una devozione che difficilmente riuscirò mai a ricompensare.

Per distinguerli facilmente imposi loro nomi con le iniziali alfabeticamente progressive: Alessandro, Bartolomeo, Caio, Domenico, Ettore, Federico, Gregorio.

Non uso alla lontananza dalla mia casa, vi spedii il primo, Alessandro, fin dalla sera del secondo giorno di viaggio, quando avevamo percorso già un'ottantina di leghe. La sera dopo, per assicurarmi la continuità delle comunicazioni, inviai il secondo, poi il terzo, poi il quarto, consecutivamente, fino all'ottava sera di viaggio, in cui partì Gregorio. Il primo non era ancora tornato.

Ci raggiunse la decima sera, mentre stavamo disponendo il campo per la notte, in una valle disabitata. Seppi da Alessandro che la sua rapidità era stata inferiore al previsto; avevo pensato che, procedendo isolato, in sella a un ottimo destriero, egli potesse percorrere, nel medesimo tempo, una distanza due volte la nostra; invece aveva potuto solamente una volta e mezza; in una giornata, mentre noi avanzavamo di quaranta leghe, lui ne divorava sessanta, ma non più.

Così fu degli altri. Bartolomeo, partito per la città alla terza sera di viaggio, ci raggiunse alla quindicesima; Caio, partito alla quarta, alla ventesima solo fu di ritorno. Ben presto constatai che bastava moltiplicare per cinque i giorni fin lì impiegati per sapere quando il messaggero ci avrebbe ripresi.

Allontanandoci sempre più dalla capitale, l'itinerario dei messi si faceva ogni volta più lungo. Dopo cinquanta giorni di cammino, l'intervallo fra un arrivo e l'altro dei messaggeri cominciò a spaziarsi sensibilmente; mentre prima me ne vedevo arrivare al campo uno ogni cinque giorni, questo intervallo divenne di venticinque; la voce della mia città diveniva in tal modo sempre più fioca; intere settimane passavano senza che io ne avessi alcuna notizia.

Trascorsi che furono sei mesi – già avevamo varcato i monti Fasani – l'intervallo fra un arrivo e l'altro dei messaggeri aumentò a ben quattro mesi. Essi mi recavano oramai notizie lontane; le buste mi giungevano gualcite, talora con macchie di umido per le notti trascorse all'addiaccio da chi me le portava.

Procedemmo ancora. Invano cercavo di persuadermi che le nuvole trascorrenti sopra di me fossero uguali a quelle della mia fanciullezza, che il cielo della città lontana non fosse diverso dalla cupola azzurra che mi sovrastava, che l'aria fosse la stessa, uguale il soffio del vento, identiche le voci degli uccelli. Le nuvole, il cielo, l'aria, i venti, gli uccelli, mi apparivano in verità cose nuove e diverse; e io mi sentivo straniero.

Avanti, avanti! Vagabondi incontrati per le pianure mi dicevano che i confini non erano lontani. Io incitavo i miei uomini a non posare, spegnevo gli accenti scoraggiati che si facevano sulle loro labbra. Erano già passati quattro anni dalla mia partenza; che lunga fatica. La capitale, la mia casa, mio padre, si erano fatti stranamente remoti, quasi non ci credevo. Ben venti mesi di silenzio e di solitudine intercorrevano ora fra le successive comparse dei messaggeri. Mi portavano curiose lettere ingiallite dal tempo, e in esse trovavo nomi dimenticati, modi di dire a me insoliti, sentimenti che non riuscivo a capire. Il mattino successivo, dopo una sola notte di riposo, mentre noi ci rimettevamo in cammino, il messo partiva nella direzione opposta, recando alla città le lettere che da parecchio tempo io avevo apprestate.

Ma otto anni e mezzo sono trascorsi. Stasera cenavo da solo nella mia tenda quando è entrato Domenico, che riusciva ancora a sorridere benché stravolto dalla fatica. Da quasi sette anni non lo rivedevo. Per tutto questo periodo lunghissimo egli non aveva fatto che correre, attraverso praterie, boschi e deserti, cambiando chissà quante volte cavalcatura, per portarmi quel pacco di buste che finora non ho avuto voglia di aprire. Egli è già andato a dormire e ripartirà domani stesso all'alba.

Ripartirà per l'ultima volta. Sul taccuino ho calcolato che, se tutto andrà bene, io continuando il cammino come ho fatto fi-

nora e lui il suo, non potrò rivedere Domenico che fra trentaquattro anni. Io allora ne avrò settantadue. Ma comincio a sen-
tirmi stanco ed è probabile che la morte mi coglierà prima. Così
non lo potrò mai più rivedere.

Fra trentaquattro anni (prima anzi, molto prima) Domenico
scorgerà inaspettatamente i fuochi del mio accampamento e si
domanderà perché mai nel frattempo io abbia fatto così poco
cammino. Come stasera, il buon messaggero entrerà nella mia
tenda con le lettere ingiallite dagli anni, cariche di assurde notizie di un tempo già sepolto; ma si fermerà sulla soglia, veden-
domi immobile disteso sul giaciglio, due soldati ai fianchi con
le torce, morto.

Eppure va, Domenico, e non dirmi che sono crudele! Porta il
mio ultimo saluto alla città dove io sono nato. Tu sei il superstite legame con il mondo che un tempo fu anche mio. I più recenti
messaggi mi hanno fatto sapere che molte cose sono cambiate,
che mio padre è morto, che la Corona è passata a mio fratello
maggiore, che mi considerano perduto, che hanno costruito alti
palazzi di pietra là dove prima erano le querce sotto cui andavo
solitamente a giocare. Ma è pur sempre la mia vecchia patria.

Tu sei l'ultimo legame con loro, Domenico. Il quinto messaggero, Ettore, che mi raggiungerà, Dio volendo, fra un anno
e otto mesi, non potrà ripartire perché non farebbe più in tempo a tornare. Dopo di te il silenzio, o Domenico, a meno che finalmente io non trovi i sospirati confini. Ma quanto più proce-
do, più vado convincendomi che non esiste frontiera.

Non esiste, io sospetto, frontiera, almeno nel senso che noi
siamo abituati a pensare. Non ci sono muraglie di separazione,
né valli divisorie, né montagne che chiudano il passo. Probabilmente varcherò il limite senza accorgermene neppure, e conti-
nuerò ad andare avanti, ignaro.

Per questo io intendo che Ettore e gli altri messi dopo di lui,
quando mi avranno nuovamente raggiunto, non riprendano più
la via della capitale ma partano innanzi a precedermi, affinché
io possa sapere in antecedenza ciò che mi attende.

Un'ansia inconsueta da qualche tempo si accende in me alla
sera, e non è più rimpianto delle gioie lasciate, come accadeva

nei primi tempi del viaggio; piuttosto è l'impazienza di conoscere le terre ignote a cui mi dirigo.

Vado notando – e non l'ho confidato finora a nessuno – vado notando come di giorno in giorno, man mano che avanzo verso l'improbabile mèta, nel cielo irraggi una luce insolita quale mai mi è apparsa, neppure nei sogni; e come le piante, i monti, i fiumi che attraversiamo, sembrino fatti di una essenza diversa da quella nostrana e l'aria rechi presagi che non so dire.

Una speranza nuova mi trarrà domattina ancora più avanti, verso quelle montagne inesplorate che le ombre della notte stanno occultando. Ancora una volta io leverò il campo, mentre Domenico scomparirà all'orizzonte dalla parte opposta, per recare alla città lontanissima l'inutile mio messaggio.

L'assalto al grande convoglio

Arrestato in una via del paese e condannato soltanto per contrabbando – poiché non lo avevano riconosciuto – Gaspare Planetta, il capo brigante, rimase tre anni in prigione.

Ne venne fuori cambiato. La malattia lo aveva consunto, gli era cresciuta la barba, sembrava piuttosto un vecchietto che non il famoso capo brigante, il miglior schioppo conosciuto, che non sapeva sbagliare un colpo.

Allora, con le sue robe in un sacco, si mise in cammino per Monte Fumo, che era stato il suo regno, dove erano rimasti i compagni.

Era una domenica di giugno quando si addentrò per la valle in fondo alla quale c'era la loro casa. I sentieri del bosco non erano mutati: qua una radice affiorante, là un caratteristico sasso ch'egli ricordava bene. Tutto come prima.

Siccome era festa, i briganti si erano riuniti alla casa. Avvicinandosi, Planetta udì voci e risate. Contrariamente all'uso dei suoi tempi, la porta era chiusa

Batté due tre volte. Dentro si fece silenzio. Poi domandarono: «Chi è?».

«Vengo dalla città» egli rispose «vengo da parte di Planetta.»

Voleva fare una sorpresa, ma invece quando gli aprirono e gli si fecero incontro, Gaspare Planetta si accorse subito che non l'avevano riconosciuto. Solo il vecchio cane della compagnia, lo scheletrico Tromba, gli saltò addosso con guaiti di gioia.

Da principio i suoi vecchi compagni, Cosimo, Marco, Felpa

ed anche tre quattro facce nuove gli si strinsero attorno, chieden-do notizie di Planetta. Lui raccontò di avere conosciuto il capo brigante in prigione; disse che Planetta sarebbe stato liberato fra un mese e intanto aveva mandato lui lassù per sapere come andavano le cose.

Dopo poco però i briganti si disinteressarono del nuovo ve-nuto e trovarono pretesti per lasciarlo. Solo Cosimo rimase a parlare con lui, pur non riconoscendolo.

«E al suo ritorno cosa intende fare?» chiedeva accennando al vecchio capo, in carcere.

«Cosa intende fare?» fece Planetta «forse che non può tor-nare qui?»

«Ah, sì, sì, io non dico niente. Pensavo per lui, pensavo. Le cose qui sono cambiate. E lui vorrà comandare ancora, si capi-sce, ma non so...»

«Non sai che cosa?»

«Non so se Andrea sarà disposto... farà certo delle questioni... per me torni pure, anzi, noi due siamo sempre andati d'accordo...»

Gaspare Planetta seppe così che il nuovo capo era Andrea, uno dei suoi compagni di una volta, quello che anzi pareva al-lora il più bestia.

In quel momento si spalancò la porta, lasciando entrare pro-prio Andrea, che si fermò in mezzo alla stanza. Planetta ricor-dava uno spilungone apatico. Adesso gli stava davanti un pez-zo formidabile di brigante, con una faccia dura e un paio di splendidi baffi.

Quando seppe del nuovo venuto, che anch'egli non riconob-be: «Ah, così?» disse a proposito di Planetta «ma come mai non è riuscito a fuggire? Non deve essere poi così difficile. Marco an-che lui l'hanno messo dentro, ma non ci è rimasto che sei gior-ni. Anche Stella ci ha messo poco a fuggire. Proprio lui, che era il capo, proprio lui, non ha fatto una bella figura».

«Non è più come una volta, così per dire» fece Planetta con un furbesco sorriso. «Ci sono molte guardie adesso, le infer-riate le hanno cambiate, non ci lasciavano mai soli. E poi lui s'è ammalato.»

Così disse; ma intanto capiva di essere rimasto tagliato fuori, capiva che un capo brigante non può lasciarsi imprigionare, tanto meno restar dentro tre anni come un disgraziato qualunque, capiva di essere vecchio, che per lui non c'era più posto, che il suo tempo era tramontato.

«Mi ha detto» riprese con voce stanca lui di solito gioviale e sereno «Planetta mi ha detto che ha lasciato qui il suo cavallo, un cavallo bianco, diceva, che si chiama Polàk, mi pare, e ha un gonfio sotto un ginocchio.»

«Aveva, vuoi dire aveva» fece Andrea arrogante, cominciando a sospettare che fosse proprio Planetta presente. «Se il cavallo è morto la colpa non sarà nostra...»

«Mi ha detto» continuò calmo Planetta «che aveva lasciato qui degli abiti, una lanterna, un orologio.» E sorrideva intanto sottilmente e si avvicinava alla finestra perché tutti lo potessero veder bene.

E tutti infatti lo videro bene, riconobbero in quel magro vecchietto ciò che rimaneva del loro capo, del famoso Gaspare Planetta, del migliore schioppo conosciuto, che non sapeva sbagliare un colpo.

Eppure nessuno fiatò. Anche Cosimo non osò dir nulla. Tutti finsero di non averlo riconosciuto, perché era presente Andrea, il nuovo capo, di cui avevano paura. Ed Andrea aveva fatto finta di niente.

«Le sue robe nessuno le ha toccate» disse Andrea «devono essere là in un cassetto. Degli abiti non so niente. Probabilmente li ha adoperati qualcun altro.»

«Mi ha detto» continuò imperturbabile Planetta, questa volta senza più sorridere «mi ha detto che ha lasciato qui il suo fucile, il suo schioppo di precisione.»

«Il suo fucile è sempre qui» fece Andrea «e potrà venire a riprenderselo.»

«Mi diceva» proseguì Planetta «mi diceva sempre: chissà come me lo adoperano, il mio fucile, chissà che ferravecchio troverò al mio ritorno. Ci teneva tanto al suo fucile.»

«L'ho adoperato io qualche volta» ammise Andrea con un leggero tono di sfida «ma non credo per questo di averlo mangiato.»

Gaspare Planetta sedette su una panca. Si sentiva addosso la sua solita febbre, non grande cosa, ma abbastanza da fare la testa pesante.

«Dimmi» fece rivolto ad Andrea «me lo potresti far vedere?»

«Avanti» rispose Andrea, facendo segno a uno dei briganti nuovi che Planetta non conosceva «avanti, va' di là a prenderlo.»

Fu portato a Planetta lo schioppo. Egli lo osservò minutamente con aria preoccupata e via via parve rasserenarsi. Accarezzò con le mani la canna.

«Bene» disse dopo una lunga pausa «e mi ha detto anche che aveva lasciato qui delle munizioni. Mi ricordo anzi precisamente: polvere, sei misure, e ottantacinque palle.»

«Avanti» fece Andrea con aria seccata «avanti, andategliele a prendere. E poi c'è qualcosa d'altro?»

«Poi c'è questo» disse Planetta con la massima calma, alzandosi dalla panca, avvicinandosi ad Andrea e staccandogli dalla cintura un lungo pugnale inguainato. «C'è ancora questo» confermò «il suo coltello da caccia.» E tornò a sedere.

Seguì un lungo pesante silenzio. Finalmente fu Andrea che disse:

«Be', buonasera» disse, per fare capire a Planetta che se ne poteva ormai andare.

Gaspare Planetta alzò gli occhi misurando la potente corporatura di Andrea. Avrebbe mai potuto sfidarlo, patito e stanco come si sentiva? Perciò si alzò lentamente, aspettò che gli dessero anche le altre sue cose, mise tutto nel sacco, si gettò lo schioppo sulle spalle.

«Allora buonasera, signori» disse avviandosi alla porta.

I briganti rimasero muti, immobili per lo stupore, perché mai avrebbero immaginato che Gaspare Planetta, il famoso capo brigante, potesse andarsene così, lasciandosi mortificare a quel modo. Solo Cosimo trovò un po' di voce, una voce stranamente fioca.

«Addio Planetta!» esclamò, lasciando da parte ogni finzione. «Addio, buona fortuna!»

Planetta si allontanò per il bosco, in mezzo alle ombre della sera, fischiettando una allegra arietta.

Così fu di Planetta, ora non più capo brigante, bensì soltanto Gaspare Planetta fu Severino, di anni quarantotto, senza fissa dimora. Però una dimora l'aveva, un suo baracchino sul Monte Fumo, metà di legno e metà di sassi, nel mezzo delle boscaglie, dove una volta si rifugiava quando c'erano troppe guardie in giro.

Planetta raggiunse la sua baracchetta, accese il fuoco, contò i soldi che aveva (potevano bastargli per qualche mese) e cominciò a vivere solo.

Ma una sera, ch'era seduto al fuoco, si aprì di colpo la porta e comparve un giovane, con un fucile. Avrà avuto diciassette anni.

«Cosa succede?» domandò Planetta, senza neppure alzarsi in piedi. Il giovane aveva un'aria ardita, assomigliava a lui, Planetta, una trentina d'anni prima.

«Stanno qui quelli del Monte Fumo? Sono tre giorni che vado in cerca.»

Il ragazzo si chiamava Pietro. Raccontò senza esitazione che voleva mettersi coi briganti. Era sempre vissuto da vagabondo ed erano anni che ci pensava, ma per fare il brigante occorreva almeno un fucile e aveva dovuto aspettare un pezzo, adesso però ne aveva rubato uno, ed anche uno schioppo discreto.

«Sei capitato bene» fece Planetta allegramente «io sono Planetta.»

«Planetta il capo, vuoi dire?»

«Sì, certo, proprio lui.»

«Ma non eri in prigione?»

«Ci sono stato, così per dire» spiegò furbescamente Planetta. «Ci sono stato tre giorni. Non ce l'hanno fatta a tenermi di più.»

Il ragazzo lo guardò con entusiasmo.

«E allora mi vuoi prendere con te?»

«Prenderti con me?» fece Planetta «be', per stanotte dormi qui, poi domani vedremo.»

I due vissero insieme. Planetta non disilluse il ragazzo, gli lasciò credere di essere sempre lui il capo, gli spiegò che preferiva viversene solo e trovarsi con i compagni soltanto quando era necessario. Il ragazzo lo credette potente e aspettò da lui grandi cose.

Ma passavano i giorni e Planetta non si muoveva. Tutt'al più girava un poco per cacciare. Del resto se ne stava sempre vicino al fuoco.

«Capo» diceva Pietro «quand'è che mi conduci con te a far qualcosa?»

«Ah» rispondeva Planetta «uno di questi giorni combineremo bene. Farò venire tutti i compagni, avrai da cavarti la soddisfazione.»

Ma i giorni continuavano a passare.

«Capo» diceva il ragazzo «ho saputo che domani, giù nella strada della valle, domani passa in carrozza un mercante, un certo signor Francesco, che deve avere le tasche piene.»

«Un certo Francesco?» faceva Planetta senza dimostrare interesse. «Peccato, proprio lui, lo conosco bene da un pezzo. Una bella volpe, ti dico, quando si mette in viaggio non si porta dietro neanche uno scudo, è tanto se porta i vestiti, dalla paura che ha dei ladri.»

«Capo» diceva il ragazzo «ho saputo che domani passano due carri di roba buona, tutta roba da mangiare, cosa ne dici, capo?»

«Davvero?» faceva Planetta «roba da mangiare?» e lasciava cadere la cosa, come se non fosse degna di lui.

«Capo» diceva il ragazzo «domani c'è la festa al paese, c'è un mucchio di gente che gira, passeranno tante carrozze, molti torneranno anche di notte. Non ci sarebbe da far qualcosa?»

«Quando c'è gente» rispondeva Planetta «è meglio lasciar stare. Quando c'è la festa vanno attorno i gendarmi. Non val la pena di fidarsi. È proprio in quel giorno che mi hanno preso.»

«Capo» diceva dopo alcuni giorni il ragazzo «di' la verità, tu hai qualcosa. Non hai più voglia di muoverti. Nemmeno più a caccia vuoi venire. I compagni non li vuoi vedere. Tu devi essere malato, anche ieri dovevi avere la febbre, stai sempre attaccato al fuoco. Perché non mi parli chiaro?»

«Può darsi che io non stia bene» faceva Planetta sorridendo «ma non è come tu pensi. Se vuoi proprio che te lo dica, dopo almeno mi lascerai tranquillo, è cretino sfacchinare per mettere insieme qualche marengo. Se mi muovo, voglio che valga la fatica. Bene, ho deciso, così per dire, di aspettare il Gran Convoglio.»

Voleva dire il Grande Convoglio che una volta all'anno, precisamente il 12 settembre, portava alla Capitale un carico d'oro, tutte le tasse delle province del sud. Avanzava tra suoni di corni, lungo la strada maestra, tra lo scalpitare della guardia armata. Il Grande Convoglio imperiale, con il grande carro di ferro, tutto pieno di monete, chiuse in tanti sacchetti. I briganti lo sognavano nelle notti buone, ma da cent'anni nessuno era riuscito impunemente ad assaltarlo. Tredici briganti erano morti, venti ficcati in prigione. Nessuno osava pensarci più; d'anno in anno poi il provento delle tasse cresceva e si aumentava la scorta armata. Cavalleggeri davanti e di dietro, pattuglie a cavallo di fianco, armati i cocchieri, i cavallanti e i servi.

Precedeva una specie di staffetta, con tromba e bandiera. A una certa distanza seguivano ventiquattro cavalleggeri, con schioppi, pistole e spadoni. Poi veniva il carro di ferro, con lo stemma imperiale in rilievo, tirato da sedici cavalli. Ventiquattro cavalleggeri, anche dietro, dodici altri dalle due parti. Centomila ducati d'oro, mille once d'argento, riservati alla cassa imperiale.

Dentro e fuori per le valli il favoloso convoglio passava a galoppo serrato. Luca Toro, cent'anni prima, aveva avuto il coraggio di assaltarlo e gli era andata miracolosamente bene. Era quella la prima volta: la scorta aveva preso paura. Luca Toro era poi fuggito in Oriente e si era messo a fare il signore.

A distanza di parecchi anni, anche altri briganti avevano tentato: Giovanni Borso, per dire solo alcuni, il Tedesco, Sergio dei Topi, il Conte e il Capo dei trentotto. Tutti, al mattino dopo, distesi al bordo della strada, con la testa spaccata.

«Il Gran Convoglio? Vuoi rischiarti sul serio?» domandò il ragazzo meravigliato.

«Sì certo, voglio rischiarla. Se riesce, sono a posto per sempre.»

Così disse Gaspare Planetta, ma in cuor suo non ci pensava nemmeno. Sarebbe stata un'assoluta follia, anche a essere una ventina, attaccare il Gran Convoglio. Figurarsi poi da solo.

L'aveva detto così per scherzare, ma il ragazzo lo prese sul serio e guardò Planetta con ammirazione.

«Dimmi» fece il ragazzo «e quanti sarete?»

«Una quindicina almeno, saremo.»

«E quando?»

«C'è tempo» rispose Planetta «bisogna che lo domandi ai compagni. Non c'è mica tanto da scherzare.»

Ma i giorni, come avviene, non fecero fatica a passare e i boschi cominciarono a diventar rossi. Il ragazzo aspettava con impazienza. Planetta gli lasciava credere e nelle lunghe sere, passate vicino al fuoco, discuteva del grande progetto e ci si divertiva anche lui. In qualche momento perfino pensava che tutto potesse essere anche vero.

L'11 settembre, alla vigilia, il ragazzo stette in giro fino a notte. Quando tornò aveva una faccia scura.

«Cosa c'è?» domandò Planetta, seduto al solito davanti al fuoco.

«C'è che finalmente ho incontrato i tuoi compagni.»

Ci fu un lungo silenzio e si sentirono gli scoppiettii del fuoco. Si udì pure la voce del vento che fuori soffiava nelle boscaglie.

«E allora» disse alla fine Planetta con una voce che voleva sembrare scherzosa. «Ti hanno detto tutto, così per dire?»

«Sicuro» rispose il ragazzo. «Proprio tutto mi hanno detto.»

«Bene» soggiunse Planetta, e si fece ancora silenzio nella stanza piena di fumo, in cui c'era solo la luce del fuoco.

«Mi hanno detto di andare con loro» osò alla fine il ragazzo. «Mi hanno detto che c'è molto da fare.»

«Si capisce» approvò Planetta «saresti stupido a non andare.»

«Capo» domandò allora Pietro con voce vicina al pianto «perché non dirmi la verità, perché tutte quelle storie?»

«Che storie?» ribatté Planetta che faceva ogni sforzo per mantenere il suo solito tono allegro. «Che storie ti ho mai contato? Ti ho lasciato credere, ecco tutto. Non ti ho voluto disingannare. Ecco tutto, così per dire.»

«Non è vero» disse il ragazzo. «Tu mi hai tenuto qui con delle promesse e lo facevi solo per sfottermi. Domani, lo sai bene...»

«Che cosa domani?» chiese Planetta, ritornato nuovamente tranquillo. «Vuoi dire del Gran Convoglio?»

«Ecco, e io fesso a crederti» brontolò irritato il ragazzo. «Del resto, lo potevo ben capire, malato come sei, non so cosa avresti potuto...» Tacque per qualche secondo, poi concluse a bassa voce: «Domani allora me ne vado».

Ma all'indomani fu Planetta ad alzarsi per primo. Si levò senza svegliare il ragazzo, si vestì in fretta e prese il fucile. Solo quando egli fu sulla soglia, Pietro si destò.

«Capo» gli domandò, chiamandolo così per l'abitudine «dove vai a quest'ora, si può sapere?»

«Si può sapere, sissignore» rispose Planetta sorridendo. «Vado ad aspettare il Gran Convoglio.»

Il ragazzo, senza rispondere, si voltò dall'altra parte del letto, come per dire che di quelle stupide storie era stufo.

Eppure non erano storie. Planetta, per mantenere la promessa, anche se fatta per scherzo, Planetta, ora che era rimasto solo, andò ad assalire il Gran Convoglio.

I compagni l'avevano abbastanza sfottuto. Che almeno fosse quel ragazzo a sapere chi era Gaspare Planetta. Ma no, neanche di quel ragazzo gliene importava. Lo faceva in fondo per sé, per sentirsi quello di prima, sia pure per l'ultima volta. Non ci sarebbe stato nessuno a vederlo, forse nessuno a saperlo mai, se rimaneva subito ucciso; ma questo non aveva importanza. Era una questione personale, con l'antico potente Planetta. Una specie di scommessa, per un'impresa disperata.

Pietro lasciò che Planetta se n'andasse. Ma più tardi gli nacque un dubbio: che Planetta andasse davvero all'assalto? Era un dubbio debole e assurdo, eppure Pietro si alzò e uscì alla ricerca. Parecchie volte Planetta gli aveva mostrato il posto buono per aspettare il Convoglio. Sarebbe andato là a vedere.

Il giorno era già nato, ma lunghe nubi temporalesche si stendevano attraverso il cielo. La luce era chiara e grigia. Ogni tanto qualche uccello cantava. Negli intervalli si udiva il silenzio.

Pietro corse giù per le boscaglie, verso il fondo della valle dove passava la strada maestra. Procedeva guardingo tra i cespugli in direzione di un gruppo di castagni, dove Planetta avrebbe dovuto trovarsi.

Planetta infatti c'era, appiattato dietro a un tronco e si era fatto un piccolo parapetto di erbe e rami, per esser sicuro che non lo potessero vedere. Era sopra una specie di gobba che dominava una brusca svolta della strada: un tratto in forte salita dove i cavalli erano costretti a rallentare. Perciò si sarebbe potuto sparare bene.

Il ragazzo guardò giù in fondo la pianura del sud, che si perdeva nell'infinito, tagliata in due dalla strada. Vide in fondo un polverone che si muoveva.

Il polverone che si muoveva, avanzando lungo la strada, era la polvere del Gran Convoglio.

Planetta stava collocando il fucile con la massima flemma quando udì qualcosa agitarsi vicino a lui. Si voltò e vide il ragazzo appiattato con il fucile proprio all'albero vicino.

«Capo» disse ansando il ragazzo «Planetta, vieni via. Sei diventato pazzo?»

«Zitto» rispose sorridendo Planetta «finora pazzo non lo sono. Torna via immediatamente.»

«Sei pazzo, ti dico, Planetta, tu aspetti che vengano i tuoi compagni, ma non verranno, me l'hanno detto, non se la sognano neppure.»

«Verranno, perdio se verranno, è questione d'aspettare un poco. È un po' la loro mania di arrivare sempre in ritardo.»

«Planetta» supplicò il ragazzo «fammi il piacere, vieni via. Ieri sera scherzavo, io non ti voglio lasciare.»

«Lo so, l'avevo capito» rise bonariamente Planetta. «Ma adesso basta, va via, ti dico, fa' presto, che questo non è un posto per te.»

«Planetta» insisté il ragazzo. «Non vedi che è una pazzia? Non vedi quanti sono? Cosa vuoi fare da solo?»

«Perdio, vattene» gridò con voce repressa Planetta, finalmente andato in bestia. «Non ti accorgi che così mi rovini?»

In quel momento si cominciavano a distinguere, in fondo alla strada maestra, i cavalleggeri del Gran Convoglio, il carro, la bandiera.

«Vattene, per l'ultima volta» ripeté furioso Planetta. E il ragazzo finalmente si mosse, si ritrasse strisciando tra i cespugli, fino a che disparve.

Planetta udì allora lo scalpitìo dei cavalli, diede un'occhiata alle grandi nubi di piombo che stavano per crepare, vide tre quattro corvi nel cielo. Il Gran Convoglio ormai rallentava, iniziando la salita.

Planetta aveva il dito al grilletto, ed ecco si accorse che il ragazzo era tornato strisciando, appostandosi nuovamente dietro l'albero.

«Hai visto?» sussurrò Pietro «hai visto che non sono venuti?»

«Canaglia» mormorò Planetta, con un represso sorriso, senza muovere neppure la testa. «Canaglia, adesso sta' fermo, è troppo tardi per muoversi, attento che incomincia il bello.»

Trecento, duecento metri, il Gran Convoglio si avvicinava. Già si distingueva il grande stemma in rilievo sui fianchi del prezioso carro, si udivano le voci dei cavalleggeri che discorrevano tra loro.

Ma qui il ragazzo ebbe finalmente paura. Capì che era una impresa pazza, da cui era impossibile venir fuori.

«Hai visto che non sono venuti?» sussurrò con accento disperato. «Per carità, non sparare.»

Ma Planetta non si commosse.

«Attento» mormorò allegramente, come se non avesse sentito. «Signori, qui si incomincia.»

Planetta aggiustò la mira, la sua formidabile mira, che non poteva sbagliare. Ma in quell'istante, dal fianco opposto della valle, risuonò secca una fucilata.

«Cacciatori!» commentò Planetta scherzoso, mentre si allargava una terribile eco «cacciatori! Niente paura. Anzi, meglio, farà confusione.»

Ma non erano cacciatori. Gaspare Planetta sentì di fianco a sé un gemito. Voltò la faccia e vide il ragazzo che aveva lasciato il fucile e si abbandonava riverso per terra.

«Mi hanno beccato!» si lamentò «oh mamma!»

Non erano stati cacciatori a sparare, ma i cavalleggeri di scorta al Convoglio, incaricati di precedere il carriaggio, disperdendosi lungo i fianchi della valle, per sventare insidie. Erano tutti tiratori scelti, selezionati nelle gare. Avevano fucili di precisione.

Mentre scrutava il bosco, uno dei cavalleggeri aveva visto il ragazzo muoversi tra le piante. L'aveva visto poi stendersi a terra, aveva finalmente scorto anche il vecchio brigante.

Planetta lasciò andare una bestemmia. Si alzò con precauzione in ginocchio, per soccorrere il compagno. Crepitò una seconda fucilata.

La palla partì diritta, attraverso la piccola valle, sotto alle nubi tempestose, poi cominciò ad abbassarsi, secondo le leggi della traiettoria. Era stata spedita alla testa; entrò invece dentro al petto, passando vicino al cuore.

Planetta cadde di colpo. Si fece un grande silenzio, come egli non aveva mai udito. Il Gran Convoglio si era fermato. Il temporale non si decideva a venire. I corvi erano là nel cielo. Tutti stavano in attesa.

Il ragazzo voltò la testa e sorrise: «Avevi ragione» balbettò. «Sono venuti, i compagni. Li hai visti, capo?»

Planetta non riuscì a rispondere ma con un supremo sforzo volse lo sguardo dalla parte indicata.

Dietro a loro, in una radura del bosco, erano apparsi una trentina di cavalieri, con il fucile a tracolla. Sembravano diafani come una nube, eppure spiccavano nettamente sul fondo scuro della foresta. Si sarebbero detti briganti, dall'assurdità delle divise e dalle loro facce spavalde.

Planetta infatti li riconobbe. Erano proprio gli antichi compagni, erano i briganti morti, che venivano a prenderlo. Facce spaccate dal sole, lunghe cicatrici di traverso, orribili baffoni da generale, barbe strappate dal vento, occhi duri e chiarissimi, le mani sui fianchi, inverosimili speroni, grandi bottoni dorati, facce oneste e simpatiche, impolverate dalle battaglie.

Ecco là il buon Paolo, lento di comprendonio, ucciso all'assalto del Mulino. Ecco Pietro del Ferro, che non aveva mai saputo cavalcare, ecco Giorgio Pertica, ecco Frediano, crepato di freddo, tutti i buoni vecchi compagni, visti ad uno ad uno morire. E quell'omaccione coi grandi baffi e il fucile lungo come lui, su per quel magro cavallo bianco, non era il Conte, il famigerato capo, pure lui caduto per il Gran Convoglio? Sì, era proprio lui. Il Conte, col volto luminoso di cordialità e straordinaria soddisfazione. E si sbagliava Planetta oppure l'ultimo a sinistra, che se ne stava diritto e superbo, si sbagliava Planetta o non era Marco Grande in persona, il più famoso degli antichi capi? Marco Grande impiccato nella Capitale, alla presenza dell'imperatore e di quattro reggimenti in armi? Marco Grande che cinquant'anni dopo nominavano ancora a bassa voce? Precisamente lui era, anch'egli presente per onorare Planetta, l'ultimo capo sfortunato e prode.

I briganti morti se ne stavano silenziosi, evidentemente commossi, ma pieni di una comune letizia. Aspettavano che Planetta si movesse.

Infatti Planetta, così come il ragazzo, si levò ritto da terra, non più in carne ed ossa come prima, ma diafano al pari degli altri e pure identico a se stesso.

Gettato uno sguardo al suo povero corpo, che giaceva raggomitolato al suolo, Gaspare Planetta fece un'alzata di spalle come per dire a se stesso che se ne fregava e uscì nella radura, ormai indifferente alle possibili schioppettate. Si avanzò verso gli antichi compagni e si sentì invadere da contentezza.

Stava per cominciare i saluti individualmente, quando notò che proprio in prima fila c'era un cavallo perfettamente sellato ma senza cavaliere. Istintivamente si avanzò sorridendo.

«Così per dire» esclamò, meravigliandosi per il tono stranissimo della sua nuova voce. «Così per dire non sarebbe questo il mio Polàk, più in gamba che mai?»

Era davvero Polàk, il suo caro cavallo, e riconoscendo il padrone mandò una specie di nitrito, bisogna dire così perché quella dei cavalli morti è una voce più dolce di quella che noi conosciamo.

Planetta gli diede due tre manate affettuose e già pregustò la bellezza della prossima cavalcata, insieme ai fedeli amici, via verso il regno dei briganti morti ch'egli non conosceva ma ch'era legittimo immaginare pieno di sole, dentro a un'aria di primavera, con lunghe strade bianche senza polvere che conducevano a miracolose avventure.

Appoggiata la sinistra al colmo della sella, come accingendosi a balzare in groppa, Gaspare Planetta parlò:

«Grazie, ragazzi miei» disse, stentando a non lasciarsi vincere dalla commozione. «Vi giuro che...»

Qui s'interruppe perché si era ricordato del ragazzo, il quale, pure lui in forma di ombra, se ne stava in disparte, in atteggiamento d'attesa, con l'imbarazzo che si ha in compagnia di persone appena conosciute.

«Ah, scusa» disse Planeta. «Ecco qua un bravo compagno» aggiunse rivolto ai briganti morti. «Aveva appena diciassett'anni, sarebbe stato un uomo in gamba.»

I briganti, tutti chi più chi meno sorridendo, abbassarono leggermente la testa, come per dare il benvenuto.

Planeta tacque e si guardò attorno indeciso. Cosa doveva fare? Cavalcare via coi compagni, piantando il ragazzo solo? Planeta diede altre due tre manate al cavallo, tossicchiò furbescamente, poi disse al ragazzo:

«Be' avanti, salta su te. È giusto che sia tu a divertirti. Avanti, avanti, poche storie» aggiunse poi con finta severità vedendo che il ragazzo non osava accettare.

«Se proprio vuoi...» esclamò infine il ragazzo, evidentemente lusingato. E con un'agilità che egli stesso non avrebbe mai preveduto, poco pratico come era stato fino allora di equitazione, il ragazzo fu di colpo in sella.

I briganti agitarono i cappelli, salutando Gaspare Planeta, qualcuno strizzò benevolmente un occhio, come per dire arrivederci. Tutti diedero di sprone ai cavalli e partirono di galoppo.

Partirono come schioppettate, allontanandosi tra le piante. Era meraviglioso come essi si gettassero negli intrichi del bosco e li attraversassero senza rallentare. I cavalli tenevano un galoppo soffice e bello a vedere. Anche da lontano, qualcuno dei briganti e il ragazzo agitarono ancora il cappello.

Planeta, rimasto solo, diede un'occhiata circolare alla valle. Sogguardò, ma appena con la coda dell'occhio, l'ormai inutile corpo di Planeta che giaceva ai piedi dell'albero. Diresse quindi gli sguardi alla strada.

Il Convoglio era ancora fermo al di là della curva e perciò non era visibile. Sulla strada c'erano soltanto sei o sette cavalleggeri della scorta; erano fermi e guardavano verso Planeta. Benché possa apparire incredibile, essi avevano potuto vedere la scena: l'ombra dei briganti morti, i saluti, la cavalcata. In certi giorni di settembre, sotto alle nuvole temporalesche, non è poi detto che certe cose non possano avvenire.

Quando Planetta, rimasto solo, si voltò, il capo di quel drappello si accorse di essere guardato. Allora drizzò il busto e salutò militarmente, come si saluta tra soldati.

Planetta si toccò la falda del cappello, con un gesto molto confidenziale ma pieno di bonomia, increspando le labbra a un sorriso.

Poi diede un'altra alzata di spalle, la seconda della giornata. Fece perno sulla gamba sinistra, voltò le spalle ai cavalleggeri, sprofondò le mani nelle tasche e se n'andò fischiettando, fischiettando, sissignori, una marcetta militare. Se n'andò nella direzione in cui erano spariti i compagni, verso il regno dei briganti morti ch'egli non conosceva ma ch'era lecito supporre migliore di questo.

I cavalleggeri lo videro farsi sempre più piccolo e diafano; aveva un passo leggero e veloce che contrastava con la sua sagoma ormai di vecchietto, un'andatura da festa quale hanno solo gli uomini sui vent'anni quando sono felici.

Sette piani

Dopo un giorno di viaggio in treno, Giuseppe Corte arrivò, una mattina di marzo, alla città dove c'era la famosa casa di cura. Aveva un po' di febbre, ma volle fare ugualmente a piedi la strada fra la stazione e l'ospedale, portandosi la sua valigetta.

Benché avesse soltanto una leggerissima forma incipiente, Giuseppe Corte era stato consigliato di rivolgersi al celebre sanatorio, dove non si curava che quell'unica malattia. Ciò garantiva un'eccezionale competenza nei medici e la più razionale ed efficace sistemazione d'impianti.

Quando lo scorse da lontano – e lo riconobbe per averne già visto la fotografia in una circolare pubblicitaria – Giuseppe Corte ebbe un'ottima impressione. Il bianco edificio a sette piani era solcato da regolari rientranze che gli davano una fisonomia vaga d'albergo. Tutt'attorno era una cinta di alti alberi.

Dopo una sommaria visita medica, in attesa di un esame più accurato Giuseppe Corte fu messo in una gaia camera del settimo ed ultimo piano. I mobili erano chiari e lindi come la tappezzeria, le poltrone erano di legno, i cuscini rivestiti di policrome stoffe. La vista spaziava su uno dei più bei quartieri della città. Tutto era tranquillo, ospitale e rassicurante.

Giuseppe Corte si mise subito a letto e, accesa la lampadina sopra il capezzale, cominciò a leggere un libro che aveva portato con sé. Poco dopo entrò un'infermiera per chiedergli se desiderasse qualcosa.

Giuseppe Corte non desiderava nulla ma si mise volentieri

a discorrere con la giovane, chiedendo informazioni sulla casa di cura. Seppe così la strana caratteristica di quell'ospedale. I malati erano distribuiti piano per piano a seconda della gravità. Il settimo, cioè l'ultimo, era per le forme leggerissime. Il sesto era destinato ai malati non gravi ma neppure da trascurare. Al quinto si curavano già affezioni serie e così di seguito, di piano in piano. Al secondo erano i malati gravissimi. Al primo quelli per cui era inutile sperare.

Questo singolare sistema, oltre a sveltire grandemente il servizio, impediva che un malato leggero potesse venir turbato dalla vicinanza di un collega in agonia, e garantiva in ogni piano un'atmosfera omogenea. D'altra parte la cura poteva venir così graduata in modo perfetto.

Ne derivava che gli ammalati erano divisi in sette progressive caste. Ogni piano era come un piccolo mondo a sé, con le sue particolari regole, con le sue speciali tradizioni. E siccome ogni settore era affidato a un medico diverso, si erano formate, sia pure minime, ma precise differenze nei metodi di cura, nonostante il direttore generale avesse impresso all'istituto un unico fondamentale indirizzo.

Quando l'infermiera fu uscita, Giuseppe Corte, sembrandogli che la febbre fosse scomparsa, raggiunse la finestra e guardò fuori, non per osservare il panorama della città, che pure era nuova per lui, ma nella speranza di scorgere, attraverso le finestre, altri ammalati dei piani inferiori. La struttura dell'edificio, a grandi rientranze, permetteva tale genere di osservazione. Soprattutto Giuseppe Corte concentrò la sua attenzione sulle finestre del primo piano che sembravano lontanissime, e che si scorgevano solo di sbieco. Ma non poté vedere nulla di interessante. Nella maggioranza erano ermeticamente sprangate dalle grigie persiane scorrevoli.

Il Corte si accorse che a una finestra di fianco alla sua stava affacciato un uomo. I due si guardarono a lungo con crescente simpatia, ma non sapevano come rompere il silenzio. Finalmente Giuseppe Corte si fece coraggio e disse: «Anche lei sta qui da poco?».

«Oh no» fece l'altro «sono qui già da due mesi...» tacque qualche istante e poi, non sapendo come continuare la conversazione, aggiunse: «Guardavo giù mio fratello.»

«Suo fratello?»

«Sì» spiegò lo sconosciuto. «Siamo entrati insieme, un caso veramente strano, ma lui è andato peggiorando, pensi che adesso è già al quarto.»

«Al quarto che cosa?»

«Al quarto piano» spiegò l'individuo e pronunciò le due parole con una tale espressione di commiserazione e di orrore, che Giuseppe Corte restò quasi spaventato.

«Ma son così gravi al quarto piano?» domandò cautamente.

«Oh Dio» fece l'altro scuotendo lentamente la testa «non sono ancora così disperati, ma c'è comunque poco da stare allegri.»

«Ma allora» chiese ancora il Corte, con una scherzosa disinvoltura come di chi accenna a cose tragiche che non lo riguardano «allora, se al quarto sono già così gravi, al primo chi mettono allora?»

«Oh, al primo sono proprio i moribondi. Laggiù i medici non hanno più niente da fare. C'è solo il prete che lavora. E naturalmente...»

«Ma ce n'è pochi al primo piano» interruppe Giuseppe Corte, come se gli premesse di avere una conferma «quasi tutte le stanze sono chiuse laggiù.»

«Ce n'è pochi, adesso, ma stamattina ce n'erano parecchi» rispose lo sconosciuto con un sottile sorriso. «Dove le persiane sono abbassate là qualcuno è morto da poco. Non vede, del resto, che negli altri piani tutte le imposte sono aperte? Ma mi scusi» aggiunse ritraendosi lentamente «mi pare che cominci a far freddo. Io ritorno in letto. Auguri, auguri...»

L'uomo scomparve dal davanzale e la finestra venne chiusa con energia; poi si vide accendersi dentro una luce. Giuseppe Corte se ne stette ancora immobile alla finestra fissando le persiane abbassate del primo piano. Le fissava con un'intensità morbosa, cercando di immaginare i funebri segreti di quel terribile primo piano dove gli ammalati venivano confinati a morire; e si sentiva sollevato di sapersene così lontano. Sulla città scendevano intanto le ombre della sera. Ad una ad una le mille finestre del sanatorio si illuminavano, da lontano si sarebbe potuto pensare a un palazzo in festa. Solo al primo piano, laggiù in fondo al precipizio, decine e decine di finestre rimanevano cieche e buie.

Il risultato della visita medica generale rasserenò Giuseppe Corte. Incline di solito a prevedere il peggio, egli si era già in cuor suo preparato a un verdetto severo e non sarebbe rimasto sorpreso se il medico gli avesse dichiarato di doverlo assegnare al piano inferiore. La febbre infatti non accennava a scomparire, nonostante le condizioni generali si mantenessero buone. Invece il sanitario gli rivolse parole cordiali e incoraggianti. Un principio di male c'era – gli disse – ma leggerissimo; in due o tre settimane probabilmente tutto sarebbe passato.

«E allora resto al settimo piano?» aveva domandato ansiosamente Giuseppe Corte a questo punto.

«Ma naturalmente!» gli aveva risposto il medico battendogli amichevolmente una mano su una spalla. «E dove pensava di dover andare? Al quarto forse?» chiese ridendo, come per alludere alla ipotesi più assurda.

«Meglio così, meglio così» fece il Corte. «Sa? Quando si è ammalati si immagina sempre il peggio...»

Giuseppe Corte infatti rimase nella stanza che gli era stata assegnata originariamente. Imparò a conoscere alcuni dei suoi compagni di ospedale, nei rari pomeriggi in cui gli veniva concesso d'alzarsi. Seguì scrupolosamente la cura, mise tutto l'impegno a guarire rapidamente, ma ciononostante le sue condizioni pareva rimanessero stazionarie.

Erano passati circa dieci giorni, quando a Giuseppe Corte si presentò il capo-infermiere del settimo piano. Aveva da chiedere un favore in via puramente amichevole: il giorno dopo doveva entrare all'ospedale una signora con due bambini; due camere erano libere, proprio di fianco alla sua, ma mancava la terza; non avrebbe consentito il signor Corte a trasferirsi in un'altra camera, altrettanto confortevole?

Giuseppe Corte non fece naturalmente nessuna difficoltà; una camera o un'altra per lui erano lo stesso; gli sarebbe anzi toccata forse una nuova e più graziosa infermiera.

«La ringrazio di cuore» fece allora il capo-infermiere con un leggero inchino. «Da una persona come lei, le confesso, non mi stupisce un così gentile atto di cavalleria. Fra un'ora, se lei non ha nulla in contrario, procederemo al trasloco. Guardi che bisogna scendere al piano di sotto» aggiunse con voce attenuata come se si trattasse di un particolare assolutamente trascurabile. «Purtroppo in questo piano non ci sono altre camere libere. Ma è una sistemazione assolutamente provvisoria» si affrettò a specificare vedendo che Corte, rialzatosi di colpo a sedere, stava per aprir bocca in atto di protesta «una sistemazione assolutamente provvisoria. Appena resterà libera una stanza, e credo che sarà fra due o tre giorni, lei potrà tornare di sopra.»

«Le confesso» disse Giuseppe Corte sorridendo, per dimostrare di non essere un bambino «le confesso che un trasloco di questo genere non mi piace affatto.»

«Ma non ha alcun motivo medico questo trasloco; capisco benissimo quello che lei intende dire, si tratta unicamente di una cortesia a questa signora che preferisce non rimaner separata dai suoi bambini... Per carità» aggiunse ridendo apertamente «non le venga neppure in mente che ci siano altre ragioni!»

«Sarà» disse Giuseppe Corte «ma mi sembra di cattivo augurio.»

Il Corte così passò al sesto piano, e sebbene fosse convinto che questo trasloco non corrispondesse a un peggioramento del male, si sentiva a disagio al pensiero che tra lui e il mondo normale, della gente sana, già si frapponesse un netto ostacolo. Al settimo piano, porto d'arrivo, si era in un certo modo ancora in contatto con il consorzio degli uomini; esso si poteva anzi considerare quasi un prolungamento del mondo abituale. Ma al sesto già si entrava nel corpo autentico dell'ospedale; già la mentalità dei medici, delle infermiere e degli stessi ammalati era leggermente diversa. Già si ammetteva che a quel piano venivano accolti dei veri e propri ammalati, sia pure in forma non grave. Dai primi discorsi fatti con i vicini di stanza, con il personale e con i sanitari, Giuseppe Corte si accorse come in quel reparto il settimo piano venisse considerato come uno scherzo, riservato ad ammalati dilettanti, affetti più che altro da fisime; solo dal sesto, per così dire, si cominciava davvero.

Comunque Giuseppe Corte capì che per tornare di sopra, al posto che gli competeva per le caratteristiche del suo male, avrebbe certamente incontrato qualche difficoltà; per tornare al settimo piano, egli doveva mettere in moto un complesso organismo, sia pure per un minimo sforzo; non c'era dubbio che se egli non avesse fiatato, nessuno avrebbe pensato a trasferirlo di nuovo al piano superiore dei "quasi-sani".

Giuseppe Corte si propose perciò di non transigere sui suoi diritti e di non cedere alle lusinghe dell'abitudine. Ai compagni di reparto teneva molto a specificare di trovarsi con loro soltanto per pochi giorni, ch'era stato lui a voler scendere d'un piano per fare un piacere a una signora, e che appena fosse rimasta libera una stanza sarebbe tornato di sopra. Gli altri lo ascoltavano senza interesse e annuivano con scarsa convinzione.

Il convincimento di Giuseppe Corte trovò piena conferma nel giudizio del nuovo medico. Anche questi ammetteva che Giuseppe Corte poteva benissimo essere assegnato al settimo piano; la sua forma era as-so-lu-ta-men-te leg-ge-ra – e scandiva tale definizione per darle importanza – ma in fondo riteneva che al sesto piano Giuseppe Corte forse potesse essere meglio curato.

«Non cominciamo con queste storie» interveniva a questo punto il malato con decisione «lei mi ha detto che il settimo piano è il mio posto; e voglio ritornarci.»

«Nessuno ha detto il contrario» ribatteva il dottore «il mio era un puro e semplice consiglio non da dot-to-re, ma da au-ten-ti-co a-mi-co! La sua forma, le ripeto, è leggerissima, non sarebbe esagerato dire che lei non è nemmeno ammalato, ma secondo me si distingue da forme analoghe per una certa maggiore estensione. Mi spiego: l'intensità del male è minima, ma considerevole l'ampiezza; il processo distruttivo delle cellule» era la prima volta che Giuseppe Corte sentiva là dentro quella sinistra espressione «il processo distruttivo delle cellule è assolutamente agli inizi, forse non è neppure cominciato, ma tende, dico solo *tende*, a colpire contemporaneamente vaste porzioni dell'organismo. Solo per questo, secondo me, lei può essere curato più efficacemente qui, al sesto, dove i metodi terapeutici sono più tipici ed intensi.»

Un giorno gli fu riferito che il direttore generale della casa di cura, dopo essersi lungamente consultato con i suoi collaboratori, aveva deciso un mutamento nella suddivisione dei malati. Il grado di ciascuno di essi – per così dire – veniva ribassato di un mezzo punto. Ammettendosi che in ogni piano gli ammalati fossero divisi, a seconda della loro gravità, in due categorie, (questa suddivisione veniva effettivamente fatta dai rispettivi medici, ma ad uso esclusivamente interno) l'inferiore di queste due metà veniva d'ufficio traslocata a un piano più basso. Ad esempio, la metà degli ammalati del sesto piano, quelli con forme leggermente più avanzate, dovevano passare al quinto; e i meno leggeri del settimo passare al sesto. La notizia fece piacere a Giuseppe Corte, perché in un così complesso quadro di traslochi, il suo ritorno al settimo piano sarebbe riuscito assai più facile.

Quando accennò a questa sua speranza con l'infermiera egli ebbe però un'amara sorpresa. Seppe cioè che egli sarebbe stato traslocato, ma non al settimo bensì al piano di sotto. Per motivi che l'infermiera non sapeva spiegargli, egli era stato compreso nella metà più "grave" degli ospiti del sesto piano e doveva perciò scendere al quinto.

Passata la prima sorpresa, Giuseppe Corte andò in furore; gridò che lo truffavano, che non voleva sentir parlare di altri traslochi in basso, che se ne sarebbe tornato a casa, che i diritti erano diritti e che l'amministrazione dell'ospedale non poteva trascurare così sfacciatamente le diagnosi dei sanitari.

Mentre egli ancora gridava arrivò il medico per tranquillizzarlo. Consigliò al Corte di calmarsi se non avesse voluto veder salire la febbre, gli spiegò che era successo un malinteso, almeno parziale. Ammise ancora una volta che Giuseppe Corte sarebbe stato al suo giusto posto se lo avessero messo al settimo piano, ma aggiunse di avere sul suo caso un concetto leggermente diverso, se pure personalissimo. In fondo in fondo la sua malattia poteva, in un certo senso s'intende, essere anche considerata di sesto grado, data l'ampiezza delle manifestazioni morbose. Lui stesso però non riusciva a spiegarsi come il Corte fosse stato catalogato nella metà inferiore del sesto piano. Probabilmente il segretario della direzione, che proprio quella mattina gli aveva telefonato chiedendo l'esatta posizione clinica di Giuseppe Corte, si era sbagliato nel trascrivere. O meglio la direzione aveva di proposito leggermente "peggiorato" il suo giudizio, essendo egli ritenuto un medico esperto ma troppo indulgente. Il dottore infine consigliava il Corte a non inquietarsi, a subire senza proteste il trasferimento; quello che contava era la malattia, non il posto in cui veniva collocato un malato.

Per quanto si riferiva alla cura – aggiunse ancora il medico – Giuseppe Corte non avrebbe poi avuto da rammaricarsi; il medico del piano di sotto aveva certo più esperienza; era quasi dogmatico che l'abilità dei dottori andasse crescendo, almeno a giudizio della direzione, man mano che si scendeva. La camera era altrettanto comoda ed elegante. La vista ugualmente spaziosa: solo dal terzo piano in giù la visuale era tagliata dagli alberi di cinta.

Giuseppe Corte, in preda alla febbre serale, ascoltava ascoltava le meticolose giustificazioni con una progressiva stanchezza. Alla fine si accorse che gli mancavano la forza e soprattutto la voglia di reagire ulteriormente all'ingiusto trasloco. E senza altre proteste si lasciò portare al piano di sotto.

L'unica, benché povera, consolazione di Giuseppe Corte, una volta che si trovò al quinto piano, fu di sapere che per giudizio concorde di medici, di infermieri e ammalati, egli era in quel reparto il meno grave di tutti. Nell'ambito di quel piano insomma egli poteva considerarsi di gran lunga il più fortunato. Ma d'altra parte lo tormentava il pensiero che oramai ben due barriere si frapponevano fra lui e il mondo della gente normale.

Procedendo la primavera, l'aria intanto si faceva più tepida, ma Giuseppe Corte non amava più come nei primi giorni affacciarsi alla finestra; benché un simile timore fosse una pura sciocchezza, egli si sentiva rimescolare tutto da uno strano brivido alla vista delle finestre del primo piano, sempre nella maggioranza chiuse, che si erano fatte assai più vicine.

Il suo male sembrava stazionario. Dopo tre giorni di permanenza al quinto piano, si manifestò anzi sulla gamba destra una specie di eczema che non accennò a riassorbirsi nei giorni successivi. Era un'affezione – gli disse il medico – assolutamente indipendente dal male principale; un disturbo che poteva capitare alla persona più sana del mondo. Ci sarebbe voluta, per eliminarlo in pochi giorni, una intensa cura di raggi digamma.

«E non si possono avere qui i raggi digamma?» chiese Giuseppe Corte.

«Certamente» rispose compiaciuto il medico «il nostro ospedale dispone di tutto. C'è un solo inconveniente...»

«Che cosa?» fece il Corte con un vago presentimento.

«Inconveniente per modo di dire» si corresse il dottore «volevo dire che l'installazione per i raggi si trova soltanto al quarto piano e io le sconsiglierei di fare tre volte al giorno un simile tragitto.»

«E allora niente?»

«Allora sarebbe meglio che fino a che l'espulsione non sia passata lei avesse la compiacenza di scendere al quarto.»

«Basta!» urlò allora esasperato Giuseppe Corte. «Ne ho già abbastanza di scendere! Dovessi crepare, al quarto non ci vado!»

«Come lei crede» fece conciliante il medico per non irritarlo «ma come medico curante, badi che le proibisco di andar da basso tre volte al giorno.»

Il brutto fu che l'eczema, invece di attenuarsi, andò lentamente ampliandosi. Giuseppe Corte non riusciva a trovare requie e continuava a rivoltarsi nel letto. Durò così, rabbioso, per tre giorni, fino a che dovette cedere. Spontaneamente pregò il medico di fargli praticare la cura dei raggi e di essere trasferito al piano inferiore.

Quaggiù il Corte notò, con inconfessato piacere, di rappresentare un'eccezione. Gli altri ammalati del reparto erano decisamente in condizioni molto serie e non potevano lasciare neppure per un minuto il letto. Egli invece poteva prendersi il lusso di raggiungere a piedi, dalla sua stanza, la sala dei raggi, fra i complimenti e la meraviglia delle stesse infermiere.

Al nuovo medico, egli precisò con insistenza la sua posizione specialissima. Un ammalato che in fondo aveva diritto al settimo piano veniva a trovarsi al quarto. Appena l'espulsione fosse passata, egli intendeva ritornare di sopra. Non avrebbe assolutamente ammesso alcuna nuova scusa. Lui, che sarebbe potuto trovarsi legittimamente ancora al settimo.

«Al settimo, al settimo!» esclamò sorridendo il medico che finiva proprio allora di visitarlo. «Sempre esagerati voi ammalati! Sono il primo io a dire che lei può essere contento del suo stato; a quanto vedo dalla tabella clinica, grandi peggioramenti non ci sono stati. Ma da questo a parlare di settimo piano – mi scusi la brutale sincerità – c'è una certa differenza! Lei è uno dei casi meno preoccupanti, ne convengo, ma è pur sempre un ammalato!»

«E allora, allora» fece Giuseppe Corte accendendosi tutto nel volto «lei a che piano mi metterebbe?»

«Oh, Dio, non è facile dire, non le ho fatto che una breve visita, per poter pronunciarmi dovrei seguirla per almeno una settimana.»

«Va bene» insistette Corte «ma pressapoco lei saprà.»

Il medico, per tranquillizzarlo, fece finta di concentrarsi un momento in meditazione e poi, annuendo con il capo a se stesso, disse lentamente: «Oh Dio! proprio per accontentarla, ecco, ma potremmo in fondo metterla al sesto! Sì sì» aggiunse come per persuadere se stesso. «Il sesto potrebbe andar bene».

Il dottore credeva così di far lieto il malato. Invece sul volto di Giuseppe Corte si diffuse un'espressione di sgomento: si accorgeva, il malato, che i medici degli ultimi piani l'avevano ingannato; ecco qui questo nuovo dottore, evidentemente più abile e più onesto, che in cuor suo – era evidente – lo assegnava, non al settimo, ma al quinto piano, e forse al quinto inferiore! La delusione inaspettata prostrò il Corte. Quella sera la febbre salì sensibilmente.

La permanenza al quarto piano segnò il periodo più tranquillo passato da Giuseppe Corte dopo l'entrata all'ospedale. Il medico era persona simpaticissima, premurosa e cordiale; si tratteneva spesso anche per delle ore intere a chiacchierare degli argomenti più svariati. Giuseppe Corte discorreva pure molto volentieri, cercando argomenti che riguardassero la sua solita vita d'avvocato e d'uomo di mondo. Egli cercava di persuadersi di appartenere ancora al consorzio degli uomini sani, di essere ancora legato al mondo degli affari, di interessarsi veramente dei fatti pubblici. Cercava, senza riuscirvi. Invariabilmente il discorso finiva sempre per cadere sulla malattia.

Il desiderio di un miglioramento qualsiasi era divenuto in Giuseppe Corte un'ossessione. Purtroppo i raggi digamma, se erano riusciti ad arrestare il diffondersi dell'espulsione cutanea, non erano bastati ad eliminarla. Ogni giorno Giuseppe Corte ne parlava lungamente col medico e si sforzava in questi colloqui di mostrarsi forte, anzi ironico, senza mai riuscirvi.

«Mi dica, dottore» disse un giorno «come va il processo distruttivo delle mie cellule?»

«Oh, ma che brutte parole!» lo rimproverò scherzosamente il dottore. «Dove mai le ha imparate? Non sta bene, non sta bene, soprattutto per un malato! Mai più voglio sentire da lei discorsi simili.»

«Va bene» obiettò il Corte «ma così lei non mi ha risposto.»

«Oh, le rispondo subito» fece il dottore cortese. «Il processo distruttivo delle cellule, per ripetere la sua orribile espressione, è nel suo caso minimo, assolutamente minimo. Ma sarei tentato di definirlo ostinato.»

«Ostinato, cronico vuol dire?»

«Non mi faccia dire quello che non ho detto. Io voglio dire soltanto ostinato. Del resto sono così la maggioranza dei casi. Affezioni anche lievissime spesso hanno bisogno di cure energiche e lunghe.»

«Ma mi dica, dottore, quando potrò sperare in un miglioramento?»

«Quando? Le predizioni in questi casi sono piuttosto difficili... Ma senta» aggiunse dopo una pausa meditativa «vedo che lei ha una vera e propria smania di guarire... se non temessi di farla arrabbiare, sa che cosa le consiglierei?»

«Ma dica, dica pure, dottore...»

«Ebbene, le pongo la questione in termini molto chiari. Se io, colpito da questo male in forma anche tenuissima, capitassi in questo sanatorio, che è forse il migliore che esista, mi farei assegnare spontaneamente, e fin dal primo giorno, fin dal primo giorno, capisce? a uno dei piani più bassi. Mi farei mettere addirittura al...»

«Al primo?» suggerì con uno sforzato sorriso il Corte.

«Oh no! al primo no!» rispose ironico il medico «questo poi no! Ma al terzo o anche al secondo di certo. Nei piani inferiori la cura è fatta molto meglio, le garantisco, gli impianti sono più completi e potenti, il personale è più abile. Lei sa poi chi è l'anima di questo ospedale?»

«Non è il professore Dati?»

«Già, il professore Dati. È lui l'inventore della cura che qui si pratica, lui il progettista dell'intero impianto. Ebbene, lui, il maestro, sta, per così dire, fra il primo e il secondo piano. Di là irraggia la sua forza direttiva. Ma, glielo garantisco io, il suo influsso non arriva oltre al terzo piano: più in là si direbbe che gli stessi suoi ordini si sminuzzino, perdano di consistenza, deviino; il cuore dell'ospedale è in basso e in basso bisogna stare per avere le cure migliori.»

«Ma insomma» fece Giuseppe Corte con voce tremante «allora lei mi consiglia...»

«Aggiunga una cosa» continuò imperterrito il dottore «aggiunga che nel suo caso particolare ci sarebbe da badare anche all'espulsione. Una cosa di nessuna importanza, ne convengo, ma piuttosto noiosa, che a lungo andare potrebbe deprimere il suo "morale"; e lei sa quanto è importante per la guarigione la serenità di spirito. Le applicazioni di raggi che io le ho fatte sono riuscite solo a metà fruttuose. Il perché? Può darsi che sia un puro caso, ma può darsi anche che i raggi non siano abbastanza intensi. Ebbene, al terzo piano le macchine dei raggi sono molto più potenti. Le probabilità di guarire il suo eczema sarebbero molto maggiori. Poi vede? una volta avviata la guarigione, il passo più difficile è fatto. Quando si comincia a risalire, è poi difficile tornare ancora indietro. Quando lei si sentirà davvero meglio, allora nulla impedirà che lei risalga qui da noi o anche più in su, secondo i suoi "meriti" anche al quinto, al sesto, persino al settimo oso dire...»

«Ma lei crede che questo potrà accelerare la cura?»

«Ma non ci può essere dubbio. Le ho già detto che cosa farei io nei suoi panni.»

Discorsi di questo genere il dottore ne faceva ogni giorno a Giuseppe Corte. Venne infine il momento in cui il malato, stanco di patire per l'eczema, nonostante l'istintiva riluttanza a scendere, decise di seguire il consiglio del medico e si trasferì al piano di sotto.

Notò subito al terzo piano che nel reparto regnava una speciale gaiezza, sia nel medico, sia nelle infermiere, sebbene laggiù fossero in cura ammalati molto preoccupanti. Si accorse anzi che di giorno in giorno questa gaiezza andava aumentando: incuriosito, dopo che ebbe preso un po' di confidenza con l'infermiera, domandò come mai fossero tutti così allegri.

«Ah, non lo sa?» rispose l'infermiera «fra tre giorni andiamo in vacanza.»

«Come: andiamo in vacanza?»

«Ma sì. Per quindici giorni, il terzo piano si chiude e il personale se ne va a spasso. Il riposo tocca a turno ai vari piani.»

«E i malati? come fate?»

«Siccome ce n'è relativamente pochi, di due piani se ne fa uno solo.»

«Come? riunite gli ammalati del terzo e del quarto?»

«No, no» corresse l'infermiera «del terzo e del secondo. Quelli che sono qui dovranno discendere da basso.»

«Discendere al secondo?» fece Giuseppe Corte, pallido come un morto. «Io dovrei così scendere al secondo?»

«Ma certo. E che cosa c'è di strano? Quando torniamo, fra quindici giorni, lei ritornerà in questa stanza. Non mi pare che ci sia da spaventarsi.»

Invece Giuseppe Corte – un misterioso istinto lo avvertiva – fu invaso da una crudele paura. Ma, visto che non poteva trattenere il personale dall'andare in vacanza, convinto che la nuova cura coi raggi più intensi gli facesse bene – l'eczema si era quasi

completamente riassorbito – egli non osò muovere formale op-
posizione al nuovo trasferimento. Pretese però, incurante dei
motteggi delle infermiere, che sulla porta della sua nuova stanza fosse attaccato un cartello con su scritto "Giuseppe Corte, del
terzo piano, di passaggio". Una cosa simile non trovava precedenti nella storia del sanatorio, ma i medici non si opposero,
pensando che in un temperamento nervoso quale il Corte anche una piccola contrarietà potesse provocare una grave scossa.

Si trattava in fondo di aspettare quindici giorni né uno di più,
né uno di meno. Giuseppe Corte si mise a contarli con avidità
ostinata, restando per delle ore intere immobile sul letto, con gli
occhi fissi sui mobili, che al secondo piano non erano più così
moderni e gai come nei reparti superiori, ma assumevano dimensioni più grandi e linee più solenni e severe. E di tanto in
tanto aguzzava le orecchie poiché gli pareva di udire dal piano
di sotto, il piano dei moribondi, il reparto dei "condannati", vaghi rantoli di agonie.

Tutto questo naturalmente contribuiva a scoraggiarlo. E la
minore serenità sembrava aiutare la malattia, la febbre tende-
va a salire, la debolezza generale si faceva più fonda. Dalla finestra – si era oramai in piena estate e i vetri si tenevano quasi
sempre aperti – non si scorgevano più i tetti e neppure le case
della città, ma soltanto la muraglia verde degli alberi che cir-
condavano l'ospedale.

Dopo sette giorni, un pomeriggio verso le due, entrarono improvvisamente il capo-infermiere e tre infermieri, che spinge-
vano un lettuccio a rotelle. «Siamo pronti per il trasloco?» domandò in tono di bonaria celia il capo-infermiere.

«Che trasloco?» domandò con voce stentata Giuseppe Corte «che altri scherzi sono questi? Non tornano fra sette giorni
quelli del terzo piano?»

«Che terzo piano?» disse il capo-infermiere come se non ca-
pisse «io ho avuto l'ordine di condurla al primo, guardi qua» e
fece vedere un modulo stampato per il passaggio al piano inferiore firmato nientemeno che dallo stesso professore Dati.

Il terrore, la rabbia infernale di Giuseppe Corte esplosero allora in lunghe irose grida che si ripercossero per tutto il reparto. «Adagio, adagio per carità» supplicarono gli infermieri «ci sono dei malati che non stanno bene!» Ma ci voleva altro per calmarlo.

Finalmente accorse il medico che dirigeva il reparto, una persona gentilissima e molto educata. Si informò, guardò il modulo, si fece spiegare dal Corte. Poi si rivolse incollerito al capo-infermiere, dichiarando che c'era stato uno sbaglio, lui non aveva dato alcuna disposizione del genere, da qualche tempo c'era una insopportabile confusione, lui veniva tenuto all'oscuro di tutto... Infine, detto il fatto suo al dipendente, si rivolse, in tono cortese, al malato, scusandosi profondamente.

«Purtroppo però» aggiunse il medico «purtroppo il professor Dati proprio un'ora fa è partito per una breve licenza, non tornerà che fra due giorni. Sono assolutamente desolato, ma i suoi ordini non possono essere trasgrediti. Sarà lui il primo a rammaricarsene, glielo garantisco... un errore simile! Non capisco come possa essere accaduto!»

Ormai un pietoso tremito aveva preso a scuotere Giuseppe Corte. La capacità di dominarsi gli era completamente sfuggita. Il terrore l'aveva sopraffatto come un bambino. I suoi singhiozzi risuonavano lenti e disperati per la stanza.

Giunse così, per quell'esecrabile errore, all'ultima stazione. Nel reparto dei moribondi lui, che in fondo, per la gravità del male, a giudizio anche dei medici più severi, aveva il diritto di essere assegnato al sesto, se non al settimo piano! La situazione era talmente grottesca che in certi istanti Giuseppe Corte sentiva quasi la voglia di sghignazzare senza ritegno.

Disteso nel letto, mentre il caldo pomeriggio d'estate passava lentamente sulla grande città, egli guardava il verde degli alberi attraverso la finestra, con l'impressione di essere giunto in un mondo irreale, fatto di assurde pareti a piastrelle sterilizzate, di gelidi androni mortuari, di bianche figure umane vuote di anima. Gli venne persino in mente che anche gli alberi che gli sembrava di scorgere attraverso la finestra non fossero veri; finì anzi per convincersene, notando che le foglie non si muovevano affatto.

Questa idea lo agitò talmente, che il Corte chiamò col campanello l'infermiera e si fece porgere gli occhiali da miope, che in letto non adoperava; solo allora riuscì a tranquillizzarsi un poco: con l'aiuto delle lenti poté assicurarsi che erano proprio alberi veri e che le foglie, sia pur leggermente, ogni tanto erano mosse dal vento.

Uscita che fu l'infermiera, passò un quarto d'ora di completo silenzio. Sei piani, sei terribili muraglie, sia pure per un errore formale, sovrastavano adesso Giuseppe Corte con implacabile peso. In quanti anni, sì, bisognava pensare proprio ad anni, in quanti anni egli sarebbe riuscito a risalire fino all'orlo di quel precipizio?

Ma come mai la stanza si faceva improvvisamente così buia? Era pur sempre pomeriggio pieno. Con uno sforzo supremo Giuseppe Corte, che si sentiva paralizzato da uno strano torpore, guardò l'orologio, sul comodino, di fianco al letto. Erano le tre e mezzo. Voltò il capo dall'altra parte, e vide che le persiane scorrevoli, obbedienti a un misterioso comando, scendevano lentamente, chiudendo il passo alla luce.

Ombra del sud

Tra le case pencolanti, le balconate a traforo marce di polvere, gli anditi fetidi, le pareti calcinate, gli aliti della sozzura annidata in ogni interstizio, sola in mezzo a una via io vidi a Porto Said una figura strana. Ai lati, lungo i piedi delle case, si muoveva la gente miserabile del quartiere; e benché a pensarci bene non fosse molta, pareva che la strada ne formicolasse, tanto il brulichìo era uniforme e continuo. Attraverso i veli della polvere e i riverberi abbacinanti del sole, non riuscivo a fermare l'attenzione su alcuna cosa, come succede nei sogni. Ma poi, proprio nel mezzo della via (una strada qualsiasi identica alle mille altre, che si perdeva a vista d'occhio in una prospettiva di baracche fastose e crollanti), proprio nel mezzo, immerso completamente nel sole, scorsi un uomo, un arabo forse, vestito di una larga palandrana bianca, in testa una specie di cappuccio – o così mi parve – ugualmente bianco. Camminava lentamente in mezzo alla strada, come dondolando, quasi stesse cercando qualcosa, o titubasse, o fosse anche un poco storno. Si andava allontanando tra le buche polverose sempre con quel suo passo d'orso, senza che nessuno gli badasse e l'insieme suo, in quella strada e in quell'ora, pareva concentrare in sé con straordinaria intensità tutto il mondo che lo contornava.

Furono pochi istanti. Solo dopo che ne ebbi tratto via gli sguardi mi accorsi che l'uomo, e specialmente il suo passo inconsueto, mi erano di colpo entrati nell'animo senza che sapessi spiegarmene la ragione. «Guarda che buffo quello là in fondo!» dissi al compagno, e speravo da lui una parola banale che riportasse tutto alla normalità (perché sentivo essere nata in me certa inquietudine). Ciò dicendo diressi ancora gli sguardi in fondo alla strada per osservarlo.

«Chi buffo?» fece il mio compagno. Io risposi: «Ma sì, quell'uomo che traballa in mezzo alla strada».

Mentre dicevo così l'uomo disparve. Non so se fosse entrato in una casa, o in un vicolo, o inghiottito dal brulichìo che strisciava lungo le case, o addirittura fosse svanito nel nulla, bruciato dai riverberi meridiani. «Dove? dove?» disse il mio compagno e io risposi: «Era là, ma adesso è scomparso.»

Poi risalimmo in macchina e si andò in giro benché fossero appena le due e facesse caldo. L'inquietudine non c'era più e si rideva facilmente per stupidaggini qualsiasi, fino a che si giunse ai confini del borgo indigeno dove i falansteri polverosi cessavano, cominciava la sabbia e al sole resistevano alcune baracche luride, che per pietà speravo fossero disabitate. Invece, guardando meglio, mi accorsi che un filo di fumo, quasi invisibile tra le vampate del sole, saliva su da uno di quei tuguri, alzandosi con fatica al cielo. Uomini dunque vivevano là dentro, pensai con rimorso, mentre rimuovevo un pezzetto di paglia da una manica del mio vestito bianco.

Stavo così gingillandomi con queste filantropie da turista quando mi mancò il respiro. «Che gente!» stavo dicendo al compagno. «Guarda quel ragazzetto con una terrina in mano, per esempio, che cosa spera di...» Non terminai perché gli sguardi, non potendo sostare per la luce su alcuna cosa e vagando irrequieti, si posarono su di un uomo vestito di una palandrana bianca, che se n'andava dondolando al di là dei tuguri, in mezzo alla sabbia, verso la sponda di una laguna.

«Che ridicolo» dissi ad alta voce per tranquillizzarmi. «È mezz'ora che giriamo e siamo capitati nello stesso posto di prima! Guarda quel tipo, quello che ti dicevo!» Era lui infatti, non c'era dubbio, con il suo passo vacillante, come se andasse cercando qualcosa, o titubasse, o fosse anche un poco storno. E anche adesso voltava le spalle e si andava allontanando adagio, chiudendo – mi pareva – una fatalità paziente e ostinata.

Era lui; e l'inquietudine rinacque più forte perché sapevo bene che quello non era il posto di prima e che l'auto, pur facendo giri viziosi, si era allontanata di qualche chilometro, la qual cosa un uomo a piedi non avrebbe potuto. Eppure l'arabo indecifrabile era là, in cammino verso la sponda della laguna, dove non capivo che cosa potesse cercare. No, egli non cercava nulla, lo sapevo perfettamente. Di carne ed ossa o miraggio, egli era comparso per me, miracolosamente si era spostato da un capo all'altro della città indigena per ritrovarmi e fui consapevole (per una voce che mi parlava dal fondo) di una oscura complicità che mi legava a quell'essere.

«Che tipo?» rispose il compagno spensierato. «Quel ragazzo col piatto, dici?»

«Ma no!» feci con ira. «Ma non lo vedi là in fondo? Non c'è che lui, quello lì che... che...»

Era un effetto di luce, forse, un'illusione banale degli occhi, ma l'uomo si era ancora dissolto nel nulla, sinistro inganno. In realtà le parole mi si ingorgavano in bocca. Io balbettavo, smarrito, fissando le sabbie vuote. «Tu non stai bene» mi disse il compagno. «Torniamo al piroscafo.» Allora cercai di ridere e dissi: «Ma non capisci che scherzavo?».

Alla sera partimmo, la nave scese per il canale verso il Mar Rosso, in direzione del Tropico, e nella notte l'immagine dell'arabo mi restava fissa nell'animo, mentre inutilmente tentavo di pensare alle cose di tutti i giorni. Mi pareva anzi oscuramente di seguire in un certo modo determinazioni non mie, mi mettevo addirittura in mente che l'uomo di Porto Said non fosse estraneo alla cosa, quasi che ci fosse stato in lui il desiderio di indicarmi le strade del sud, che il suo barcollare, i suoi tentennamenti d'orso fossero ingenue lusinghe, sul tipo di certi stregoni.

Andò la nave e a poco a poco mi convinsi di essere stato in errore: gli arabi si vestono pressapoco tutti uguali, mi ero evidentemente confuso, complice la fantasia sospettosa. Tuttavia sentii ritornare vaga eco di disagio il mattino che approdammo a Massaua. Quel giorno me ne andai girando solo, nelle ore più calde, e mi fermavo agli incroci per esplorare attorno. Mi sembrava di fare una specie di collaudo, come attraversare un pon-

ticello per vedere se tenga. Sarebbe ricomparso l'individuo di
Porto Said, uomo o fantasma che fosse?

Girai per un'ora e mezza e il sole non mi dava pena (il sole
celebre di Massaua) perché la prova sembrava riuscire secondo le mie speranze. Mi spinsi a piedi attraverso Taulud, mi fer-
mai a perlustrare la diga, vidi arabi, eritrei, sudanesi, volti puri
od abbietti, ma lui non vidi. Lietamente mi lasciavo cuocere dal
caldo, come liberato da una persecuzione.

Poi venne la sera e si ripartì per il meridione. I compagni di
viaggio erano sbarcati, la nave era quasi vuota, mi sentivo solo
ed estraneo, un intruso in un mondo di altri. Gli ormeggi erano
stati tolti, la nave cominciò a scostarsi lentamente dalla banchina deserta, nessuno c'era a salutare e d'un tratto mi passò per la
mente che in fondo il fantasma di Porto Said in qualche modo si
era occupato di me, sia pure per angustiarmi, meglio che niente. Sì, egli mi aveva fatto paura con le sue sparizioni magiche,
nello stesso tempo però c'era un motivo di orgoglio. L'uomo infatti era venuto per me (il mio compagno di passeggiata non lo
aveva neppure notato). Considerato a distanza, quell'essere mi
risultava adesso come una personificazione, racchiudente il segreto stesso dell'Africa. Tra me e questa terra c'era dunque, prima che lo sospettassi, un legame. Era venuto a me un messaggero, dai regni favolosi del sud, a indicarmi la via?

La nave era già a duecento metri dalla banchina ed ecco una
piccola figura bianca muoversi sull'estremità del molo. Solissi-
mo sulla striscia grigia di cemento, si allontanava lentamente
– mi parve – barcollando come se titubasse o andasse cercando qualcosa, o fosse anche un poco storno. Il cuore mi cominciò a battere. Era lui, ne fui sicuro, chissà se uomo o fantasma,
probabilmente (ma non potevo distinguere a motivo della distanza) mi voltava le spalle, se n'andava in direzione del sud,
assurdo ambasciatore di un mondo che sarebbe potuto essere anche mio.

Ed oggi, ad Harar, finalmente l'ho incontrato di nuovo. Io sono
qui che scrivo, nella casa di un amico piuttosto isolata, il ronzìo
del Petromax mi ha riempito la testa, i pensieri vanno su e giù
come le onde, forse la stanchezza, forse l'aria presa in macchina.

No, non è più paura, come avvenne presso la laguna di Porto Said, è invece come sentirsi deboli, inferiori a ciò che ci aspetta.

L'ho rivisto oggi, mentre perlustravo i labirinti della città indigena. Già camminavo da mezz'ora per quei budelli, tutti uguali e diversi, e c'era luce bellissima dopo un temporale. Mi divertivo a gettare un'occhiata nei rari pertugi, dove si aprono cortiletti da fiaba, chiusi come in minuscoli fortilizi tra muri rossi di sassi e di fango. I viottoli erano per lo più deserti, le case (per così dire) silenziose, alle volte veniva in mente che fosse una città morta, sterminata dalla peste, e che non ci fosse più via d'uscita; la notte ci avrebbe colti alla ricerca affannosa della liberazione.

Facevo questi pensieri quando lui mi riapparve. Per una combinazione la stradicciola ripida per dove scendevo non era tortuosa come le altre ma abbastanza diritta, cosicché se ne poteva scorgere un'ottantina di metri. Lui camminava tra i sassi, barcollando più che mai come un orso e volgendo la schiena si allontanava, estremamente significativo: non proprio tragico e nemmeno grottesco, non saprei proprio come dire. Ma era lui, sempre l'uomo di Porto Said, il messaggero di favolosi regni, che non mi potrà più lasciare.

Corsi giù tra i sassi scoscesi, con la maggiore lestezza possibile. Questa volta finalmente non mi sarebbe sfuggito, due muri rossi e uniformi rinserravano la stradicciola e non vi erano porte. Corsi fino a che il vicolo faceva un'ansa e mi aspettavo, alla svolta, di trovarmi l'uomo a non più di tre metri. Invece non c'era. Come le altre volte egli era svanito nel nulla.

L'ho rivisto più tardi, sempre uguale, che si allontanava ancora per uno di quei budelli, non verso il mare ma verso l'interno. Non gli sono più corso dietro. Sono rimasto fermo a guardarlo, con una vaga tristezza, finché è sparito in un vicolo laterale. Che cosa voleva da me? Dove voleva condurmi? Non so chi tu sia, se uomo, fantasma, o miraggio, ma temo che ti sia sbagliato. Non sono, ho paura, colui che tu cerchi. La faccenda non è molto chiara ma mi pare di avere capito che tu vorresti condurmi più in là, ogni volta più in là, sempre più nel centro, fino alle frontiere del tuo incognito regno.

Lo capisco e sarebbe anche bello. Tu sei paziente, tu mi aspetti ai bivi solitari per insegnarmi la strada, tu sei veramente discreto, tu fai perfino mostra di fuggirmi, con diplomazia tutta orientale, e non osi neppure rivelare il tuo volto. Tu vuoi soltanto farmi capire – mi sembra – che il tuo monarca mi aspetta in mezzo al deserto, nel palazzo bianco e meraviglioso, vigilato da leoni, dove cantano fontane incantate. Sarebbe bello, lo so, lo vorrei proprio. Ma la mia anima è deprecabilmente timida, invano la redarguisco, le sue ali tremano, i suoi dentini diafani battono appena la si conduce verso la soglia delle grandi avventure. Così sono fatto, purtroppo, e ho davvero paura che il tuo re sprechi il suo tempo ad aspettarmi nel palazzo bianco in mezzo al deserto, dove probabilmente sarei felice.

No, no, in nome del Cielo. Sia come sia, o messaggero, porta la notizia che io vengo, non occorre neanche che tu ti faccia vedere ancora. Questa sera mi sento veramente bene, sebbene i pensieri ondeggino un poco, e ho preso la decisione di partire. (Ma sarò poi capace? Non farà storie poi la mia anima al momento buono non si metterà a tremare, non nasconderà la testa tra le pavide ali dicendo di non andare più avanti?)

Eppure battono alla porta

La signora Maria Gron entrò nella sala al pianterreno della villa col cestino del lavoro. Diede uno sguardo attorno, per constatare che tutto procedesse secondo le norme familiari, depose il cestino su un tavolo, si avvicinò a un vaso pieno di rose, annusando gentilmente. Nella sala c'erano suo marito Stefano, il figlio Federico detto Fedri, entrambi seduti al caminetto, la figlia Giorgina che leggeva, il vecchio amico di casa Eugenio Martora, medico, intento a fumare un sigaro.

«Sono tutte *fanées*, tutte andate» mormorò parlando a se stessa e passò una mano, carezzando, sui fiori. Parecchi petali si staccarono e caddero.

Dalla poltrona dove stava seduta leggendo, Giorgina chiamò: «Mamma!».

Era già notte e come al solito le imposte degli alti finestroni erano state sprangate. Pure dall'esterno giungeva un ininterrotto scroscio di pioggia. In fondo alla sala, verso il vestibolo d'ingresso, un solenne tendaggio rosso chiudeva la larga apertura ad arco: a quell'ora, per la poca luce che vi giungeva, esso sembrava nero.

«Mamma!» disse Giorgina. «Sai quei due cani di pietra in fondo al viale delle querce, nel parco?»

«E come ti saltano in mente i cani di pietra, cara?» rispose la mamma con cortese indifferenza, riprendendo il cestino del lavoro e sedendosi al consueto posto, presso un paralume.

«Questa mattina» spiegò la graziosa ragazza «mentre tornavo in auto, li ho visti sul carro di un contadino, proprio vicino al ponte.»

Nel silenzio della sala, la voce esile della Giorgina spiccò grandemente. La signora Gron, che stava scorrendo un giornale, piegò le labbra a un sorriso di precauzione e guardò di sfuggita il marito, come se sperasse che lui non avesse ascoltato.

«Questa è bella!» esclamò il dottor Martora. «Non ci manca che i contadini vadano in giro a rubare le statue. Collezionisti d'arte, adesso!»

«E allora?» chiese il padre, invitando la figliola a continuare.

«Allora ho detto a Berto di fermare e di andare a chiedere...»

La signora Gron contrasse lievemente il naso; faceva sempre così quando uno toccava argomenti ingrati e bisognava correre ai ripari. La faccenda delle due statue nascondeva qualcosa e lei aveva capito; qualcosa di spiacevole che bisognava quindi tacere.

«Ma sì, ma sì, sono stata io a dire di portarli via» e lei così tentava di liquidar la questione «li trovo così antipatici.»

Dal caminetto giunse la voce del padre, una voce profonda e oscillante, forse per la vecchiaia, forse per inquietudine: «Ma come? ma come? Ma perché li hai fatti portar via, cara? Erano due statue antiche, due pezzi di scavo...».

«Mi sono spiegata male» fece la signora accentuando la gentilezza ("che stupida sono stata" pensava intanto "non potevo trovare qualcosa di meglio?"). «L'avevo detto, sì, di toglierli, ma in termini vaghi, più che altro per scherzo l'avevo detto, naturalmente...»

«Ma stammi a sentire, mammina» insisté la ragazza. «Berto ha domandato al contadino e lui ha detto che aveva trovato il cane giù sulla riva del fiume...»

Si fermò perché le era parso che la pioggia fosse cessata. Invece, fattosi silenzio, si udì ancora lo scroscio immobile, fondo, che opprimeva gli animi (benché nessuno se ne accorgesse).

«Perché "il cane"?» domandò il giovane Federico, senza nemmeno voltare la testa. «Non avevi detto che c'erano tutti e due?»

«Oh Dio, come sei pedante» ribatté Giorgina ridendo «io ne ho visto uno, ma probabilmente c'era anche l'altro.»

Federico disse: «Non vedo, non vedo il perché». E anche il dottor Martora rise.

«Dimmi, Giorgina» chiese allora la signora Gron, approfittando subito della pausa. «Che libro leggi? È l'ultimo romanzo del Massin, quello che mi dicevi? Vorrei leggerlo anch'io quando l'avrai finito. Se non te lo si dice prima, tu lo presti immediatamente alle amiche. Non si trova più niente dopo. Oh, a me piace Massin, così personale, così strano... La Frida oggi mi ha promesso...»

Il marito però interruppe: «Giorgina» chiese alla figlia «tu allora che cosa hai fatto? Ti sarai fatta almeno dare il nome! Scusa sai, Maria» aggiunse alludendo all'interruzione.

«Non volevi mica che mi mettessi a litigare per la strada, spero» rispose la ragazza. «Era uno dei Dall'Oca. Ha detto che lui non sapeva niente, che aveva trovato la statua giù nel fiume.»

«E sei proprio sicura che fosse uno dei cani nostri?»

«Altro che sicura. Non ti ricordi che Fedri e io gli avevamo dipinto le orecchie di verde?»

«E quello che hai visto aveva le orecchie verdi?» fece il padre, spesso un poco ottuso di mente.

«Le orecchie verdi, proprio» disse la Giorgina. «Si capisce che ormai sono un po' scolorite.»

Di nuovo intervenne la mamma: «Sentite» domandò con garbo perfino esagerato «ma li trovate poi così interessanti questi cani di pietra? Non so, scusa se te lo dico, Stefano, ma non mi sembra che ci sia da fare poi un gran caso...».

Dall'esterno – si sarebbe detto quasi subito dietro il tendone – giunse, frammisto alla voce della pioggia, un rombo sordo e prolungato.

«Avete sentito?» esclamò subito il signor Gron. «Avete sentito?»

«Un tuono, no? Un semplice tuono. È inutile, Stefano, tu hai bisogno di essere sempre nervoso nelle giornate di pioggia» si affrettò a spiegare la moglie.

Tacquero tutti, ma a lungo non poteva durare. Sembrava che un pensiero estraneo, inadatto a quel palazzo da signori, fosse entrato e ristagnasse nella grande sala in penombra.

«Trovato giù nel fiume!» commentò ancora il padre, tornando all'argomento dei cani. «Come è possibile che sia finito giù al fiume? Non sarà mica volato, dico.»

«E perché no?» fece il dottor Martora gioviale.

«Perché no cosa, dottore?» chiese la signora Maria, diffidente, non piacendole in genere le facezie del vecchio amico.

«Dico: e perché è poi escluso che la statua abbia fatto un volo? Il fiume passa proprio lì sotto. Venti metri di salto, dopo tutto.»

«Che mondo, che mondo!» ancora una volta Maria Gron tentava di respingere il soggetto dei cani, quasi vi si celassero cose sconvenienti. «Le statue da noi si mettono a volare e sapete cosa dice qua il giornale? "Una razza di pesci parlanti scoperta nelle acque di Giava".»

«Dice anche: "Tesaurizzate il tempo!"» aggiunse stupidamente Federico che pure aveva in mano un giornale.

«Come, che cosa dici?» chiese il padre, che non aveva capito, con generica apprensione.

«Sì, c'è scritto qui: "Tesaurizzate il tempo! Nel bilancio di un produttore di affari dovrebbe figurare all'attivo e al passivo, secondo i casi, anche il tempo".»

«Al passivo, direi allora, al passivo, con questo po' po' di pioggia!» propose il Martora divertito.

E allora si udì il suono di un campanello, al di là della grande tenda. Qualcuno dunque giungeva dall'infida notte, qualcuno aveva attraversato le barriere di pioggia, la quale diluviava sul mondo, martellava i tetti, divorava le rive del fiume facendole crollare a spicchi; e nobili alberi precipitavano col loro piedestallo di terra giù dalle ripe, scrosciando, e poco dopo si vedevano emergere per un istante cento metri più in là, succhiati dai gorghi; il fiume che aveva inghiottito i margini dell'antico parco, con le balaustre di ferro settecentesco, le panchine, i due cani di pietra.

«Chi sarà?» disse il vecchio Gron, togliendosi gli occhiali d'oro. «Anche a quest'ora vengono? Sarà quello della sottoscrizione, scommetto, l'impiegato della parrocchia, da qualche giorno è sempre tra i piedi. Le vittime dell'inondazione! Dove sono poi queste vittime! Continuano a domandare soldi, ma non ne ho vista neanche una, io, di queste vittime! Come se... Chi è? Chi è?» domandò a bassa voce al cameriere uscito dalla tenda.

«Il signor Massigher» annunciò il cameriere.

Il dottor Martora fu contento: «Oh eccolo, quel simpatico amico! Abbiam fatto una discussione l'altro giorno... oh, sa quel che si vuole il giovanotto».

«Sarà intelligente fin che volete, caro Martora» disse la signora «ma è proprio la qualità che mi commuove meno. Questa gente che non fa che discutere... Confesso, le discussioni non mi vanno... Non dico di Massigher che è un gran bravo ragazzo... Tu, Giorgina» aggiunse a bassa voce «farai il piacere, dopo aver salutato, di andartene a letto. È tardi, cara, lo sai.»

«Se Massigher ti fosse più simpatico» rispose la figlia audacemente, tentando un tono scherzoso «se ti fosse più simpatico scommetto che adesso non sarebbe tardi, scommetto.»

«Basta, Giorgina, non dire sciocchezze, lo sai... Oh, buonasera, Massigher. Oramai non speravamo più di vedervi... di solito venite più presto...»

Il giovine, i capelli un po' arruffati, si fermò sulla soglia, guardando i Gron con stupore. "Ma come, loro non sapevano?" Poi si fece avanti, vagamente impacciato.

«Buonasera, signora Maria» disse senza raccogliere il rimprovero. «Buonasera, signor Gron, ciao Giorgina, ciao Fedri, ah, scusatemi dottore, nell'ombra non vi avevo veduto...»

Sembrava eccitato, andava di qua e di là salutando, quasi ansioso di dare importante notizia.

«Avete sentito dunque?» si decise infine, siccome gli altri non lo provocavano. «Avete sentito che l'argine...»

«Oh sì» intervenne Maria Gron con impeccabile scioltezza. «Un tempaccio, vero?» E sorrise, socchiudendo gli occhi, invitando l'ospite a capire ("pare impossibile" pensava intanto "il senso dell'opportunità non è proprio il suo forte!").

Ma il padre Gron si era già alzato dalla poltrona. «Ditemi, Massigher, che cosa avete sentito? Qualche novità forse?»

«Macché novità» fece vivamente la moglie. «Non capisco proprio, caro, questa sera sei così nervoso...»

Massigher restò interdetto.

«Già» ammise, cercando una scappatoia «nessuna novità, che io sappia. Solo che dal ponte si vede...»

«Sfido io, mi immagino, il fiume in piena!» fece la signora Maria aiutandolo a trarsi d'impaccio. «Uno spettacolo imponente, immagino... Ti ricordi, Stefano, del Niagara? Quanti anni, da allora...»

A questo punto Massigher si avvicinò alla padrona di casa e le mormorò sottovoce, approfittando che Giorgina e Federico si erano messi a parlare tra loro: «Ma signora, ma signora» i suoi occhi sfavillavano «ma il fiume è ormai qui sotto, non è prudente restare, non sentite il...?».

«Ti ricordi, Stefano?» continuò lei come se non avesse neppure sentito «ti ricordi che paura quei due olandesi? Non hanno voluto neppure avvicinarsi, dicevano ch'era un rischio inutile, che si poteva venire travolti...»

«Bene» ribatté il marito «dicono che qualche volta è proprio successo. Gente che si è sporta troppo, un capogiro, magari...»

Pareva aver riacquistato la calma. Aveva rimesso gli occhiali, si era nuovamente seduto vicino al caminetto, allungando le mani verso il fuoco, allo scopo di scaldarle.

Ed ecco per la seconda volta quel rombo sordo e inquietante. Ora sembrava provenire in realtà dal fondo della terra, giù in basso, dai remoti meandri delle cantine. Anche la signora Gron restò suo malgrado ad ascoltare.

«Avete sentito?» esclamò il padre, corrugando un pochetto la fronte. «Di', Giorgina, hai sentito?...»

«Ho sentito, sì, non capisco» fece la ragazza sbiancatasi in volto.

«Ma è un tuono!» ribatté con prepotenza la madre. «Ma è un tuono qualsiasi... che cosa volete che sia?... Non saranno mica gli spiriti alle volte!»

«Il tuono non fa questo rumore, Maria» notò il marito scuotendo la testa. «Pareva qui sotto, pareva.»

«Lo sai, caro: tutte le volte che fa temporale sembra che crolli la casa» insisté la signora. «Quando c'è temporale in questa casa saltan fuori rumori di ogni genere... Anche voi avete sentito un semplice tuono, vero, Massigher?» concluse, certa che l'ospite non avrebbe osato smentirla.

Il quale sorrise con garbata rassegnazione, dando risposta elusiva: «Voi dite gli spiriti, signora... proprio stasera, attraversando il giardino, ho avuto una curiosa impressione, mi pareva che mi venisse dietro qualcuno... sentivo dei passi, come... dei passi ben distinti sulla ghiaietta del viale...».

«E naturalmente suono di ossa e rantoli, vero?» suggerì la signora Gron.

«Niente ossa, signora, semplicemente dei passi, probabilmente erano i miei stessi» soggiunse «si verificano certi stra- .u echi, alle volte.»

«Ecco, così; bravo, Massigher... Oppure topi; caro mio, volete vedere che erano topi? Certo non bisogna essere romantici come voi, altrimenti chissà cosa si sente...»

«Signora» tentò nuovamente sottovoce il giovane, chinandosi verso di lei. «Ma non sentite, signora? Il fiume qua sotto, non sentite?»

«No, non sento, non sento niente» rispose lei, pure sottovoce, recisa. Poi più forte: «Ma non siete divertente con queste vostre storie, sapete?».

Non trovò da rispondere, il giovane. Tentò soltanto una risata, tanto gli pareva stolta l'ostinazione della signora. "Non ci volete credere, dunque?" pensò con acrimonia; anche in pensiero, istintivamente, finiva per darle del voi. "Le cose spiacevoli non vi riguardano, vero? Vi pare da zotici il parlarne? Il vostro prezioso mondo le ha sempre rifiutate, vero? Voglio vedere, la vostra sdegnosa immunità dove andrà a finire!"

«Senti, senti, Stefano» diceva lei intanto con slancio, parlando attraverso la sala «Massigher sostiene di aver incontrato gli spiriti, qui fuori, in giardino, e lo dice sul serio... questi giovani, un bell'esempio, mi pare.»

«Signor Gron, ma non crediate» e rideva con sforzo, arrossendo «ma io non dicevo questo, io.. »

Si interruppe, ascoltando. E dal silenzio stesso sopravvenuto gli parve che, sopra il rumore della pioggia, altra voce andasse crescendo, minacciosa e cupa. Egli era in piedi, nel cono di luce di una lampada un poco azzurra, la bocca socchiusa, non spaventato in verità, ma assorto e come vibrante, stranamente diverso da tutto ciò che lo circondava, uomini e cose. Giorgina lo guardava con desiderio.

Ma non capisci, giovane Massigher? Non ti senti abbastanza sicuro nell'antica magione dei Gron? Come fai a dubitare? Non ti bastano queste vecchie mura massicce, questa controllatissima pace, queste facce impassibili? Come osi offendere tanta dignità coi tuoi stupidi spaventi giovanili?

«Mi sembri uno spiritato» osservò il suo amico Fedri. «Sembri un pittore... ma non potevi pettinarti, stasera? Mi raccomando un'altra volta... lo sai che la mamma ci tiene» e scoppiò in una risata.

Il padre allora intervenne con la sua querula voce: «Bene, lo cominciamo questo ponte? Facciamo ancora in tempo, sapete. Una partita e poi andiamo a dormire. Giorgina, per favore, va' a prendere la scatola delle carte».

In quel mentre si affacciò il cameriere con faccia stranita. «Che cosa c'è adesso?» chiese la padrona, malcelando l'irritazione. «È arrivato qualcun altro?»

«C'è di là Antonio, il fattore... chiede di parlare con uno di lor signori, dice che è una cosa importante.»

«Vengo io, vengo io» disse subito Stefano, e si alzò con precipitazione, come temesse di non fare in tempo.

La moglie infatti lo trattenne: «No, no, no, tu rimani qui, adesso. Con l'umido che c'è fuori... lo sai bene... i tuoi reumi. Tu rimani qui, caro. Andrà Fedri a sentire».

«Sarà una delle solite storie» fece il giovane, avviandosi verso la tenda. Poi da lontano giunsero voci incerte.

«Vi mettete qui a giocare?» chiedeva nel frattempo la signora. «Giorgina, togli quel vaso, per favore... poi va' a dormire, cara, è già tardi. E voi, dottor Martora, che cosa fate, dormite?»

L'amico si riscosse, confuso: «Se dormivo? Eh sì, un poco» rise. «Il caldo del caminetto, l'età...»

«Mamma!» chiamò da un angolo la ragazza. «Mamma, non trovo più la scatola delle carte, erano qui nel cassetto, ieri.»

«Apri gli occhi, cara. Ma non la vedi lì sulla mensola? Voi almeno non trovate mai niente...»

Massigher dispose le quattro sedie, poi cominciò a mescolare un mazzo. Intanto rientrava Federico. Il padre domandò stancamente: «Che cosa voleva Antonio?».

«Ma niente!» rispose il figliolo allegro. «Le solite paure dei contadini. Dicono che c'è pericolo per il fiume, dicono che anche la casa è minacciata, figurati. Volevano che io andassi a vedere, figurati, con questo tempo! Sono tutti là che pregano, adesso, e suonano le campane, sentite?»

«Fedri» propose allora Massigher. «Andiamo insieme a vedere? Solo cinque minuti. Ci stai?»

«E la partita, Massigher?» fece la signora. «Volete piantare in asso il dottor Martora? Per bagnarvi come pulcini, poi...»

Così i quattro cominciarono il gioco, Giorgina se n'andò a dormire, la madre in un angolo prese in mano il ricamo.

Mentre i quattro giocavano, i tonfi di poco prima divennero più frequenti. Era come se un corpo massiccio piombasse in una buca profonda piena di melma, tale era il suono: un colpo tristo nelle viscere della terra. Ogni volta esso lasciava dietro a sé sensazione di pena, le mani indugiavano sulla carta da gettare, il respiro restava sospeso, ma poi tutto quanto spariva.

Nessuno – si sarebbe detto – osava parlarne. Solo a un certo punto il dottor Martora osservò: «Deve essere nella cloaca, qui sotto. C'è una specie di condotta antichissima che sbocca nel fiume. Qualche rigurgito forse...». Gli altri non aggiunsero parola.

Ora conviene osservare gli sguardi del signor Gron, nobiluomo. Essi sono rivolti principalmente al piccolo ventaglio di carte tenuto dalla mano sinistra, tuttavia essi passano anche oltre il margine delle carte, si estendono alla testa e alle spalle del Martora, seduto dinanzi, e raggiungono perfino l'estremità della sala là dove il lucido pavimento scompare sotto le frange del tendaggio. Adesso invece gli occhi di Gron non si indugiavano più sulle carte, né sull'onesto volto dell'amico, ma insistevano al di là, verso il fondo, ai piedi del cortinaggio; e si dilatavano per di più, accendendosi di strana luce.

Fino a che dalla bocca del vecchio signore uscì una voce opaca, carica di indicibile desolazione, e diceva semplicemente:

«Guarda». Non si rivolgeva al figlio, né al dottore, ne a Massigher in modo particolare. Diceva solamente "Guarda", ma così da suscitare paura.

Il Gron disse questo e gli altri guardarono, compresa la consorte che sedeva nell'angolo con grande dignità, accudendo al ricamo. E dal bordo inferiore del cupo tendaggio videro avanzare lentamente, strisciando sul pavimento, un'informe cosa nera.

«Stefano, Stefano, per l'amor di Dio, perché fai quella voce?» esclamava la signora Gron levatasi in piedi e già in cammino verso la tenda: «Non vedi che è acqua?» Dei quattro che stavano giocando nessuno si era ancora alzato.

Era acqua infatti. Da qualche frattura o spiraglio essa si era finalmente insinuata nella villa, come serpente era andata strisciando qua e là per gli anditi prima di affacciarsi nella sala, dove figurava di colore nero a causa della penombra. Una cosa da ridere, astrazion fatta per l'aperto oltraggio. Ma dietro quella povera lingua d'acqua, scolo di lavandino, non c'era altro? È proprio certo che sia tutto qui l'inconveniente? Non sussurrìo di rigagnoli giù per i muri, non paludi tra gli alti scaffali della biblioteca, non stillicidio di flaccide gocce dalla vòlta del salone vicino (percotenti il grande piatto d'argento donato dal Principe per le nozze, molti molti anni or sono)?

Il giovane Federico esclamò: «Quei cretini hanno dimenticato una finestra aperta!». Il padre suo: «Corri, va' a chiudere, va'!». Ma la signora si oppose: «Ma neanche per idea, state quieti voi, verrà bene qualcheduno spero!».

Nervosamente tirò il cordone del campanello e se ne udì lo squillo lontano. Nel medesimo tempo i tonfi misteriosi succedevano l'uno all'altro con tetra precipitazione, perturbando gli estremi angoli del palazzo. Il vecchio Gron, accigliato, fissava la lingua d'acqua sul pavimento: lentamente essa gonfiavasi ai bordi, straripava per qualche centimetro, si fermava, si gonfiava di nuovo ai margini, di nuovo un altro passo in avanti e così via. Massigher mescolava le carte per coprire la propria emozione, presentendo cose diverse dalle solite. E il dottor Martora scuoteva adagio il capo, il quale gesto poteva voler dire: che tempi, che tempi, di questa servitù non ci si può più fidare!, oppure, indifferentemente: niente da fare oramai, troppo tardi ve ne siete accorti.

Attesero alcuni istanti, nessun segno di vita proveniva dalle altre sale. Massigher si fece coraggio: «Signora» disse «l'avevo pur detto che...».

«Cielo! Sempre voi, Massigher!» rispose Maria Gron non lasciandolo neppur finire. «Per un po' d'acqua per terra! Adesso verrà Ettore ad asciugare. Sempre quelle benedette vetrate, ogni volta lasciano entrare acqua, bisognerebbe rifare le serramenta!»

Ma il cameriere di nome Ettore non veniva, né alcun altro dei numerosi servi. La notte si era fatta ostile e greve. Mentre gli inesplicabili tonfi si mutavano in un rombo pressoché continuo simile a rotolìo di botti nelle fondamenta della casa. Lo scroscio della pioggia all'esterno non si udiva già più, sommerso dalla nuova voce.

«Signora!» gridò improvvisamente Massigher, balzando in piedi, con estrema risolutezza. «Signora, dove è andata Giorgina? Lasciate che vada a chiamarla.»

«Che c'è ancora, Massigher?» e Maria Gron atteggiava ancora il volto a mondano stupore. «Siete tutti terribilmente nervosi, stasera. Che cosa volete da Giorgina? Fatemi il santo piacere di lasciarla dormire.»

«Dormire!» ribatté il giovanotto ed era piuttosto beffardo. «Dormire! Ecco, ecco...»

Dall'andito che la tenda celava, come da gelida spelonca, irruppe nella sala un impetuoso soffio di vento. Il cortinaggio si gonfiò qual vela, attorcigliandosi ai lembi, così che le luci della sala poterono passare di là e riflettersi nell'acqua dilagata per terra.

«Fedri, perdio, corri a chiudere!» imprecò il padre «perdio, chiama i servi, chiama!»

Ma il giovane pareva quasi divertito dall'imprevisto. Accorso verso l'andito buio andava gridando: «Ettore! Ettore! Berto! Berto! Sofia!». Egli chiamava i facenti parte della servitù ma le sue grida si perdevano senza eco nei vestiboli deserti.

«Papà» si udì ancora la voce di Federico. «Non c'è luce, qui. Non riesco a vedere... Madonna, che cos'è successo!»

Tutti nella sala erano in piedi, sgomenti per l'improvviso appello. La villa intera sembrava ora, inesplicabilmente, scrosciare d'acqua. E il vento, quasi i muri si fossero spalancati, la attraversava in su e in giù, protervamente, facendo dondolare le lampade, agitando carte e giornali, rovesciando fiori.

Federico, di ritorno, comparve. Era pallido come la neve e un poco tremava. «Madonna!» ripeteva macchinalmente. «Madonna, cos'è successo!»

E occorreva ancora spiegare che il fiume era giunto lì sotto, scavando la riva, con la sua furia sorda e inumana? Che i muri da quella parte stavano per rovinare? Che i servi tutti erano dileguati nella notte e fra poco presumibilmente sarebbe mancata la luce? Non bastavano, a spiegare tutto, il bianco volto di Federico, i suoi richiami affannosi (lui solitamente così elegante e sicuro di sé), l'orribile rombo che aumentava dalle fonde voragini della terra?

«Andiamo, presto, andiamo, c'è anche la mia macchina qui fuori, sarebbe da pazzi...» diceva il dottor Martora, fra tutti passabilmente calmo. Poi, accompagnata da Massigher, ecco ricomparire Giorgina, avviluppata in un pesante mantello; ella singhiozzava lievemente, con assoluta decenza, senza quasi farsi sentire. Il padre cominciò a frugare un cassetto raccogliendo i valori.

«Oh no! no!» proruppe infine la signora Maria, esasperata. «Oh, non voglio! I miei fiori, le mie belle cose, non voglio, non voglio!» la sua bocca ebbe un tremito, la faccia si contrasse quasi scomponendosi, ella stava per cedere. Poi con uno sforzo meraviglioso, sorrise. La sua maschera mondana era intatta, salvo il suo raffinatissimo incanto.

«Me la ricorderò, signora» incrudelì Massigher, odiandola sinceramente. «Me la ricorderò sempre questa vostra villa. Com'era bella nelle notti di luna!»

«Presto, un mantello, signora» insisteva Martora rivolto alla padrona di casa. «E anche tu, Stefano, prendi qualcosa da coprirti. Andiamo prima che manchi la luce.»

Il signor Stefano Gron non aveva nemmeno paura, si poteva veramente dirlo. Egli era come atono e stringeva la busta di pelle contenente i valori. Federico girava per la sala sguazzando nell'acqua, senza più dominarsi. «È finita, è finita» andava ripetendo. La luce elettrica cominciò ad affievolire.

Allora rintronò, più tenebroso dei precedenti e ancor più vicino, un lungo tonfo da catastrofe. Una gelida tenaglia si chiuse sul cuore dei Gron.

«Oh, no! no!» ricominciò a gridare la signora. «Non voglio, non voglio!» Pallida anche lei come la morte, una piega dura segnata sul volto, ella avanzò a passi ansiosi verso il tendaggio che palpitava. E faceva di no col capo: per significare che lo proibiva, che adesso sarebbe venuta lei in persona e l'acqua non avrebbe osato passare.

La videro scostare i lembi sventolanti della tenda con gesto d'ira, sparire al di là nel buio, quasi andasse a cacciare una turba di pezzenti molesti che la servitù era incapace di allontanare. Col suo aristocratico sprezzo presumeva ora di opporsi alla rovina, di intimidire l'abisso?

Ella sparì dietro il tendaggio, e benché il rombo funesto andasse crescendo, parve farsi il silenzio.

Fino a che Massigher disse: «C'è qualcuno che batte alla porta».

«Qualcuno che batte alla porta?» chiese il Martora. «Chi volete che sia?»

«Nessuno» rispose Massigher. «Non c'è nessuno, naturalmente, oramai. Pure battono alla porta, questo è positivo. Un messaggero forse, uno spirito, un'anima, venuta ad avvertire. È una casa di signori, questa. Ci usano dei riguardi, alle volte, quelli dell'altro mondo.»

Eleganza militare

All'ora della partenza eravamo pallidi e brutti, non c'era stato tempo di farsi la barba, il bosco si era riempito di nebbia, faceva freddo e si beveva caffè. Davanti a me marciava il tenente Carlo Custoza, commerciante di professione, e con lui il tenente Beppe Molo, della medesima categoria sociale. Non camminavano da militari, non stavano bei diritti, tenevano le mani in tasca. «Mi fai girare le scatole» diceva uno e l'altro diceva: «Me ne frego della provvigione, me ne frego io, io faccio da per me!». Parlavano di tessuti, molti tessuti che ora giacevano in magazzino, nel centro della città, grosse pezze di ogni colore, sovrapposte le une alle altre negli appositi scaffali, e si facevano sempre più lontane, noi camminando, dietro le nostre spalle.

Molte cose dello stesso genere si comunicavano i due, che io non saprei ripetere perché non stavo abbastanza attento. Ma per lo più erano parole come: minchioneria, vatti a far benedire, pollo che non sei altro. E io sinceramente li guardavo di traverso, benché in fondo fossero buoni compagni.

La cinta periferica della città oltrepassata, il principio di un po' di sole, il gusto di cattivo in bocca, e il magazzino dei tessuti si allontanava ad ogni passo che noi facevamo perché esso restava immobile nella baracca di via Lorenzini 14 mentre noi invece si camminava col cosidetto passo di strada, lungo la via di fango, verso il combattimento.

Essi dicevano: maggiorazione, sdoganamento, lettera del comm. Scortace del 10 settembre. Evidentemente i tenenti Custoza e Molo da borghesi si conoscevano bene e adesso non si erano accorti che i loro affari diventavano falsi e lontani, di minuto in minuto più estranei. L'uno e l'altro non si erano fatti la barba, marciavano con le mani in tasca, complessivamente davano ai nervi, benché avessero stivali come si deve, calzoni tagliati veramente bene, caschi coloniali di forma nobile, con ogni probabilità pagati cari. Ma adesso i due tenenti parlavano con alquanti intervalli, avendo perso la primitiva freschezza fisica. Si era anche messo a piovere, cosicché tutti avevano indossato la mantella.

Suoni gutturali provenivano di sotto i cappucci dei soldati i quali camminavano curvi, strascinando gli stivaletti nuovi, e lasciavano ciondolare come bisacce il fucile, il bel fucile modello 37. Nella maggioranza gli sguardi erano chini a terra, sui talloni del compagno davanti, che si sollevavano alternativamente con mostruosi zoccoli di fango. E sì che il Governo l'aveva curata, questa sua giovane truppa. Faceva piacere alla vista il soffice cuoio delle scarpe, così come quello delle giberne, davvero di prima qualità. I caschi odoravano ancora di fabbrica, la classica forma mantenendosi intatta anche sotto la pioggia; splendenti le coccarde tricolori del fregio, pieghettate a mano. Eppure tutti camminavano insensibili alla presenza di ciò che si usa chiamare destino, il quale si era rivelato a me prima della partenza, sotto forma di misterioso cavallo, galoppante da solo nella piazza antistante alla caserma.

Nessuno dunque, fuori che me, pareva sapere che il reggimento non era uscito per una manovra ordinaria, ma si sarebbe allontanato di molto, fino al ciglione dell'altopiano e più oltre forse, spingendosi in giù, alle estreme lontananze orientali, là dove le pietre diventano calde come castagne arrosto.

Custoza e Molo ora tacevano, dimentichi della condizione militare, ansiosi solo che il colonnello ordinasse l'alt, concedesse un po' di riposo, comandasse di mettersi sulla via del ritorno. Intanto la pioggia era cessata, cosicché, tolte le mantelle, luccicarono liberamente al sole gli anelli, le fibbie e i ganci dei bellissimi cinturoni.

Camminammo tutta la giornata, sempre in direzione est, e

quanto più si dimostrava inevitabile un attendamento notturno, le facce andavano assumendo un'espressione antipatica. Né si udirono canzoni, alla sera, intorno ai fuochi, né risate.

Non si fecero la barba, il mattino successivo, né il tenente Custoza, né Molo, entrambi imbruttiti dal sonno, come probabilmente anch'io. Quando giunse l'ordine di proseguire verso oriente invece di fare ritorno, nessuno dei due disse parola, ma più tardi, quando già il reggimento si era messo in cammino, udii uno di loro (non saprei dire chi perché ero lontano) uno di loro bestemmiare lungamente. Parlarono poi ancora di affari, ma poco. Evidentemente cominciavano a capire che i tessuti, le loro grosse pezze allineate negli appositi scaffali, i loro interessi mondani, si allontanavano progressivamente, ad ogni loro nuovo passo, dietro le spalle del reggimento che marciava. Eravamo giunti alle falde dell'altopiano, dove le nubi non consistono e splende il sole immobile, abbastanza perpendicolare e pressoché eterno. Gli alberi poi non erano più alti e frondosi, bensì contorti, aridi e molto belli (come nei parchi antichissimi, al di là della troppo temuta porta).

Forse per il caldo crescente, forse per la fatica, io non percepivo più la presenza di ciò che usiamo chiamare destino e mi domandavo se alle volte non mi fossi sbagliato e il cavallo scorto nella piazza non fosse ora chiuso banalmente nella sua stalla domestica. Custoza e Molo – come avevo preveduto da tempo – si erano slacciato il colletto dell'uniforme, rinunciando al prescritto stile militare, senza neppure tentar di resistere. I soldati naturalmente li imitarono e trascinavano i piedi, danneggiandosi a vicenda col polverone, mentre il bordo posteriore dei caschi, già intrisi d'acqua ed ora battuti dal sole, accennava ad accartocciarsi.

In questo modo si marciò per diciassette giorni, inframezzati da due soste, sempre all'oscuro della nostra destinazione. Il ciglione dell'altopiano non era più che una vaga lontanissima linea alle nostre spalle, quasi invisibile attraverso la caligine. I tenenti Custoza e Molo avevano lasciato i consueti discorsi d'affari né si davano più importanza, adattandosi forse ad essere come gli altri, semplici ufficiali subalterni di un reggimento in marcia, che non avevano fatto un bagno completo da tempo immemorabile.

Noi si marciava per una specie di pista, nel cuore delle boscaglie, tra voci di invisibili bestie e all'orizzonte (eccettuata la tremolante linea dell'altopiano) non scorgevamo che coni di roccia e terra giallastra, i quali si alzavano qua e là nella piana, disabitati da ogni creatura. Questi coni, sebbene di altezza mediocre, esprimevano cose oscure e inquietanti che non riuscivamo a capire, per quanto li osservassimo. Perciò gli sguardi non strisciavano più al suolo, sui talloni del compagno antistante, ma giravano intorno con irrequietudine, per l'impressione che ombre sospette fossero scivolate dietro i cespugli di spine.

Le giornate si mescolavano nel ricordo tra di loro, troppo simili l'una all'altra, uguale permanendo il paesaggio che attraversavamo. Questa confusione terminava sul bordo di una larghissima valle sassosa e poco profonda, dove il reggimento fece alt verso le dieci del mattino. Era una strada di antiche acque, ora inaridita, e attraversava normalmente il nostro itinerario. Sul bordo opposto, che appariva distante almeno cinque chilometri, si alzava una barriera complicata di rocce, di lastroni e di basse cupole gialle, fino a perdita d'occhio.

Allora il signor colonnello comandante, senza scendere di sella, esaminò la carta geografica per identificare il vallone. «Ecco» disse «ora bisogna attraversare.» Solo questo disse, ma la sua voce aveva un'inflessione speciale, quasi che vi fossero nascoste molte altre cose ch'egli non poteva farci sapere. In quel momento ciò che comunemente viene definito destino riempì nuovamente l'aria a noi circostante, e questa volta tutti se ne accorsero senza eccezione, poiché cessarono di sussurrare e guardarono intensamente alla riva opposta del vallone deserto, verso le rocce che parevano chiudere la via. Solo allora, dopo tanti giorni, io li osservai e vidi che erano mutati, che il cuoio delle scarpe, per quanto buono, si era aperto in crepe sottili, che la tela delle uniformi non aveva resistito alle spine e spesso pendeva in brandelli, che i caschi si erano sformati, assumendo sagome curiose, che il sole aveva smangiato la vernice dei fucili, il cuoio delle giberne, le cinghiette degli zaini. Eppure, sul ciglio della valle sconosciuta, non riuscivo più a vedere schiene curve, volti torvi o flaccidi, ginocchia pesanti. I soldati, sotto il sole fortissimo, stavano diritti e silenziosi, con dignità, quasi che una voce fosse entrata nel buio delle loro anime.

Il signor colonnello fece un piccolo cenno e il reggimento cominciò a scendere verso il fondo dell'*uadi*, al tintinnìo delle gavette. La boscaglia finiva dinanzi alla totale desolazione delle pietre e fu stupore per molti, non per me che avevo bene capito, udire la voce di un soldato che si era messo a cantare: esattamente il fuciliere Stefano Capasso, di Stefano, classe 1916. Aveva perso il casco e si riparava la testa con una specie di fez ricavato da una vecchia camicia. I suoi calzoni presentavano tre larghe brecce, per via della boscaglia spinosa. Le scarpe non erano più scarpe ma strane cose prive di possibile definizione. E come il soldato Stefano Capasso così erano la maggioranza, ridotti veramente male; ciononostante si mettevano uno dopo l'altro a cantare, forse perché sentivano prossima l'ora del cosidetto destino.

Si giunse in fondo al vallone, mancava l'acqua, i piedi si congestionavano sulle pietre roventi, udii i tenenti Custoza e Molo parlarsi con accento pacato, dirsi cose giuste ed umane. «Vuoi un po' di cognac?» diceva uno. «Ce n'è rimasto ancora nella mia boccetta.» E l'altro: «Grazie, ma forse è meglio aspettare». Oramai avevano tolto le mani di tasca, procedevano a passi lenti ma militari, le spalle diritte ed aperte. Lo stivale sinistro del Custoza si era tutto spaccato di dietro, una intera manica si era scucita, si sarebbe detto un pezzente randagio se egli non avesse cominciato a diventare bellissimo. Mano mano che si avanzava verso l'intrico delle rocce, egli andava infatti assumendo una progressiva bellezza, positiva, dico, assolutamente controllabile dagli occhi umani. E con gioia che non si può dire mi accorgevo che anche tutti noi, tra il polverone giallo del mezzogiorno, subivamo la medesima sorte, seppure un po' meno.

Da una specie di grotta rossastra, sul pendìo antistante, giunse un colpo caratteristico, indizio di fucilata, e contemporaneamente il Custoza si piegò un poco in avanti, portandosi una mano al ventre. Subito dopo tuttavia si raddrizzò nuovamente, sopravanzando tutti i compagni, benché di solito fosse basso di statura. Egli portava in testa un turbante meraviglioso di seta rossa, con uno smeraldo sulla fronte, e marciando faceva ondeggiare i panneggiamenti del candido mantello, come nelle favole antiche.

Camminammo ancora verso oriente, laceri e assetati, attraverso il deserto colmo di agguati. Per lo più si cantava o discorrevamo di cose buone ed amate, della nostra terra lontana, del mare, di certi giardini. Il tintinnìo delle gavette era finalmente taciuto, si udiva soltanto il suono ritmico dei passi. Negli occhi di molti si era accesa la febbre, altri portavano fasciature di piaghe, dietro a noi sul terreno restavano brandelli di tela e di cuoio. Ma io vedevo attorno a me soldati di statura grandissima, con uniformi ricamate d'oro, fasce di mille colori, lance e sciabole di argento puro. Essi guardavano dinanzi a sé, sorridendo, e le loro barbe luccicavano al sole.

Temporale sul fiume

Le canne acquatiche, le erbe della riva, i piccoli cespugli di salici e gli alberi grandi videro giungere anche quella domenica di settembre il signore attempato vestito di bianco.

Tanti anni prima – solo i tronchi più vecchi lo ricordano vagamente – uno sconosciuto aveva cominciato a pescare in quell'ansa solitaria del fiume dove le acque sono calme e profonde. Tutte le feste, nelle buone stagioni, tornava puntualmente.

Un giorno non era venuto più solo; era con lui un bambino che giocava tra le piante e aveva una piccola voce chiara. Lentamente erano passati gli anni: il signore sempre più stanco, il fanciullo sempre più grande. E alla fine, una domenica di primavera, il vecchio più non comparve. Arrivò solo il giovanetto che si mise a pescare, solo.

Poi il tempo continuò a consumarsi. Il giovanetto, che tornava di quando in quando, perse quella sua voce limpida, cominciò anche lui ad invecchiare. Ma pure lui un giorno tornò accompagnato.

Una lunga storia a cui tutto il bosco è affezionato. Il secondo fanciullo divenne grande e suo padre non si fece più vedere. Tutto questo poi si è confuso nella memoria delle piante. Da qualche anno i pescatori sono ancora due. Anche il mese passato, con il signore vestito di bianco è venuto il bambino, che si è seduto con la sua piccola canna ed ha cominciato a pescare.

Le piante li rivedono volentieri, li aspettano anzi tutta la settimana, in quella gran noia del fiume. Si divertono ad osservarli; a sentire i discorsi del bambino, la sua voce fine che risuona così bene tra le foglie; a vederli immobili tutti e due, seduti sulla riva, tranquilli come il fiume stagnante, mentre sopra passano le nubi.

Qualche insetto volante ha riferito che padre e figlio abitano in una grande casa sul colle vicino. Ma il bosco con esattezza non sa chi siano. Sa però che tutte le cose hanno il loro giro, che presto o tardi anche il signore anziano non potrà più tornare e lascerà venire il giovanetto solo.

Anche oggi, alla solita ora, si è sentito il rumore di foglie smosse. Si è udito un passo avvicinare. Ma il signore è comparso solo, un po' curvo, un po' magro e stanco. Si è diretto alla piccola campana, mezza nascosta tra le fronde, dove da tempo immemorabile si conservano gli arnesi da pesca. Questa volta il signore si ferma più del solito, a frugare tra le vecchie cose, nella casetta silenziosa.

Ora tutto è immobile e quieto; la campana della chiesa vicina ha finito di suonare. Il pescatore si è levata la giacca; seduto ai piedi di un pioppo, tenendo la sua canna, lasciando pendere la lenza nell'acqua, forma una macchia bianca tra il verde. Nel cielo ci sono due grandi nuvole, una a muso di cane, l'altra a forma di bottiglia.

Il bosco è impazientito perché il bimbo non viene. Le piante acquatiche le altre volte si agitavano apposta per spaventare i pesci e mandarli al piccolo pescatore. Dà ai nervi anzi quell'uomo solo con quella faccia sciupata e pallida. Ma anche se i pesci non vengono il signore non si indispettisce. Tenendo ferma la canna si guarda attorno lentamente.

Le canne in riva al fiume ora badano a un grosso trave squadrato. Si è impigliato tra le erbe e ne approfitta per fare un racconto; spiega che lui apparteneva a un ponte, che si è stancato di quella fatica, ha ceduto per rabbia al peso, facendo crollare tutto quanto. Le canne stanno a sentire, poi mormorano tra loro qualcosa, allargano attorno un brusìo che

si propaga per il prato fino ai rami degli alberi e si diffon-
de col vento.

Il pescatore ora alza il capo, si guarda attorno come se avesse sentito anche lui. Giungono dalla vicina capanna due tre
piccoli colpi secchi, di origine misteriosa. Nell'interno è rimasta rinchiusa una vecchia mosca. Si è smarrita e gira incerta per la stanza. Ogni tanto si ferma e sta ad ascoltare. Le sue
compagne sono scomparse. Chissà dove sono andate. Strana
quest'aria pesante.

La mosca non si rende conto che è autunno, batte da una
parte e dall'altra. Si sentono i piccoli tonfi del suo corpo gras-
so che urta contro la finestrella. In fondo, non c'è ragione perché le altre se ne siano andate. Si scorge attraverso i vetri una
nuvola da temporale.

Il signore ha acceso un sigaro. Ogni tanto su dai rami sale
un soffio di fumo azzurro. Il bimbo oramai non verrà, il pomeriggio è troppo avanti. La mosca finalmente è riuscita a fuggire
dalla capanna. Il sole è scomparso tra le nubi. Poco fa il vento
ha urtato il trave, lo ha smosso dalle canne, spingendolo nelle
acque libere. Il racconto è rimasto interrotto. Il legno si allontana, condannato a marcire nel mare.

Il temporale si forma, ma il pescatore non si è mosso, sempre immobile, con la schiena appoggiata al tronco. Dal sigaro,
lasciato cadere acceso sul prato, fugge via il fumo strappato
dal vento. Le nuvole diventate nere lasciano scendere un po'
di pioggia. Si formano nell'acqua, qua e là, dei cerchi precisi
che si allargano man mano. Nella capanna vicina si ripetono
più insistenti quegli inesplicabili colpi. Chissà perché il signore non se ne va. Una goccia ha colpito proprio il tizzone del sigaro e lo ha spento con un sottile rumore.

Da una crepa del cielo, a occidente, arriva una luce fredda
e bianca da agguati. Il vento batte sugli alberi, ne cava fuori
una voce forte; muove anche la giacca bianca lasciata appesa
ad un ramo. Ora gli alberi grandi, i piccoli cespugli di salici,
le erbe della riva e le piante acquatiche cominciano a capire.
Pare che il pescatore si sia addormentato, nonostante i tuoni

si avanzino dal fondo dell'orizzonte. La sua testa è piegata in avanti, il mento preme contro il petto.

Le erbe immerse nell'acqua allora si agitano per spaventare i pesci e mandarli, come le altre volte, verso la lenza. Ma la canna del pescatore, non più trattenuta, ormai si è abbassata lentamente; la cima è già immersa nell'acqua. Urtandovi contro, la placida corrente si increspa appena appena.

L'uomo che si dava arie

L'umiltà del dottore Antonio Deroz cominciò a declinare verso la fine dell'anno, quando la stagione secca regnava sul bassopiano con grandissimo sole. Antonio Deroz era un nuovo medico dell'ospedale e alla fine di febbraio scadeva il suo periodo di prova. Era zelante e preciso ma nessuno l'aveva preso sul serio, forse proprio per la sua aria dimessa di uomo che si sente generalmente inferiore, sempre servizievole, mai seduto se qualcuno era in piedi. Lo vidi parecchie volte, passando per la cittadina, ma non mi ricordo più la sua faccia, per quanto mi sforzi.

L'umiltà sua scomparve progressivamente nello spazio di pochi giorni durante i quali tuttavia egli sembrava deperire, la sua faccia facendosi sempre più magra. Era smilzo, di statura media. Quando il professore Dominici, parassitologo, lo fece chiamare per avere da lui certi medicinali, Deroz mandò a dire che non aveva tempo. La risposta fu proprio questa e parve incredibile perché fino allora un sorriso benevolo del professore Dominici bastava a farlo arrossire di gioia. (Il parere di Dominici avrebbe avuto grande importanza per la sua convalida al posto dell'ospedale; e per ingraziarselo il giovane medico gli portava molto spesso zanzare, zecche, pidocchi. Ma di solito senza successo. Lo scienziato riceveva il materiale come tributo doveroso e per lo più derideva Deroz con arguzie tecniche, facendogli capire che perdeva tempo per niente. Data una breve occhiata agli insetti, rovesciava i tubetti di vetro lasciando cadere le bestiole a terra e le schiacciava coi piedi.)

Il Dominici, avuta la risposta, credette in un malinteso e mandò di nuovo il servo nero a chiamare Deroz. Questa volta ebbe un bigliettino che diceva così: "Caro professore, le fiale da voi richieste sono finite. Mi dispiace di non potere venire da voi, ma ho parecchio da fare. Arrivederci". Lo scienziato sorrise con un certo sforzo (sebbene nessuno lo vedesse) e stracciò la carta. Gli era dato di volta il cervello a quel disgraziato di Deroz? Al professore Dominici un nudo e crudo "arrivederci"? Avrebbe pensato lui, nella prossima occasione, a ristabilire le distanze. E pensare che la carriera del giovanotto era nelle sue mani. Sarebbe bastata una parolina con l'ispettore di Sanità, una frase lasciata cadere come per caso. O che invece Deroz si sentisse male? Che gli fosse venuta la febbre?

No, non gli era venuta la febbre. Alla sera, quando il sole stava per immergersi nell'orizzonte desolato di rupi, il dottore Deroz comparve al Caffè Antinea vestito tutto di bianco, con camicia di seta e cravatta, come non era mai avvenuto. Sedette a un tavolino accavallando le gambe, accese una sigaretta e si mise a fissare il muro della casa di fronte (che aveva le grate chiuse) come discorresse con sé di argomenti grati. Un sorriso infatti gli illuminava il volto stanco.

«Deroz! E perché non siete venuto?» gli gridò improvvisamente alle spalle il professore Dominici che arrivava in compagnia di due amici.

Lui volse appena un poco la testa, senza accennare ad alzarsi, e disse semplicemente: «Non ho potuto, professore. Non ho proprio potuto». Poi riprese a fissare il muro della casa di fronte che lo aveva fino allora affascinàto.

«Che vi salta in mente, Deroz?» ribatté lo scienziato, acre. «È il modo di rispondere questo? Vi rendete conto? Dite: vi rendete conto?» E i due amici guardavano il giovanotto con occhi non buoni, pregustando la sua mortificazione.

Soltanto allora Deroz si alzò in piedi e lo fece adagio, appoggiandosi con una mano al tavolino verniciato di rosso su cui era scritto: "Bevete il bitter Leopardi". Poi si mise a ridere non villanamente, in tono aperto e gioviale, di chi sa stare allo scherzo. Batté una mano sulla spalla dello scienziato con una certa energia: «Magnifico!» esclamò. «Sapete che a momenti credevo faceste sul serio? Ma sedete, sedete, posso offrirvi un aperitivo?»

«Ma, dico... non poss... non poss...» balbettò Dominici, interdetto e si mise a sedere meccanicamente insieme con gli altri due. Qualche cosa doveva essere successo perché Deroz osasse trattarlo così. Che gli fosse stato assegnato un alto incarico? Era il caso di dargli una lezione? O era più prudente aspettare?

Fece finta di niente: «Volevo avvertirvi, Deroz» e assumeva il suo classico tono accademico, che di solito faceva effetto «tra quindici giorni bisognerà prendere gli indici splenici giù ai pozzi di Allibad, dovreste usarmi la cortesia...».

«Tra quindici giorni» interruppe Deroz «io non ci sarò più. O, per essere più precisi, sarò piuttosto lontano.»

«Ve n'andate?» chiese l'altro, sorpreso gradevolmente. «Ve n'andate in Italia? Ci lasciate dunque?»

Sorrise il giovane medico in tono amaro e insieme di compatimento: «Oh, non in Italia! Un viaggio soltanto, un viaggetto abbastanza lungo». E si passò la destra sulla fronte come si sentisse sfinito.

Dominici si oscurò nuovamente: dunque non si trattava di rimpatrio, di punizione, di esonero dal servizio; forse era un viaggio ufficiale, invece, una missione vera e propria.

«Per incarico del Governo? Non mi avevate detto, Deroz» fece allora con aria di affettuoso rimprovero, quasi accampando per titoli di amicizia una precedenza nel sapere il segreto.

«Un incarico, sì» disse Deroz evasivo. «Si può anche chiamare un incarico. Disposizioni di autorità superiore...»

C'erano due grandi nubi nel cielo, ancora illuminate dal sole, mentre la terra già si ricopriva di ombre. Esse avevano forme abbastanza usuali, ma dai bordi inferiori frange nere pendevano, che ogni tanto si afflosciavano sulla superficie del mondo.

«Non voglio neanche sapere» replicò Dominici risentito. «Ma da che parte? Potrete dire almeno da che parte?»

«Ancora non so con precisione» disse Deroz fissando bene in faccia il professore con atto pressoché insolente. «Ma credo pressapoco laggiù.»

I tre lo guardavano stupefatti. Ed egli si levò in piedi, facendosi quasi in mezzo alla via, di modo che le case non gli togliessero la visuale, lentamente additò le terre del settentrione, il deserto, le pianure non valicabili. Restò così fermo con la destra tesa, eccezionalmente bianco ai riflessi smorti delle lampadine del Caffè Antinea.

«Ah, una missione nel deserto?» insisteva Dominici, letteralmente strisciando ai suoi piedi con la sua anima meschina. «Una delle solite ispezioni, vero? E verrà qualcuno dell'Ispettorato con voi?»

Deroz scosse il capo: «No, no» disse. «Credo proprio che dovrò andarmene solo.»

Dette queste parole barcollò improvvisamente come se un essere invisibile, correndo lungo la via, gli avesse dato uno spintone. Poco mancava che andasse a terra, ma poi si riprese e tornò a sedersi al tavolino.

Il giorno dopo, al Governo, Dominici cercò di sondare il terreno. Ma del viaggio di Deroz nessuno sapeva niente. L'ispettore di Sanità tra l'altro disse: «Mi pare disorientato, quel giovanotto. Ho paura che non resista. Ci sono molti del resto che non reggono al clima». Parole significative che fecero piacere a Dominici: tra non molto – pensava – quell'insolente avrebbe avuto la meritata lezione.

Ma intanto il contegno di Deroz peggiorava, facendosi addirittura altezzoso. Non salutava quasi mai per primo, faceva finta di non sentire quando gli parlavano, la sera se ne restava in casa a riempire certe cassette di legno adatte per viaggio in carovana.

E alla fine, in un pomeriggio molto caldo, si presentò al professore Dominici per prendere commiato. Era vestito più che mai di bianco e si appoggiava a un bastone. I piedi si trascinavano sul terreno come lumache, ciò a che a Dominici parve soltanto una posa.

«Professore, vengo a salutarvi» disse. «L'ordine non mi è ancora arrivato ma credo che partirò questa notte, poco prima dell'alba, alle cinque e mezza, credo.»

«Non voglio sapere niente» rispose Dominici gelido. «Teneteveli, i vostri segreti. E buon viaggio...» Fece quindi un piccolo sogghigno, sicuro oramai che il viaggio famoso non fosse che uno stupido scherzo.

Un breve colpo di tosse si udì nello studio pieno di grafici e strumenti, poi la voce tranquilla del medico Antonio Deroz: «Professore, perché sogghignate? Non fatelo, per favore».

Si voltò, raggiunse la porta, appoggiandosi tutto al bastone; o lo faceva apposta o stentava davvero a reggersi in piedi. «Maledetto impostore!» mormorò tra i denti Dominici, badando a non farsi sentire.

«Avete detto qualche cosa, professore?» chiese Deroz fermandosi sulla soglia.

«Se fossi in voi aspetterei» rispose l'altro, per incrudelire. «Voi non state bene, ve l'assicuro. Avete una faccia cadaverica oggi, proprio cadaverica.»

«Proprio così, professore? Aspettereste a partire se foste in me? Eh, voi siete bravo, professore, voi sapete molte cose» fu il commento di Deroz, privo di qualsiasi rancore. Scomparve dietro lo stipite della porta, i suoi passi incerti poco dopo non si udirono più.

Quindi si iniziò la notte, periodo di tenebre relativamente breve paragonato al cammino dei mondi, ma abbastanza considerevole nella circostanza attuale; non consolata dal lume di luna ma dal solo luccichìo delle stelle, sparse a miriadi nella cupola. Essa passava placidamente sulla piccola città coloniale, sui deserti circostanti, sui misteriosi cimiteri delle montagne (pur rimanendo accesa una finestra nella casa del dottore Deroz). Bisogna aspettare le cinque del mattino per assistere a cose nuove: a quell'ora si ode infatti un passo avvicinarsi alla casa ed ecco, alle luci gialle dei lampioni residenziali, la lunga figura del professore Dominici.

Egli non era tuttavia solo ma accompagnato da due amici. E insieme si proponevano di ridere alle spalle di un uomo che simulava grandi viaggi dandosi arie, e invece, probabilmente, era soltanto ubriaco, disteso su una poltrona, per dimenticare le miserie della vita.

Essi dunque si avvicinarono alla casa, sebbene i loro passi risonassero con eco spaventosa tra le mura addormentate. Tutto era immobile e tranquillizzante. Un cane randagio dormiva dinanzi alla porta. Né vi erano autocarri in attesa, autoveicoli carichi di viveri, casse e medicinali, come sarebbero occorsi per una spedizione attraverso i deserti. Nessun dubbio quindi che il viaggio di Deroz fosse una fantasia ridicola, atta a ricadere su di lui con molta vergogna.

Verso la strada le finestre erano chiuse e spente; dalla parte opposta invece ce n'era una illuminata. E bisogna notare che dietro alla casa cominciava immediatamente la boscaglia, cosicché, inoltrandosi in quella direzione, presto o tardi si raggiungeva la scabra solitudine dei deserti; il cui mistero in un certo senso dilagava quindi fino all'edificio, come onda sulla scogliera.

Accortosi della finestra accesa, il professore Dominici girò dietro alla casa e alzandosi sulla punta dei piedi guardò attraverso la grata. Senza chiedere permesso egli osò guardare nell'interno dell'abitazione, contaminando la notte stessa che era venuta da molto lontano, coi suoi passi meravigliosi e si era chiusa là dentro, a conforto esclusivo del giovane medico.

La presenza della notte era tuttavia elemento troppo sottile perché Dominici potesse accorgersene. Egli vide al contrario Deroz disteso su una poltrona (come aveva previsto), apparentemente assopito. Sopra di lui, sul muro, pendeva una testa di antilope imbalsamata; al posto degli occhi mancavano però le solite emisfere di vetro cosicché le orbite risultavano vuote e sgradevolmente pensierose. Il giovane medico era avvolto in una vestaglia di seta e varie zanzare giravano intorno al suo capo, con volo continuo, senza mai osare toccarlo: tanto si era accresciuto nelle ultime ore il suo prestigio.

Questo particolare delle zanzare naturalmente sfuggiva al professore Dominici che gongolava dal gusto, ripromettendosi molte risate. «Che razza di buffone!» esclamò a bassa voce, convinto che Deroz si fosse semplicemente ubriacato. E si chinò a terra con l'intenzione di raccogliere un sasso da gettare nell'interno della stanza, quando uno dei compagni lo afferrò per un braccio con apprensione.

Si era infatti aperta la porta retrostante della casa e ne era uscito, non si sapeva come, il dottore Deroz medesimo. Era vestito di bianco come negli ultimi giorni ma, certo per un curioso effetto ottico, appariva molto diverso dalla immagine, solita, pur tenuto conto delle tenebre. I suoi contorni anche, a causa di una specie di fosforescenza, sfuggivano a un preciso controllo, quasi fossero di fumo.

Dapprima Dominici pensò che il medico, accortosi della visita indesiderata, cercasse di eclissarsi, per evitare la baia. E perciò si mise a gridare senza ritegno, nel pieno santuario della notte: «Deroz! Deroz! Dove scappate?». La sua voce però si spense nel modo più miserevole perché il giovane, anziché voltarsi al richiamo, si avviava verso la boscaglia, col suo nuovo passo disdegnoso e ferma determinazione; egli non strascicava i piedi né adoperava il bastone; un sentimento indicibile si sprigionava da lui e lo stesso Dominici ne fu sopraffatto, avendo finalmente compreso che proprio quella era la partenza per il viaggio famoso, che Deroz non sarebbe tornato più indietro ma a piedi si sarebbe spinto indefinitamente al nord, verso le massime lontananze, simile a un pezzente o a un dio.

Egli se n'andava solo, tra le ragnatele delle acacie spinose, pallido sembiante, in direzione delle città a noi sconosciute; pure un alone di genii benigni lo seguiva, corteo misericordioso, sussurrandogli parole gentili ed attributi onorifici come: «Per di qua, a destra, prego, Eccellenza! Attento a quella buca! Molto agile davvero, Eccellenza!». In quanto al professore Dominici, appena vide sparire l'ambigua figura, entrò con avidità poliziesca nella casa. Dove, naturalmente, rinvenne disteso sulla poltrona, sotto la pensierosa testa di antilope, il corpo corruttibile del dottore Deroz, troppo gracile e insieme troppo pesante per poter accompagnare il padrone nel lungo viaggio.

Il memoriale

Il contadino Teodoro Berti riuscì a comperare, per interposta persona, il podere detto Praloro, di 21 ettari, dal conte Andrea Petrojanni, suo vecchio padrone, che l'aveva licenziato. Il Berti non era mosso da alcun odio o desiderio di vendetta contro il ricchissimo conte. A lui importava soltanto poter ritornare a Praloro, la campagna dove era nato e vissuto fino ai quarantacinque anni. Il Petrojanni invece si mise in mente che quella fosse una rappresaglia: Teodoro, pensava, si era installato in mezzo alle sue terre come proprietario, da pari a pari, e sarebbe stato origine di un'infinità di fastidi; perciò lo prese ad odiare e ordinò ai dipendenti di non mantenere con lui rapporti. Forse offrendo una somma maggiore di quella riscossa per la vendita, il conte avrebbe potuto ricomprare Praloro; ma gli sarebbe parso di dar soddisfazione al Berti, senza contare l'inconveniente di annodare col contadino, sia pure per tramite di intendenti e notai, nuove relazioni di affari. Così il principesco palazzo Petrojanni, il conte, i suoi familiari, i suoi servi, tutto il mondo gravitante intorno a loro, divennero per i Berti ancor più inaccessibili di quanto non fossero mai stati e a lungo andare nell'animo di Teodoro andò insinuandosi una vaga sensazione di colpa, come se l'affronto involontariamente fatto al vecchio signore non potesse sperare perdono e ci fosse da temere, presto o tardi, una spietata punizione.

Una medesima strada collegava alla provinciale il podere di Teodoro e il palazzo Petrojanni. Essa era interrotta a un certo punto da un passaggio a livello, custodito da un casellante. Spesso avveniva che dinanzi alle sbarre abbassate nell'attesa di un treno si dovessero fermare, fianco a fianco, i carri rustici del Berti e la superba carrozza che trasportava alla città vicina il conte, o la contessa, o i loro figliuoli ed ospiti. Invariabilmente, per dispregio, le tendine della carrozza venivano abbassate, mentre i contadini si rimettevano in silenzio il cappello, tolto in atto di saluto. Comunque, per la mancanza di qualsiasi interesse comune, la sterminata tenuta Petrojanni e la campagna di Teodoro vivevano completamente separate, evitando così contrasti o litigi.

Un giorno si seppe che, allo scadere del primo ventennio di esercizio, cioè fra due anni, le Ferrovie avrebbero sospeso il servizio di custodia al passaggio a livello. In seguito, la sorveglianza sarebbe dunque rimasta a carico degli interessati. La notizia diede molto da pensare a Teodoro. Siccome il passaggio a livello serviva soltanto ai Petrojanni e ai Berti, i casi erano due: o il conte, fingendo di ignorare l'ex colono, avrebbe provveduto direttamente al servizio di custodia, disinteressandosi completamente dei bisogni di Praloro e creando quindi ogni difficoltà al passaggio dei carri e del bestiame dei Berti; oppure l'incarico, per ordine dell'autorità, senza bisogno di reciproco accordo sarebbe stato assunto da entrambi cumulativamente: ciò che appariva ancora più pericoloso: come escludere che il conte avrebbe favorito il verificarsi di qualche grave incidente, la cui responsabilità sarebbe ricaduta su tutti e due? Quasi sempre in questi accidenti i danni da rifondere, trattandosi di vite umane, ammontavano a decine o a centinaia di migliaia di lire. Per il conte sarebbe stata una perdita irrilevante, per Teodoro invece la rovina; avrebbe dovuto vendere Praloro, le bestie, gli arnesi, i mobili e forse non sarebbe bastato.

Era assolutamente necessario mettersi d'accordo amichevolmente, chiedere una specie di armistizio, se non addirittura la pace. Maria, la moglie di Teodoro, era così spaventata che parlava già di vendere il podere e trasferirsi altrove. Di giorno e di notte, a poco più di trecento metri, i treni intanto passavano sulla strada ferrata, facendo un rumore d'inferno.

Teodoro, non potendo interpellare i fattori o gli intendenti del conte, i quali non gli avrebbero neppure risposto, ne parlò con il casellante, suo vecchio amico, pregandolo di tastare il terreno con qualcuno dei Petrojanni. Qualche giorno dopo il casellante gli disse di aver potuto chiedere notizie allo stesso Gervasi, procuratore del conte, che praticamente sovraintendeva all'intera tenuta: il Gervasi gli aveva risposto che c'era tempo da pensarci e si era anche messo a ridere, come se avesse intuito l'origine di quella richiesta.

Disposto anche a spendere qualche decina di lire, Teodoro allora era andato in città per chiedere consiglio a un avvocato. Quando però aveva saputo che la pratica seppure regolarissima, finiva per avere un vago tono di ostilità verso il Petrojanni (non perché minacciasse in alcun modo gli interessi del conte, ma in quanto cercava di eludere la sua presunta inimicizia) l'avvocato non aveva voluto incaricarsene, si era anzi quasi sdegnato per l'audacia del contadino.

Il presentimento di un avvenire calamitoso, la sensazione di trovarsi isolati, deboli e ignoranti, in un mondo ostile, ricco e istruito, andarono addensando a Praloro un'aria d'incubo, quasi di disperazione. L'ultima possibilità che rimanesse era di rivolgersi per scritto al Gervasi o meglio ancora – sosteneva Teodoro contro il parere dei suoi familiari – al vecchio conte Petrojanni in persona, il quale si diceva fosse un uomo giusto se pur debole e quindi facilmente istigato dalla perfida moglie. Ma certo nessuno, né avvocati di città, né il medico, né il parroco, né le maestre delle elementari si sarebbero assunti l'ingrato incarico di mettere su carta le richieste del Berti, col rischio di attirarsi l'ira del conte potentissimo nella regione: prima o dopo egli avrebbe certo identificato l'autore della lettera.

Si era a questo punto quando una sera, mentre la famiglia di Teodoro era raccolta, dopo pranzo, in cucina, in penoso silenzio, Piero, il settimo figlio, dichiarò che avrebbe scritto lui al Petrojanni. Piero aveva 17 anni; colpito, bambino, da paralisi infantile, era rimasto infermo, l'unico della famiglia che non lavorasse. Benché conducesse praticamente una esistenza da parassita e per di più fosse considerato scemo – alle buone pagelle da lui ottenute a scuola nessuno aveva dato importanza – tutti gli volevano bene, genitori e fratelli. Assumendo anzi lui, nell'ozio, un aspetto quasi fine, da studente di città, Teodoro ne era in fondo orgoglioso, come se ciò sollevasse un poco la famiglia verso il livello dei signori.

«Voglio scrivergli io» ripeté per la seconda volta Piero, poiché nessuno gli rispondeva.

«Ci vuol altro, caro mio» disse Primo, il fratello maggiore, di venticinque anni, come se non valesse neppure la pena di discutere una cosa tanto ridicola. Tutti gli altri tacquero, compresa la madre, che di solito si gettava avidamente su ogni argomento buono per diatribe o recriminazioni.

Quella sera però la finestra della camera di Piero (lui aveva una stanzetta per sé, i fratelli dormivano in due o tre insieme) rimase accesa fino a tardissima ora. Solo al figlio infermo Teodoro permetteva di tenere la luce dopo le nove di sera e tutti trovavano naturale questa specie di ingiustizia. Egli era però sempre al corrente dell'ora in cui Piero spegneva e il mattino dopo gli chiese perché fosse stato sveglio così a lungo. «Sei stato male stanotte?» gli domandò essendo Piero spesso tormentato da crisi di dolori notturni.

«No» rispose il ragazzo «ma ho provato a incominciare il memoriale.»

«Che memoriale? Ne hai una nuova adesso?»

«Il memoriale per il signor conte» fece Piero con voce tranquilla, senza sentire il bisogno di scusarsi «per il passaggio a livello.»

Teodoro scrollò le spalle, per dire che quelle sciocchezze lo infastidivano. Scrollò le spalle, ma un barlume di speranza era già nato nel suo cuore.

«Be'» disse dopo essere rimasto in forse se rimproverarlo o no, «se non hai altro da fare... ma non farti sentire, almeno: ne abbiamo abbastanza di pensieri, senza che tu ci faccia ridere dietro.»

E se n'andò verso i campi.

Quando venne il sabato però, e ci fu all'osteria la solita riunione con i pochi amici rimasti a lui fedeli (erano il casellante, un uomo del molino, il capostradino e uno strano tipo sempre in giro a pescare), Teodoro, appena il discorso capitò sull'eterno argomento del passaggio a livello, annunciò con aria di mistero che suo figlio Piero stava facendo un memoriale.

«Piero, quello malato?» domandò lo strano tipo senza levare gli occhi dalle carte del tressette.

«Proprio lui, quello malato» disse Teodoro.

«Ma non è un po'...?» chiese ancora il pescatore e fece segno con un dito alla fronte, per delicatezza, poiché non aveva il coraggio di dire "Ma non è un po' cretino?".

«Già» intervenne il casellante «non è un po', come dicono, deficiente? Non mi dicevi che non capiva niente?»

Teodoro non poteva negare ma disse:

«La scuola però l'ha fatta, e anche meglio degli altri.»

«Sì, sì» fece il casellante «ma adesso mettersi addirittura con un memoriale!»

«Eh, ho paura anch'io» disse il capostradino, fino a quel momento silenzioso, «un memoriale è un memoriale!» e non specificò meglio ciò che intendesse dire.

Il pescatore ch'era in coppia con Teodoro fece nove mani di fila, dando con le sue carte vincitrici dei grandi colpi soddisfatti sul tavolo, poi disse (e tutti si aspettavano una delle sue solite facezie sul gioco): «Mah, dovresti dirgli di stare attento!».

«Stare attento a chi?» disse Teodoro.

«A tuo figlio, dico, che non ti combini qualche pasticcio: dovresti starci attento a quel memoriale.»

Teodoro esclamò: «Eh, come faccio? Lui non me lo fa mica vedere!».

«Non te lo fa vedere, ci manca anche questa!» disse il casellante evidentemente mal prevenuto contro Piero. «Vuol fare un memoriale e poi non te lo fa vedere! Ma è proprio un asino allora!»

Teodoro tacque e continuò a giocare. Capì che aveva fatto male a parlare e il giorno dopo tentò, ma inutilmente, di farsi mostrare da Piero quello che aveva già scritto. Piero gli rispose che non aveva ancora cominciato, che stava studiando la questione, che doveva prima guardare alcuni libri alla biblioteca del Municipio.

Fatto è che dopo una quindicina di giorni arrivò, indirizzata proprio all'egregio signor Pietro Berti, una lettera chiusa, intestata alla Società Anonima Ferrovia Trevo-Portonuovo. Nacque una lite perché Piero non volle farla vedere ai fratelli. «Sono delle informazioni, sono!» si limitava a dire. Non ci fu verso di poterla leggere.

Questo piccolo episodio ad ogni modo cominciò a scuotere anche la diffidenza di Primo, il fratello maggiore. Dopo tutto chissà che Piero non avesse più criterio di quanto si credesse. Perché non lasciarlo fare?

La finestra del ragazzo infermo restava accesa almeno fino alle undici tutte le notti. Nelle rare giornate di benessere fisico e quindi di buon umore, Piero adesso si lasciava andare a qualche confidenza. Aveva pensato – e tutti furono concordi nell'ammettere la bontà dell'idea – che le Ferrovie stesse potessero curare direttamente la custodia del passaggio a livello, dietro congruo compenso. Il Petrojanni e i Berti avrebbero contribuito alla spesa in base a una proporzione da determinarsi, e sarebbe stato così tolto di mezzo ogni pericolo di angheria e di responsabilità per danni. Tutto dipendeva però dal consenso del conte e per questo occorreva che il memoriale fosse preparato e scritto con la massima cura.

I genitori e i fratelli stavano ad ascoltare le spiegazioni di Piero, profondamente meravigliati ch'egli tenesse discorsi così difficili. Oramai nessuno diffidava più di lui, nel suo memoriale anzi si concentravano le comuni speranze della famiglia, a poco a poco i tristi pensieri dileguavano e per la casa le donne tornavano a cantare.

Un mese circa passò e finalmente Piero annunciò di avere finito la prima pagina del memoriale, non nella forma definitiva perché gli pareva che le frasi fossero ancora un poco dure e ingarbugliate, ma insomma la base c'era. Essendosi lui rifiutato di leggerla, i familiari non insistettero; una sorella anzi gli disse apertamente che anche lei avrebbe fatto lo stesso.

Intanto all'osteria Teodoro non discorreva più di questo memoriale con la timida sottomissione della prima volta e pure gli amici cominciavano a prendere sul serio la cosa. Persino il casellante parteggiava adesso per Piero, ed era naturale perché con la soluzione proposta dal ragazzo egli avrebbe avuto molte probabilità di essere mantenuto in servizio.

Tutta la famiglia Berti viveva così da qualche tempo concentrata sul famoso memoriale, tanto che la meraviglia non fu eccessiva quando il signor Paoletto, segretario del Gervasi, comparve un giorno nel cortile di Praloro e chiese di Piero. I due rimasero a confabulare per circa un'ora. Tutti i fratelli erano fulmineamente accorsi dai campi e stavano silenziosi in attesa dinanzi alla porta di casa. Finalmente il signor Paoletto uscì, il volto sorridente e fece un lieve (lievissimo) cenno di risposta al saluto di Teodoro e dei figli. Allontanatosi l'eccezionale ospite, tutti si precipitarono da Piero, seduto nella sua camera dinanzi a un tavolo ingombro di scartafacci.

Il ragazzo non era affatto emozionato e cercò di spegnere l'entusiasmo dei familiari assicurando che il signor Paoletto era venuto soltanto a prendere un libro: alla biblioteca municipale gli avevano detto che il volume era in prestito presso Piero Berti ed era andato a farselo consegnare.

«Ma del passaggio a livello avete parlato?» chiese Teodoro.

«Così di sfuggita» rispose Piero. «Il signor Paoletto, del resto, mi è sembrato piuttosto contrario ai sistemi del conte, non sembra neanche uno dei suoi.»

Nessuno seppe esattamente i particolari del colloquio, ma nell'intera famiglia si radicò la convinzione che in un certo senso il ghiaccio stava per essere spezzato: il memoriale – di cui tuttavia non si era riusciti a leggere neppure una parola – sarebbe stato di importanza decisiva. Ad accrescere le speranze dei Berti ci fu poi una confidenza del casellante.

Raccontò il casellante che il signor Paoletto si era fermato a discorrere con lui a proposito del passaggio a livello, dei Berti e soprattutto di Piero.

«Vuoi sapere sinceramente la mia impressione?» concluse, rivolto a Teodoro.

«Dimmi, dimmi, caspita» fece Teodoro.

«Bene» disse il casellante «la mia impressione è stata che loro hanno paura.»

«Paura? paura di che?»

«Mah, non ti so dire di che cosa, ma hanno paura. Io non so niente, il signor Paoletto parlava del memoriale, non ho capito bene cosa diceva...»

Era assurdo parlare di paura a proposito del conte. Il memoriale non doveva contenere che una rispettosa proposta per la sistemazione del passaggio a livello. Il casellante, non c'era dubbio, fraintendeva, non rendendosi conto della questione; pure nell'atteggiamento del signor Paoletto, rappresentante non ultimo dell'amministrazione Petrojanni, egli doveva avere intravisto una certa remissività che un tempo sarebbe stata follia anche solo sperare.

Senza montarsi la testa, Piero continuò intensamente il lavoro; non si faceva quasi più vedere in paese per evitare fastidiose interrogazioni, spesso andava alla biblioteca municipale o ispezionava il passaggio a livello, o discuteva col casellante sulle minuzie tecniche del suo servizio. Così per mesi e mesi. Quasi un anno e mezzo era passato dal primo allarme quando il ragazzo, attraverso prudenti allusioni, fece capire ai suoi che il memoriale poteva dirsi praticamente finito. La prima parte era ormai fissata nella stesura definitiva, gli rimanevano ancora alcuni dubbi sul tono della chiusa, se fosse più opportuno un saluto freddo o stringato o non piuttosto largheggiare in complimenti, per ingraziarsi l'animo del patrizio.

Dopo questo annunzio non si dubitò più minimamente della favorevole soluzione del problema; l'importanza del memoriale si era andata ampliando, aveva acquistato per così dire una vita autonoma, sorpassava di gran lunga i limiti della questione del passaggio a livello (pure in sé tanto grave), si era trasformata in motivo di orgoglio per i genitori e i fratelli di Piero, uno degli scopi quasi della loro esistenza.

Sette mesi ancora mancavano alla sospensione del servizio di custodia al passaggio a livello ed ecco una sera, sull'imbrunire, fermarsi una carrozzella, come non avveniva a memoria d'uomo, nel cortile di Praloro. Ne scese un signore sconosciuto sulla sessantina che domandò in tono sbrigativo se abitasse là un certo signor Piero Berti.

Piero era presente e si fece innanzi.

«Sono il direttore della ferrovia» annunciò allora il signore con accento che parve minaccioso. «Andiamo dentro un momento, vi prego. Devo parlarvi.»

Il visitatore, Piero e poi tutti i familiari si raccolsero in cucina. Al direttore della ferrovia fu offerta la sedia migliore e gli altri si disposero intorno ad ascoltare.

Egli disse:

«Si tratta di questo: ho sentito dire in giro che qui da voi si fa una gran questione del passaggio a livello, ho sentito parlare anche di un memoriale o che so io. Il signore» (e guardò un librettino per ricordarsi il nome) «il signor Piero Berti, qui presente, mi ha scritto più di una volta e capisco le vostre preoccupazioni. Ora sono qui per tranquillizzarvi.»

«Buone notizie, allora» fece Teodoro stupidamente, senza immaginare di che cosa potesse trattarsi.

«Buonissime, credo» disse il direttore della ferrovia.

Tutti stettero zitti a sentire; ma Piero, pallido di abitudine, si andava facendo più bianco ancora. Visto che nessuno parlava, il direttore della ferrovia continuò:

«Vengo a dirvi che potete stare tranquilli. Fra cinque mesi il passaggio a livello viene abolito. Non passeranno più treni. Fra cinque mesi si inaugura il nuovo tronco, che passa al di là del fiume. Non ci sarà più bisogno di casellante, non ci sarà più passaggio a livello» ripeté poiché i Berti non davano alcun segno di contentezza.

Né Teodoro, né la moglie, né i figliuoli avevano infatti battuto ciglio. Oramai l'abolizione del passaggio a livello, che un anno e mezzo prima li avrebbe liberati da un incubo, riusciva loro sgradita. Se così fosse stato, il memoriale di Piero diventava assolutamente inutile, una fatica buttata via, un pezzo di carta straccia. E oramai loro, a ragione o a torto, si erano abituati a quella speranza. La fine del passaggio a livello avrebbe semplicemente evitato i fastidi, il memoriale invece avrebbe potuto in soprappiù conquistare il favore del conte; indipendentemente dall'affare dei treni, esso offriva l'eventualità di un successo, che adesso veniva a mancare.

«Ma come?» domandò il visitatore stupito dell'apatia dei contadini «ma come? Non siete contenti?»

Teodoro disse senza entusiasmo: «Contenti sì, certamente. Ma sa? questo cambia molte cose...».

«Ah, volete dire il memoriale, il lavoro di vostro figlio? Già, capisco. Adesso dispiace aver lavorato per niente. Ma voi che cosa dite?» chiese direttamente a Piero, confidando nella sua maggiore intelligenza.

Ma Piero si era fatto terreo in volto, pareva svuotato di vita. Parlò con grande sforzo:

«Oh sì» disse «tutto si aggiusta... eppure...»

«Dite, dite pure liberamente...»

«Ecco, è quasi un anno e mezzo che ci studio, è un peccato buttare via tutto così; d'altra parte sarebbe assurdo...»

«Lo credo bene che sarebbe assurdo» notò il direttore della ferrovia con un risolino «non utilizzare la linea nuova perché il memoriale non vada perduto! ah sarebbe una trovata magnifica!» e scoppiò in una risata che non ebbe eco fra i presenti. «Un'idea brillante davvero!»

Piero disse a questo punto, riprendendo coraggio: «Sentite, signor ingegnere, non perché pensi di farvi cambiare idea, ma accontentatemi, vi prego, vorrei leggervi il memoriale!».

«Volentieri, ma devo scappare, mio caro ragazzo; un'altra volta, avrò occasione di ritornare, non dubitate della mia ammirazione...»

Tentò di schermirsi, ma per poco, poiché vide dipinto sul volto del giovanetto un troppo amaro sconforto. «Bene, sentiamo!» disse con svogliata compiacenza sedendosi di nuovo.

Piero andò a prendere il documento, si mise presso una finestra per avere luce e cominciò a leggere con voce un po' vacillante:

«Egregio signor conte, da circa otto anni sto carteggiando...»

«Otto anni?» interruppe Primo, il fratello maggiore «ma se è appena un anno?»

«Lo so, lo so» spiegò Piero seccato per l'interruzione «lo so anch'io che non è vero ma fa più effetto, ci ho pensato a lungo, è una questione delicata, sono stato anche in dubbio se mettere tre anni invece di otto, ma poi mi son deciso per otto. Adesso lasciami continuare.»

Prese fiato e ricominciò la lettura:

«Egregio signor conte, da circa otto anni sto carteggiando con l'amministrazione della Società Anonima Ferrovia Trevo-Porto-nuovo per trovar modo di risolvere in via permanente, nell'interesse comune, in quel di Sant'Elpidio (Trevo) la quistione del passaggio a livello (P.L.) al chilometro 39 + 127 della strada ferrata suddetta.»

Via via che leggeva, la voce di Piero andava rinfrancandosi e acquistando tonalità vive ed umane. Il volto, nella luce del pomeriggio morente, risplendeva di un'ardente e quasi disperata fede.

«Attualmente» proseguì adagio «per ricorrere alla felice espressione riassuntiva del cavalier Martandrei, segretario capo del Comune di Sant'Elpidio, col quale ho avuto l'onore di scambiare ripetute consultazioni epistolari, dirò che il problema può compendiarsi nell'alternativa seguente:

«a) ad una responsabilità in solido per entrambi, qualora ci assumessimo di rimborsare le spese per il personale di custodia del P.L. (vedi appresso);

«b) in una responsabilità civile in caso di sinistro – non difficile quest'ultimo a verificarsi ora che sono in uso i celerissimi "treni leggeri" alcuni dei quali (per esempio quelli addetti al trasporto merci) passano senza orario; e tenuto conto delle frequentissime e fittissime nebbie che incombono sulla Marca Trevana – qualora noi avessimo a prendere in consegna le chiavi delle sbarre.»

Il memoriale elencava poi gli argomenti a vantaggio della prima soluzione, escludendo senz'altro l'ipotesi che, in mancanza di accordo fra i due interessati, l'autorità competente sancisse d'ufficio la seconda. Accettata come base la sistemazione *a*, il memoriale proponeva che una persona s'incaricasse di fungere da tramite con le Ferrovie per il regolamento del periodico debito e stabiliva le eventuali modalità in proposito. I genitori e i fratelli di Piero se ne stavano impietriti dallo stupore: pareva loro miracoloso prodigio che il ragazzo fosse riuscito da solo a scrivere una cosa così profonda e perfetta.

«Qualora, in via di assurda ipotesi» concludeva il memoriale «uno di noi mancasse all'impegno di pagare la propria quota, le Ferrovie a detta dell'ingegner Falcone, gerente tecnico, non provvederebbero subito a chiudere il P.L. (chiusura che sarebbe di immenso danno a tutti noi) bensì incaricherebbero della bisogna l'avvocatura erariale, lasciando un certo lasso di tempo acché il recalcitrante si emendi! Ma non credo che ciò sarà per accadere da parte di nessuno di noi: la nostra rispettabilità non consente di metterlo neppure in dubbio. Vi sarò grato, Egregio Signor Conte, se Vi vorrete compiacere di inviarmi un cenno di benestare.»

Piero aveva finito, lasciò cadere la mano che teneva i fogli, restò appoggiato a un bordo della finestra, ansimante; le ultime luci della giornata lo illuminavano.

«Bellissimo, veramente bellissimo!» esclamò il direttore della ferrovia. Poi guardò i Berti che lo fissavano muti, quelle facce affaticate e piene di avida implorazione, guardò la cenere del camino dove morivano le ultime braci, il pavimento di pietra con chiazze d'acqua, il tavolo con i resti della polenta, i muri già bianchi, ora tutti incrostati dal fumo, il ragazzo infermo. Nessuno parlava. Che cosa voleva dunque da lui quella gente? Era mai possibile?

«Capisco» disse ancora l'ingegnere. «Non dico di no, è spiacevole dover buttare via tutto questo lavoro, ma che cosa posso fare? L'inaugurazione della nuova ferrovia è già fissata, bisognerebbe avvertire il Ministero.»

«Sì, ma basterebbe...» balbettò il ragazzo e non osò altro.

«Su, dite, dite...»

«Basterebbe forse» fece il ragazzo «basterebbe che il conte non lo sapesse, voi potreste...»

Il direttore della ferrovia lo interruppe: «Niente da fare, lui è perfettamente al corrente».

Tacquero ancora tutti. La cucina si faceva buia. L'ingegnere finalmente si alzò con un profondo sospiro.

«Bene» disse «sapete che cosa faccio? Io ordino un rinvio dell'inaugurazione, un rinvio a tempo indeterminato, possono essere anche due anni, ma nessuno mi impedisce che poi siano magari anche quindici giorni, intanto la questione del passaggio a livello resta aperta e voi potete mandare il memoriale. Ci penso io ad avvertire il Petrojanni. Vedete che tutto si aggiusta, siete contento?»

Esattamente questo disse e i contadini in fondo non se ne meravigliarono: solo Piero nella penombra sorrise.

Così il memoriale partì per il palazzo Petrojanni, trascritto pazientemente da Piero in perfetta calligrafia. La fede sua e della famiglia era tanta che nessuno dubitava della risposta. Se il direttore della ferrovia aveva rinviato apposta l'inaugurazione della linea, voleva pur dire che il memoriale era una cosa importante.

Il primo giorno nessuno attese la risposta, al secondo si poteva cominciare ad aspettare, al terzo venne solo la pioggia, al quarto comparve nel cortile il signor Paoletto, ma non portava lettere o ambasciate, si era solamente smarrito andando a caccia, al quinto venne ancora pioggia, al sesto le speranze non erano più così grandi, il settimo era domenica e certo nessuno sarebbe venuto, all'ottavo, mentre era solo in casa e i suoi lavoravano nei campi, Piero scoppiò improvvisamente in singhiozzi, al nono Piero fu preso da alta febbre, sempre al nono giorno, ma qualche ora più tardi, giunse una lettera del Gervasi: il conte Andrea Petrojanni – era scritto – aspettava Piero Berti al palazzo per il mattino seguente.

Ma Piero era ammalato e non si poteva alzare. Bisognava avvertire il conte che il ragazzo era immobilizzato, il conte si sarebbe offeso, aveva fatto fin troppo, lo riconosceva perfino Teodoro. Così tutto andava in malora.

Teodoro stesso, per la prima volta dopo tanti anni, si recò il mattino dopo al palazzo Petrojanni per portare il biglietto di scusa, scritto con fatica da Piero. Consegnò la busta a un servo e se ne ritornò malinconico, benché fosse una splendida giornata di primavera.

Verso le undici Annetta, una delle sorelle di Piero, stava alla finestra nella camera del malato. Di là si scorgevano il palazzo Petrojanni in cima al colle e la bianca strada che ne scendeva.

«Hanno tirato fuori la carrozza del vecchio» disse la ragazza per distrarre un po' il fratello.

Piero uscì dal torpore: «Sei sicura?» domandò alzando la testa. «Proprio la carrozza del conte?»

«Sì, sì, è la sua. Ha quattro cavalli e due cocchieri. Lui deve essere già montato, adesso si muove...»

Il ragazzo si abbandonò nuovamente sui cuscini.

«Di', Piero» esclamò Annetta «a quest'ora lui non si muove mai. Vuoi vedere che viene qui? Vuoi vedere che viene a trovarti?»

Piero non disse: "Sciocchezze, figurati!" bensì tacque, e il cuore prese a battergli forte. Cercò, per calmarsi, di pensare al suo memoriale che adesso probabilmente giaceva fra mille altre carte, nell'ufficio del Gervasi, del tutto dimenticato. Ma il cuore batteva sempre più forte.

La carrozza del vecchio conte Petrojanni fece a spron battuto la discesa, si avvicinò rapidamente a Praloro, già si vedeva sopra le siepi una nuvola bianca di polvere, si udivano lo scalpitìo dei cavalli e il tintinnìo delle sonagliere. «Fra poco è al bivio!» gridò Annetta.

Oramai la carrozza era vicina. Avrebbe tirato via direttamente verso il passaggio a livello, in direzione della città, oppure si sarebbe infilata per la stradetta laterale che portava a Praloro? Ancora due tre metri e poi si sarebbe saputo.

Cèvere

Ogni sette anni Cèvere risale il fiume con la sua lunga piroga, fino alla grande ansa, e si ferma presso il paese di Naer a prendere i morti. Questa è la leggenda e i neri della zona ci credono, senza darvi troppa importanza. Non hanno né curiosità né paura, così come noi non curiamo, nell'alba livida delle nostre città, gli uomini che vengono a portar via le immondizie. Cosicché quasi nessuno tiene conto dei sette anni e calcola il giorno della scadenza.

Cèvere è alto, nero come la notte, né giovane né vecchio. Nessuno è riuscito mai a scorgere la sua faccia; certi dicono ch'egli abbia gli occhi di dietro, altri che si copra il volto, alla vista di esseri umani, con una stoffa bianca. Giunge silenzioso con la sua barca, accosta alla riva deserta, scompare nella boscaglia in cerca dei morti. Prima che la notte scenda egli è di ritorno e i defunti siedono a due a due nella grande piroga, impugnando i remi. Lui sta in piedi a prua, con una lunga asta che ogni tanto immerge nell'acqua per rettificare il cammino. Poi essi scompaiono giù per il fiume, in direzione del sud, inghiottiti dal buio.

Ora io venni a sapere da un anziano del paese che questo era l'anno buono; in quanto al mese e al giorno però non mi disse niente. Comunque per una vaga speranza, lasciati i compagni increduli, me n'andai verso le ore 18 su di una minuscola collina di pietre rosse, emergente dal mare di spine, sopra l'ansa del fiume. Tutto attorno, a perdita d'occhio, era desolazione di arbusti bruciati dal sole; e in questa landa giallastra il corso d'acqua segnava una striscia di inverosimile verde, con alberi di grandi dimensioni e ricchi di fronde. Sotto uno di questi, presso la riva, nell'ombra, vidi una imbarcazione vuota che dondolava lievemente.

La mia venuta a Naer era di grande importanza perché, dopo parecchi mesi, si poteva finalmente organizzare alla Viceresidenza una partita di ponte. C'erano il viceresidente, il medico e uno strano individuo che si diceva perito minerario ma che ancor oggi non capisco che cosa potesse essere andato a fare in quello sperduto esilio. Essi mi avevano raccomandato di fare presto, impazienti di iniziare il gioco, che sarebbe durato probabilmente fino a tarda notte. Ma il cuore si era messo a battermi, come succede al mago ormai sfiduciato che finalmente vede uscire Satana dalla fiala. E c'era un grande silenzio, per nulla ostacolato dalle strida saltuarie di corvi, avvoltoi, aquile pescatrici.

Nulla poteva esserci di più placido e innocuo che quella barca abbandonata, oscillante presso la riva. Pure un acuto orgasmo mi prese, sembrando essa la prova di una sovrannaturale presenza. Poi mi tranquillizzai pensando: e perché mai dovrebbe essere la piroga di Cèvere? i pescatori della zona non adoperano forse imbarcazioni simili a questa? Discesi allora dalla collinetta e, facendomi coraggio, mi appostai sulla riva, in un intrico di verzura, circa duecento metri a valle della barca. Il fiume aveva colore giallastro e continuava il suo antichissimo viaggio, dirigendosi a terre inesplorate, viscere fonde dell'Africa.

Chiesi a me: "Hai forse paura? Che cos'è questo nervosismo? Peggio di un bambino!". – "Non è vero niente" risposi ipocritamente. "Ci sono i compagni che aspettano, saranno già seduti al tavolo, non aspettano più che me. Tanto, qui non verrà nessuno." – "Storie!" ribattei. "Tutte storie; la questione è che hai paura, non sei nato per queste cose, ecco il fatto, non dovresti neppure metterti!" E già calavano le ombre.

D'improvviso, essendosi accostata la piroga alla riva come per casuale risucchio, vi sguisciarono dentro, giù dalla sponda, diverse figure umane. Per la distanza non le potevo distinguere bene ma mi parvero differenti da noi, quasi per una certa fluidità e inconsistenza corporea, non riesco proprio a spiegarmi meglio. Ansiosamente si ammucchiarono nella piroga, disponendosi quindi più regolarmente a due a due, così da riempirla tutta. Come si furono accomodate, restarono immobili. Una emozione indicibile mi pesava nel petto. Era dunque vero!

Ed ecco lui comparve. Non lo vidi scendere dalla riva. Lo scorsi ch'era già in piedi sulla prua, altissimo e di stupefacente bellezza. Il volto tuttavia mi sfuggiva; esso apparve quale macchia lucente, in contrasto col rimanente corpo, nudo e nero come la notte. Non mi venne neppure in mente che potesse essere un uomo qualunque, il quale si accingesse a partire in barca con altri uomini qualunque. Era lui, Cèvere, scaturito dai misteriosi recessi del mondo, ed ora se ne andava coi morti degli ultimi sette anni, racimolati presso il paese di Naer. Ma dove, ma dove?

Otto remi toccarono il filo dell'acqua, la piroga lentissimamente si mosse e tra le due muraglie arboree io udii alzarsi la voce di Cèvere; era straordinariamente profonda, senza allegria né mestizia, staccantesi a poco a poco dalle miserie della terra. «Il mio nome è Cèvere» diceva (oh, io non conoscevo certo la sua lingua barbarica, eppure capivo). «Il mio nome è Cèvere» diceva «e noi andiamo alla terra dei grandi fiumi, dove anni innumerevoli passano senza che diminuisca la contentezza dell'uomo.»

Allora anche i morti si misero a cantare, ma in un coro oltremodo triste, rimpiangendo le cose della vita: gli abiti di seta – dicevano – i nutrimenti, i sogni che si fanno di notte, il latte, i cammelli grassi, le brune ragazze, le fantasie di guerra, il sapore del capretto, oh quanto breve tempo siamo stati insieme!

«La terra dei grandi fiumi» ripeté Cèvere con progressiva magnificenza (e io vedevo la piroga farsi sempre più grande). «La legge proibisce alle febbri di entrare, l'aria è buona da respirare, spenti i desideri dell'uomo!» Così egli cantava ma i defunti ancora lacrimarono per i beni perduti, enumerando le cose belle che non avevano fatto in tempo a vedere, il mare, le città degli uomini bianchi, le principesse straniere dalla pelle tenera come uccelletti, addio, addio. Con spietata fermezza però Cèvere mostrava di non udirli, continuando a cantare circa gli immobili gaudi dell'oltretomba. E ben presto essi cessarono di contraddirlo, anzi cominciarono a ripetere in sordina le sue parole.

Lo vedevo ormai vicino. Diritto sulla prua, con una gamba un po' avanzata in segno di imperio, in mano la lunga asta nobilmente tenuta a guisa di scettro. Ma il suo volto era invisibile, nascosto dietro una maschera d'argento che ricordava certi stregoni e splendeva con espressione di amaro trionfo. Era a pochi metri. Allora la piroga letteralmente sfiorò la mia riva, rallentò, quasi invitandomi, e dagli obliqui spiragli della maschera gli sguardi di Cèvere calarono lentamente nei miei.

"Coraggio" mi dissi "salta sulla piroga! Farai sempre in tempo a scendere, saresti il primo nel mondo a provare!" – "Un cavolo!" replicai, tremando. "Non è che una delle loro tante cerimonie. Dietro quella maschera potrebbe esserci la lebbra. E poi quei tre, alla Viceresidenza, hanno già aspettato abbastanza." – "Paura, schifosa paura, ecco che cos'hai! Non lasciare passare l'occasione, poi ne sarai fiero per tutta la vita, un piccolo salto e nient'altro... eh sì! troppo tardi adesso! Oramai la barca è andata."

Solamente Cèvere mi degnò di uno sguardo, o almeno così mi parve. I defunti invece continuarono a remare, massa confusa nella crescente penombra. Vidi la piroga scivolare via, farsi sempre più piccola, scomparire infine dietro le quinte di foresta, verso lo sconosciuto paradiso delle anime nere. Ma, tornando il fiume deserto e dileguando lontano la voce inquietante di Cèvere, io mi sentii vilmente felice: ancora qui, in territorio geograficamente noto, con il mio corpo affezionato, con la mia vecchia ombra, tra poco avrei giocato alle carte e scherzato con altri esseri umani.

Raggiunsi infatti la capanna della Viceresidenza e mi sedetti con gli altri per la partita. Dissi di non avere visto niente, sentivo caldo alla testa per la vergogna. Vennero distribuite le carte. Il primo – era il viceresidente – passò e così il secondo. Io avevo l'asso, il re e il fante quinto di cuori, l'asso e il re di quadri, l'asso di picche, cinque punti abbondanti. Cèvere oramai doveva essere lontano, la sua fantomatica ciurma remigante nel buio; sempre diritto in piedi, col suo tenebroso sprezzo per le cose umane. Cinque punti abbondanti avevo, una fortuna ironica e grottesca. Il medico, alla mia destra, scosse il capo, posando sul tavolino il mazzetto delle sue carte. Tutti e tre mi guardarono, aspettando. Poi anch'io dissi: «Passo».

Il mantello

Dopo interminabile attesa quando la speranza già cominciava a morire, Giovanni ritornò alla sua casa. Non erano ancora suonate le due, sua mamma stava sparecchiando, era una giornata grigia di marzo e volavano cornacchie.

Egli comparve improvvisamente sulla soglia e la mamma gridò: «Oh benedetto!» correndo ad abbracciarlo. Anche Anna e Pietro, i due fratellini molto più giovani, si misero a gridare di gioia. Ecco il momento aspettato per mesi e mesi, così spesso balenato nei dolci sogni dell'alba, che doveva riportare la felicità.

Egli non disse quasi parola, troppa fatica costandogli trattenere il pianto. Aveva subito deposto la pesante sciabola su una sedia, in testa portava ancora il berretto di pelo. «Lasciati vedere» diceva tra le lacrime la madre, tirandosi un po' indietro «lascia vedere quanto sei bello. Però sei pallido, sei.»

Era alquanto pallido infatti e come sfinito. Si tolse il berretto, avanzò in mezzo alla stanza, si sedette. Che stanco, che stanco, perfino a sorridere sembrava facesse fatica.

«Ma togliti il mantello, creatura» disse la mamma, e lo guardava come un prodigio, sul punto d'esserne intimidita; com'era diventato alto, bello, fiero (anche se un po' troppo pallido). «Togliti il mantello, dammelo qui, non senti che caldo?»

Lui ebbe un brusco movimento di difesa, istintivo, serrandosi addosso il mantello, per timore forse che glielo strappassero via.

«No, no lasciami» rispose evasivo «preferisco di no, tanto, tra poco devo uscire...»

«Devi uscire? Torni dopo due anni e vuoi subito uscire?» fece lei desolata, vedendo subito ricominciare, dopo tanta gioia, l'eterna pena delle madri. «Devi uscire subito? E non mangi qualcosa?»

«Ho già mangiato, mamma» rispose il figlio con un sorriso buono, e si guardava attorno assaporando le amate penombre. «Ci siamo fermati a un'osteria, qualche chilometro da qui...»

«Ah, non sei venuto solo? E chi c'era con te? Un tuo compagno di reggimento? Il figliolo della Mena forse?»

«No, no, era uno incontrato per via. È fuori che aspetta adesso.»

«È lì che aspetta? E perché non l'hai fatto entrare? L'hai lasciato in mezzo alla strada?»

Andò alla finestra e attraverso l'orto, di là del cancelletto di legno, scorse sulla via una figura che camminava su e giù lentamente; era tutta intabarrata e dava sensazione di nero. Allora nell'animo di lei nacque, incomprensibile, in mezzo ai turbini della grandissima gioia, una pena misteriosa ed acuta.

«È meglio di no» rispose lui, reciso. «Per lui sarebbe una seccatura, è un tipo così.»

«Ma un bicchiere di vino? glielo possiamo portare, no, un bicchiere di vino?»

«Meglio di no, mamma. È un tipo curioso, è capace di andar sulle furie.»

«Ma chi è allora? Perché ti ci sei messo insieme? Che cosa vuole da te?»

«Bene non lo conosco» disse lui lentamente e assai grave. «L'ho incontrato durante il viaggio. È venuto con me, ecco.»

Sembrava preferisse altro argomento, sembrava se ne vergognasse. E la mamma, per non contrariarlo, cambiò immediatamente discorso, ma già si spegneva nel suo volto amabile la luce di prima.

«Senti» disse «ti figuri la Marietta quando saprà che sei tornato? Te l'immagini che salti di gioia? È per lei che volevi uscire?»

Egli sorrise soltanto, sempre con quell'espressione di chi vorrebbe essere lieto eppure non può, per qualche segreto peso.

La mamma non riusciva a capire: perché se ne stava seduto, quasi triste, come il giorno lontano della partenza? Ormai era tornato, una vita nuova davanti, un'infinità di giorni disponibili senza pensieri, tante belle serate insieme, una fila inesauribile che si perdeva di là delle montagne, nelle immensità degli anni futuri. Non più le notti d'angoscia quando all'orizzonte spuntavano bagliori di fuoco e si poteva pensare che anche lui fosse là in mezzo, disteso immobile a terra, il petto trapassato, tra le sanguinose rovine. Era tornato, finalmente, più grande, più bello, e che gioia per la Marietta. Tra poco cominciava la primavera, si sarebbero sposati in chiesa, una domenica mattina, tra suono di campane e fiori. Perché dunque se ne stava smorto e distratto, non rideva di più, perché non raccontava le battaglie? E il mantello? perché se lo teneva stretto addosso, col caldo che faceva in casa? Forse perché, sotto, l'uniforme era rotta e infangata? Ma con la mamma, come poteva vergognarsi di fronte alla mamma? Le pene sembravano finite, ecco invece subito una nuova inquietudine.

Il dolce viso piegato un po' da una parte, lo fissava con ansia, attenta a non contrariarlo, a capire subito tutti i suoi desideri. O era forse ammalato? O semplicemente sfinito dai troppi strapazzi? Perché non parlava, perché non la guardava nemmeno?

In realtà il figlio non la guardava, egli pareva anzi evitasse di incontrare i suoi sguardi come se ne temesse qualcosa. E intanto i due piccoli fratelli lo contemplavano muti, con un curioso imbarazzo.

«Giovanni» mormorò lei non trattenendosi più. «Sei qui finalmente, sei qui finalmente! Aspetta adesso che ti faccio il caffè.»

Si affrettò alla cucina. E Giovanni rimase coi due fratelli tanto più giovani di lui. Non si sarebbero neppure riconosciuti se si fossero incontrati per la strada, che cambiamento nello spazio di due anni. Ora si guardavano a vicenda in silenzio, senza trovare le parole, ma ogni tanto sorridevano insieme, tutti e tre, quasi per un antico patto non dimenticato.

Ed ecco tornare la mamma, ecco il caffè fumante con una bella fetta di torta. Lui vuotò d'un fiato la tazza, masticò la torta con fatica. "Perché? Non ti piace più? Una volta era la tua passione!" avrebbe voluto domandargli la mamma, ma tacque per non importunarlo.

«Giovanni» gli propose invece «e non vuoi rivedere la tua camera? C'è il letto nuovo, sai? ho fatto imbiancare i muri, una lampada nuova, vieni a vedere... ma il mantello, non te lo levi dunque?... non senti che caldo?»

Il soldato non le rispose ma si alzò dalla sedia movendo alla stanza vicina. I suoi gesti avevano una specie di pesante lentezza, come s'egli non avesse venti anni. La mamma era corsa avanti a spalancare le imposte (ma entrò soltanto una luce grigia, priva di qualsiasi allegrezza).

«Che bello!» fece lui con fioco entusiasmo, come fu sulla soglia, alla vista dei mobili nuovi, delle tendine immacolate, dei muri bianchi, tutto quanto fresco e pulito. Ma, chinandosi la mamma ad aggiustare la coperta del letto, anch'essa nuova fiammante, egli posò lo sguardo sulle sue gracili spalle, sguardo di inesprimibile tristezza e che nessuno poteva vedere. Anna e Pietro infatti stavano dietro di lui, i faccini raggianti, aspettandosi una grande scena di letizia e sorpresa.

Invece niente. «Com'è bello! Grazie, sai? mamma» ripeté lui, e fu tutto. Muoveva gli occhi con inquietudine, come chi ha desiderio di conchiudere un colloquio penoso. Ma soprattutto, ogni tanto, guardava, con evidente preoccupazione, attraverso la finestra, il cancelletto di legno verde dietro il quale una figura andava su e giù lentamente.

«Sei contento, Giovanni? sei contento?» chiese lei impaziente di vederlo felice. «Oh, sì, è proprio bello» rispose il figlio (ma perché si ostinava a non levarsi il mantello?) e continuava a sorridere con grandissimo sforzo.

«Giovanni» supplicò lei. «Che cos'hai? che cos'hai, Giovanni? Tu mi tieni nascosta una cosa, perché non vuoi dire?»

Egli si morse un labbro, sembrava che qualcosa gli ingorgasse la gola. «Mamma» rispose dopo un po' con voce opaca «mamma, adesso io devo andare.»

«Devi andare? Ma torni subito, no? Vai dalla Marietta, vero? dimmi la verità, vai dalla Marietta?» e cercava di scherzare, pur sentendo la pena.

«Non so, mamma» rispose lui sempre con quel tono contenuto ed amaro; si avviava intanto alla porta, aveva già ripreso il berretto di pelo «non so, ma adesso devo andare, c'è quello là che mi aspetta.»

«Ma torni più tardi? torni? Tra due ore sei qui, vero? Farò venire anche zio Giulio e la zia, figurati che festa anche per loro, cerca di arrivare un po' prima di pranzo...»

«Mamma» ripeté il figlio, come se la scongiurasse di non dire di più, di tacere, per carità, di non aumentare la pena. «Devo andare, adesso, c'è quello là che mi aspetta, è stato fin troppo paziente.» Poi la fissò con sguardo da cavar l'anima.

Si avvicinò alla porta, i fratellini, ancora festosi, gli si strinsero addosso e Pietro sollevò un lembo del mantello per sapere come il fratello fosse vestito di sotto. «Pietro, Pietro! su, che cosa fai? lascia stare, Pietro!» gridò la mamma, temendo che Giovanni si arrabbiasse.

«No, no!» esclamò pure il soldato, accortosi del gesto del ragazzo. Ma ormai troppo tardi. I due lembi di panno azzurro si erano dischiusi un istante.

«Oh, Giovanni, creatura mia, che cosa ti han fatto?» balbettò la madre, prendendosi il volto tra le mani. «Giovanni, ma questo è sangue!»

«Devo andare, mamma» ripeté lui per la seconda volta, con disperata fermezza. «L'ho già fatto aspettare abbastanza. Ciao Anna, ciao Pietro, addio mamma.»

Era già alla porta. Uscì come portato dal vento. Attraversò l'orto quasi di corsa, aprì il cancelletto, due cavalli partirono al galoppo, sotto il cielo grigio, non già verso il paese, no, ma attraverso le praterie, su verso il nord, in direzione delle montagne. Galoppavano, galoppavano.

E allora la mamma finalmente capì, un vuoto immenso, che mai e poi mai i secoli sarebbero bastati a colmare, si aprì nel suo cuore. Capì la storia del mantello, la tristezza del figlio e soprattutto chi fosse il misterioso individuo che passeggiava su e giù per la strada, in attesa, chi fosse quel sinistro personaggio fin troppo paziente. Così misericordioso e paziente da accompagnare Giovanni alla vecchia casa (prima di condurselo via per sempre), affinché potesse salutare la madre; da aspettare parecchi minuti fuori del cancello, in piedi, lui signore del mondo, in mezzo alla polvere, come pezzente affamato.

L'uccisione del drago

Nel maggio 1902 un contadino del conte Gerol, tale Giosuè Longo, che andava spesso a caccia per le montagne, raccontò di aver visto in Valle Secca una grossa bestiaccia che sembrava un drago. A Palissano, l'ultimo paese della valle, era da secoli leggenda che fra certe aride gole vivesse ancora uno di quei mostri. Ma nessuno l'aveva mai preso sul serio. Questa volta invece l'assennatezza del Longo, la precisione del suo racconto, i particolari dell'avventura più volte ripetuti senza la minima variazione, persuasero che ci dovesse essere qualche cosa di vero e il conte Martino Gerol decise di andare a vedere. Certo egli non pensava a un drago; poteva darsi tuttavia che qualche grosso serpente di specie rara vivesse fra quelle gole disabitate.

Gli furono compagni nella spedizione il governatore della provincia Quinto Andronico con la bella e intrepida moglie Maria, il naturalista professore Inghirami e il suo collega Fusti, versato specialmente nell'arte dell'imbalsamazione. Il fiacco e scettico governatore da tempo si era accorto che la moglie aveva per il Gerol grande simpatia, ma non se ne dava pensiero. Acconsentì anzi volentieri quando Maria gli propose di andare col conte alla caccia del drago. Egli non aveva per il Martino la minima gelosia; né lo invidiava, pure essendo il Gerol molto più giovane, bello, forte, audace e ricco di lui.

Due carrozze partirono poco dopo la mezzanotte dalla città con la scorta di otto cacciatori a cavallo e giunsero verso le sei del mattino al paese di Palissano. Il Gerol, la bella Maria e i due naturalisti dormivano; solo l'Andronico era sveglio e fece fermare la carrozza dinanzi alla casa di un'antica conoscenza: il medico Taddei. Poco dopo, avvertito da un cocchiere, il dottore, tutto assonnato, il berretto da notte in testa, comparve a una finestra del primo piano. Andronico, fattosi sotto, lo salutò giovialmente, spiegandogli lo scopo della spedizione; e si aspettò che l'altro ridesse, sentendo parlare di draghi. Al contrario il Taddei scosse il capo a indicare disapprovazione.

«Io non ci andrei se fossi in voi» disse recisamente.

«Perché? Credete che non ci sia niente? Che siano tutte fandonie?»

«Non lo so questo» rispose il dottore. «Personalmente anzi credo che il drago ci sia, benché non l'abbia mai visto. Ma non mi ci metterei in questo pasticcio. È una cosa di malaugurio.»

«Di malaugurio? Vorreste sostenere, Taddei, che voi ci credete realmente?»

«Sono vecchio, caro governatore» fece l'altro «e ne ho viste. Può darsi che sia tutta una storia, ma potrebbe anche essere vero; se fossi in voi, non mi ci metterei. Poi, state a sentire: la strada è difficile a trovare, sono tutte montagne marce piene di frane, basta un soffio di vento per far nascere un finimondo e non c'è un filo d'acqua. Lasciate stare, governatore, andate piuttosto lassù, alla Crocetta (e indicava una tonda montagna erbosa sopra il paese), là ci sono lepri fin che volete.» Tacque un istante e aggiunse: «Io non ci andrei davvero. Una volta poi ho sentito dire, ma è inutile, voi vi metterete a ridere...».

«Perché dovrei ridere» esclamò l'Andronico. «Ditemi, dite, dite pure.»

«Bene, certi dicono che il drago manda fuori del fumo, che questo fumo è velenoso, basta poco per far morire.»

Contrariamente alla promessa, l'Andronico diede in una bella risata:

«Vi ho sempre saputo reazionario» egli concluse «strambo e reazionario. Ma questa volta passate i limiti. Medioevale siete, il mio caro Taddei. Arrivederci a stasera, e con la testa del drago!»

Fece un cenno di saluto, risalì nella carrozza, diede ordine di ripartire. Giosuè Longo, che faceva parte dei cacciatori e conosceva la strada, si mise in testa al convoglio.

«Che cosa aveva quel vecchio da scuotere la testa?» domandò la bella Maria che nel frattempo si era svegliata.

«Niente» rispose l'Andronico «era il buon Taddei, che fa a tempo perso anche il veterinario. Si parlava dell'afta epizootica.»

«E del drago?» disse il conte Gerol che sedeva di fronte. «Gli hai chiesto se sa niente del drago?»

«No, a dir la verità» fece il governatore. «Non volevo farmi ridere dietro. Gli ho detto che si è venuti quassù per un po' di caccia, non gli ho detto altro, io.»

Alzandosi il sole, la sonnolenza dei viaggiatori scomparve, i cavalli accelerarono il passo e i cocchieri si misero a canticchiare.

«Era medico della nostra famiglia il Taddei. Una volta» raccontava il governatore «aveva una magnifica clientela. Un bel giorno non so più per che delusione d'amore si è ritirato in campagna. Poi deve essergli capitata un'altra disgrazia ed è venuto a rintanarsi quassù. Ancora un'altra disgrazia e chissà dove andrà a finire; diventerà anche lui una specie di drago!»

«Che stupidaggini!» disse Maria un po' seccata. «Sempre la storia del drago, comincia a diventare noiosa questa solfa, non avete parlato d'altro da che siamo partiti.»

«Ma sei stata tu a voler venire!» ribatté con ironica dolcezza il marito. «E poi come potevi sentire i nostri discorsi se hai continuato a dormire? Facevi finta forse?»

Maria non rispose e guardava inquieta, fuori dal finestrino. Osservava le montagne che si facevano sempre più alte, dirupate e aride. In fondo alla valle si intravvedeva una successione caotica di cime, per lo più di forma conica, nude di boschi o prato, dal colore giallastro, di una desolazione senza pari. Battute dal sole, esse risplendevano di una luce ferma e fortissima.

Erano circa le nove quando le vetture si fermarono perché la strada finiva. I cacciatori, scesi dalla carrozza, si accorsero di trovarsi ormai nel cuore di quelle montagne sinistre. Viste da presso, apparivano fatte di rocce fradice e crollanti, quasi di terra, tutta una frana dalla cima in fondo.

«Ecco, qui comincia il sentiero» disse il Longo, indicando una traccia di passi umani che saliva all'imboccatura di una valletta. Procedendo di là, in tre quarti d'ora si arrivava al Burel, dove il drago era stato visto.

«È stata presa l'acqua?» domandò Andronico ai cacciatori.

«Ce ne sono quattro fiaschi; e poi due altri di vino, Eccellenza» rispose uno dei cacciatori. «Ce n'è abbastanza, credo...»

Strano. Adesso che erano lontani dalla città, chiusi dentro alle montagne, l'idea del drago cominciava a sembrare meno assurda. I viaggiatori si guardavano attorno, senza scoprire cose tranquillizzanti. Creste giallastre dove non era mai stata anima viva, vallette che si inoltravano ai lati nascondendo alla vista i loro meandri: un grandissimo abbandono.

S'incamminarono senza dire parola. Precedevano i cacciatori coi fucili, le colubrine e gli altri arnesi da caccia, poi veniva Maria, ultimi i due naturalisti. Per fortuna il sentiero era ancora in ombra; fra le terre gialle il sole sarebbe stato una pena.

Anche la valletta che menava al Burel era stretta e tortuosa, non c'era torrente sul fondo, non c'erano piante né erba ai lati, solamente sassi e sfasciumi. Non canto di uccelli o di acque, ma isolati sussurri di ghiaia.

Mentre il gruppo così procedeva, sopraggiunse dal basso, camminando più presto di loro, un giovanotto con una capra morta sulle spalle. «Va dal drago, quello» fece il Longo; e lo disse con la massima naturalezza, senza alcuna intenzione di celia. La gente di Palissano, spiegò, era superstiziosissima, e ogni giorno mandava una capra al Burel, per rabbonire gli umori del mostro. L'offerta era portata a turno dai giovani del paese. Guai se il mostro faceva sentire la sua voce. Succedeva disgrazia.

«E ogni giorno il drago si mangia la capra?» domandò scherzoso il conte Gerol.

«Il mattino dopo non trovano più niente, questo è positivo.»

«Nemmeno le ossa?»

«Eh no, nemmeno le ossa. La va a mangiare dentro la caverna.»

«E non potrebbe darsi che fosse qualcuno del paese a mangiarsela?» fece il governatore. «La strada la sanno tutti. L'hanno veramente mai visto il drago acchiapparsi la capra?»

«Non so questo, Eccellenza» rispose il cacciatore.

Il giovane con la capra li aveva intanto raggiunti.

«Di', giovanotto!» disse il conte Gerol con il suo tono autoritario «quanto vuoi per quella capra?»

«Non posso venderla, signore» rispose quello.

«Nemmeno per dieci scudi?»

«Ah, per dieci scudi...» accondiscese il giovanotto «vuol dire che ne andrò a prendere un'altra.» E depose la bestia per terra.

Andronico chiese al conte Gerol:

«E a che cosa ti serve quella capra? Non vorrai mica mangiarla, spero.»

«Vedrai, vedrai a che cosa mi serve» fece l'altro elusivamente.

La capra venne presa sulle spalle da un cacciatore, il giovanotto di Palissano ridiscese di corsa verso il paese (evidentemente andava a procurarsi un'altra bestia per il drago) e la comitiva si rimise in cammino.

Dopo meno di un'ora finalmente arrivarono. La valle si apriva improvvisamente in un ampio circo selvaggio, il Burel, una specie di anfiteatro circondato da muraglie di terra e rocce crollanti, di colore giallo-rossiccio. Proprio nel mezzo, al culmine di un cono di sfasciumi, un nero pertugio: la grotta del drago.

«È là» disse il Longo. Si fermarono a poca distanza, sopra una terrazza ghiaiosa che offriva un ottimo punto di osservazione, una decina di metri sopra il livello della caverna e quasi di fronte a questa. La terrazza aveva anche il vantaggio di non essere accessibile dal basso perché difesa da una paretina a strapiombo. Maria ci poteva stare con la massima sicurezza.

Tacquero, tendendo le orecchie. Non si udiva che lo smisurato silenzio delle montagne, toccato da qualche sussurro di ghiaia. Ora a destra ora a sinistra una cornice di terra si rompeva improvvisamente, e sottili rivoli di sassolini cominciavano a colare, estinguendosi con fatica. Ciò dava al paesaggio un aspetto di perenne rovina; montagne abbandonate da Dio, parevano, che si disfacessero a poco a poco.

«E se oggi il drago non esce?» domandò Quinto Andronico.

«Ho la capra» replicò il Gerol. «Ti dimentichi che ho la capra!»

Si comprese quello che voleva dire. La bestia sarebbe servita da esca per far uscire il mostro dalla caverna.

Si cominciarono i preparativi: due cacciatori si inerpicarono con fatica una ventina di metri sopra l'ingresso della caverna per scaraventare giù sassi se mai ce ne fosse bisogno. Un altro andò a depositare la capra sul ghiaione, non lontano dalla grotta. Altri si appostarono ai lati, ben difesi dietro grossi macigni, con le colubrine e i fucili. L'Andronico non si mosse, con l'intenzione di stare a vedere.

La bella Maria taceva. Ogni intraprendenza era in lei svanita. Con quanta gioia sarebbe tornata subito indietro. Ma non osava dirlo a nessuno. I suoi sguardi percorrevano le pareti attorno, le antiche e le nuove frane, i pilastri di terra rossa che sembrava dovessero ad ogni momento cadere. Il marito, il conte Gerol, i due naturalisti, i cacciatori gli parevano pochi, pochissimi, contro tanta solitudine.

Deposta che fu la capra morta dinanzi alla grotta, cominciarono ad aspettare. Le 10 erano passate da un pezzo e il sole aveva invaso completamente il Burel, portandolo a un intenso calore. Ondate ardenti si riverberavano dall'una all'altra parete. Per riparare dai raggi il governatore e sua moglie, i cacciatori alzarono alla bell'e meglio una specie di baldacchino, con le coperte della carrozza; e Maria mai si stancava di bere.

«Attenti!» gridò a un tratto il conte Gerol, in piedi sopra un macigno, giù sul ghiaione, con in mano una carabina, appeso al fianco un mazzapicchio metallico.

Tutti ebbero un tremito e trattennero il fiato scorgendo dalla bocca della caverna uscire cosa viva. «Il drago! il drago!» gridarono due o tre cacciatori, non si capiva se con letizia o sgomento.

L'essere emerse alla luce con dondolio tremulo come di biscia. Eccolo, il mostro delle leggende la cui sola voce faceva tremare un intero paese!

«Oh, che brutto!» esclamò Maria con evidente sollievo perché si era aspettata ben di peggio.

«Forza, forza!» gridò un cacciatore scherzando. E tutti ripresero sicurezza in se stessi.

«Sembra un piccolo *ceratosaurus*!» disse il prof. Inghirami a cui era tornata sufficiente tranquillità d'animo per i problemi della scienza.

Non appariva infatti tremendo, il mostro, lungo poco più di due metri, con una testa simile ai coccodrilli sebbene più corta, un esagerato collo da lucertola, il torace quasi gonfio, la coda breve, una specie di cresta molliccia lungo la schiena. Più che la modestia delle dimensioni erano però i suoi movimenti stentati, il colore terroso di pergamena (con qualche striatura verdastra) l'apparenza complessivamente floscia del corpo a spegnere le paure. L'insieme esprimeva una vecchiezza immensa. Se era un drago, era un drago decrepito, quasi al termine della vita.

«Prendi» gridò sbeffeggiando uno dei cacciatori saliti sopra l'imbocco della caverna. E lanciò una pietra in direzione della bestiaccia.

Il sasso scese a piombo e raggiunse esattamente il cranio del drago. Si udì nettissimo un toc sordo come di zucca. Maria ebbe un sussulto di repulsione.

La botta fu energica ma insufficiente. Rimasto qualche istante immobile, come intontito, il rettile cominciò ad agitare il collo e la testa lateralmente, in atto di dolore. Le mascelle si aprivano e chiudevano alternativamente, lasciando intravedere un pettine di acuti denti, ma non ne usciva alcuna voce. Poi il drago mosse giù per la ghiaia in direzione della capra.

«Ti hanno fatto la testa storna, eh?» ridacchiò il conte Gerol che aveva improvvisamente smesso la sua alterigia. Sembrava invaso da una gioiosa eccitazione, pregustando il massacro.

Un colpo di colubrina, sparato da una trentina di metri, sbagliò il bersaglio. La detonazione lacerò l'aria stagnante, destò tristi boati fra le muraglie da cui presero a scivolare giù innumerevoli piccole frane.

Quasi immediatamente sparò la seconda colubrina. Il proiettile raggiunse il mostro a una zampa posteriore, da cui sgorgò subito un rivolo di sangue.

«Guarda come balla!» esclamò la bella Maria, presa anche lei dal crudele spettacolo. Allo spasimo della ferita la bestiaccia si era messa infatti a girare su se stessa, sussultando, con miserevole affanno. La zampa fracassata le ciondolava dietro, lasciando sulla ghiaia una striscia di liquido nero.

Finalmente il rettile riuscì a raggiungere la capra e ad afferrarla coi denti. Stava per ritirarsi quando il conte Gerol, per ostentare il proprio coraggio, gli si fece vicino, quasi a due metri, scaricandogli la carabina nella testa.

Una specie di fischio uscì dalle fauci del mostro. E parve che cercasse di dominarsi, reprimesse il furore, non emettesse tutta la voce che aveva in corpo, che un motivo ignoto agli uomini lo inducesse ad aver pazienza. Il proiettile della carabina gli era entrato nell'occhio. Gerol fatto il colpo, si ritrasse di corsa e si aspettava che il drago cadesse stecchito. Ma la bestia non cadde stecchita, la sua vita pareva inestinguibile come fuoco di pece. Con la pallottola di piombo nell'occhio, il mostro trangugiò tranquillamente la capra e si vide il collo dilatarsi come gomma man mano che vi passava il gigantesco boccone. Poi si ritrasse indietro alla base delle rocce, prese a inerpicarsi per la parete, di fianco alla caverna. Saliva affannosamente, spesso franandogli la terra sotto le zampe, ansioso di scampo. Sopra s'incurvava un cielo limpido e scialbo, il sole asciugava rapidamente le tracce di sangue.

«Sembra uno scarafaggio in un catino» disse a bassa voce il governatore Andronico, parlando a se stesso.

«Come dici?» gli chiese la moglie.

«Niente, niente» fece lui.

«Chissà perché non entra nella caverna!» osservò il prof. Inghirami, apprezzando lucidamente ogni aspetto scientifico della scena.

«Ha paura di restare imprigionato» suggerì il Fusti. «Deve essere piuttosto completamente intontito. E poi come vuoi che faccia un simile ragionamento? Un *Ceratosaurus*... Non è un *Ceratosaurus*» fece il Fusti. «Ne ho ricostruiti parecchi per i musei, ma sono diversi. Dove sono gli aculei della coda?»

«Li tiene nascosti» replicò l'Inghirami. «Guarda che addome gonfio. La coda si accartoccia di sotto e non si può vedere.»

Stavano così parlando quando uno dei cacciatori, quello che aveva sparato il secondo colpo di colubrina, si avviò di corsa verso la terrazza dove stava l'Andronico, con l'evidente intenzione di andarsene.

«Dove vai? Dove vai?» gli gridò il Gerol. «Sta al tuo posto fin che non abbiamo finito.»

«Me ne vado» rispose con voce ferma il cacciatore. «Questa storia non mi piace. Non è caccia per me, questa.»

«Che cosa vuoi dire? Hai paura. È questo che vuoi dire?»

«No signore, io non ho paura.»

«Hai paura sì, ti dico, se no rimarresti al tuo posto.»

«Non ho paura, vi ripeto. Vergognatevi piuttosto voi, signor conte.»

«Ah, vergognatevi?» imprecò Martino Gerol. «Porco furfante che non sei altro! Sei uno di Palissano, scommetto, un vigliaccone sei. Vattene prima che ti dia una lezione.»

«E tu, Beppi, dove vai tu adesso?» gridò ancora il conte poiché anche un altro cacciatore si ritirava.

«Me ne vado anch'io, signor conte. Non voglio averci mano in questa brutta faccenda.»

«Ah, vigliacchi!» urlava il Gerol. «Vigliacchi, ve la farei pagare, se potessi muovermi!»

«Non è paura, signor conte» ribatté il secondo cacciatore. «Non è paura, signor conte. Ma vedrete che finirà male!»

«Vi faccio vedere io adesso!» E, raccattata una pietra da terra, il conte la lanciò di tutta forza contro il cacciatore. Ma il tiro andò a vuoto.

Vi fu qualche minuto di pausa mentre il drago arrancava sulla parete senza riuscire a innalzarsi. La terra e i sassi cadevano, lo trascinavano sempre più in giù, là donde era partito. Salvo quel rumore di pietre smosse, c'era silenzio.

Poi si udì la voce di Andronico. «Ne abbiamo ancora per un pezzo?» gridò al Gerol. «C'è un caldo d'inferno. Falla fuori una buona volta, quella bestiaccia. Che gusto tormentarla così, anche se è un drago?»

«Che colpa ce n'ho io?» rispose il Gerol irritato. «Non vedi che non vuol morire? Con una palla nel cranio è più vivo di prima...»

S'interruppe scorgendo il giovanotto di prima comparire sul ciglio del ghiaione con un'altra capra in spalla. Stupito dalla presenza di quegli uomini, di quelle armi, di quelle tracce di sangue e soprattutto dall'affannarsi del drago su per le rocce,

lui che non l'aveva mai visto uscire dalla caverna si era fermato, fissando la strana scena.

«Ohi! Giovanotto!» gridò il Gerol. «Quanto vuoi per quella capra?»

«Niente, non posso» rispose il giovane. «Non ve la do neanche a peso d'oro. Ma che cosa gli avete fatto?» aggiunse, sbar-
rando gli occhi verso il mostro sanguinolento.

«Siamo qui per regolare i conti. Dovreste essere contenti. Basta capre da domani.»

«Perché basta capre?»

«Domani il drago non ci sarà più» fece il conte sorridendo.

«Ma non potete, non potete farlo, io dico» esclamò il giovane spaventato.

«Anche tu adesso cominci!» gridò Martino Gerol. «Dammi
subito qua la capra.»

«No, vi dico» replicò duro l'altro ritirandosi.

«Ah, perdio!» E il conte fu addosso al giovane, gli vibrò un
pugno in pieno viso, gli strappò la capra di dosso, lo scaraven-
tò a terra.

«Ve ne pentirete, vi dico, ve ne pentirete, vedrete se non ve
ne pentirete!» imprecò a bassa voce il giovane rialzandosi, perché non osava reagire.

Ma Gerol gli aveva già voltato le spalle.

Il sole adesso incendiava la conca, a stento si riusciva a tenere gli occhi aperti tanto abbacinava il riflesso delle ghiaie gialle, delle rocce, delle ghiaie ancora e dei sassi; niente, assolutamente, che potesse riposare gli sguardi.

Maria aveva sempre più sete, e bere non serviva a niente.
«Dio, che caldo!» si lamentava. Anche la vista del conte Gerol
cominciava a darle fastidio.

Nel frattempo, come sbucati dalla terra, decine di uomini erano apparsi. Venuti probabilmente da Palissano alla voce che gli
stranieri erano saliti al Burel, essi se ne stavano immobili sul ciglio di vari crestoni di terra gialla e osservavano senza far motto.

«Hai un bel pubblico adesso!» tentò di celiare l'Andronico,
rivolto al Gerol che stava trafficando intorno alla capra con due
cacciatori.

Il giovane alzò gli sguardi fin che scorse gli sconosciuti che lo stavano fissando. Fece una smorfia di disprezzo e riprese il lavoro.

Il drago, estenuato, era scivolato per la parete fino al ghiaione e giaceva immobile, palpitando solo il ventre rigonfio.

«Pronti!» fece un cacciatore sollevando col Gerol la capra da terra. Avevano aperto il ventre alla bestia e introdotto una carica esplosiva collegata a una miccia.

Si vide allora il conte avanzare impavido per il ghiaione, farsi vicino al drago non più di una decina di metri, con tutta calma deporre per terra la capra, quindi ritirarsi svolgendo la miccia.

Si dovette aspettare mezz'ora prima che la bestia si movesse. Gli sconosciuti in piedi sul ciglio dei crestoni sembravano statue: non parlavano neppure fra loro, il loro volto esprimeva riprovazione. Insensibili al sole che aveva assunto una estrema potenza, non distoglievano gli sguardi dal rettile, quasi implorando che non si muovesse.

Invece il drago, colpito alla schiena da un colpo di carabina, si voltò improvvisamente, vide la capra, vi si trascinò lentamente. Stava per allungare la testa e afferrare la preda quando il conte accese la miccia. La fiammella corse via rapidamente lungo il cordone, ben presto raggiunse la capra, provocò l'esplosione.

Lo scoppio non fu rumoroso, molto meno forte dei colpi di colubrina, un suono secco ma opaco, come di asse che si spezzi. Ma il corpo del drago fu ributtato indietro di schianto, si vide quindi che il ventre era stato squarciato. La testa riprese ad agitarsi penosamente a destra e a sinistra, pareva che dicesse di no, che non era giusto, che erano stati troppo crudeli, e che non c'era più nulla da fare.

Rise di compiacenza il conte, ma questa volta lui solo.

«Oh che orrore! Basta!» esclamò la bella Maria coprendosi la faccia con le mani.

«Sì» disse lentamente il marito «anch'io credo che finirà male.»

Il mostro giaceva, in apparenza sfinito, sopra una pozza di sangue nero. Ed ecco dai suoi fianchi uscire due fili di fumo scuro, uno a destra e uno a sinistra, due fumacchi grevi che stentavano ad alzarsi.

«Hai visto?» fece l'Inghirami al collega.

«Sì, ho visto» confermò l'altro.

«Due sfiatatoi a mantice, come nel *Ceratosaurus*, i cosiddetti operculi hammeriani.»

«No» disse il Fusti. «Non è un *Ceratosaurus*.»

A questo punto il conte Gerol, di dietro al pietrone dove si era riparato, si avanzò per finire il mostro. Era proprio in mezzo al cono di ghiaia e stava impugnando la mazza metallica quando tutti i presenti mandarono un urlo.

Per un istante Gerol credette fosse un grido di trionfo per l'uccisione del drago. Poi avvertì che una cosa stava muovendosi alle sue spalle. Si voltò di un balzo e vide, oh ridicola cosa, vide due bestiole pietose uscire incespicando dalla caverna, e avanzarsi abbastanza celermente verso di lui. Due piccoli rettili informi, lunghi non più di mezzo metro, che ripetevano in miniatura l'immagine del drago morente. Due piccoli draghi, i figli, probabilmente usciti dalla caverna per fame.

Fu questione di pochi istanti. Il conte dava bellissima prova di agilità. «Tieni! Tieni!» gridava gioiosamente roteando la clava di ferro. E due soli colpi bastarono. Vibrato con estrema energia e decisione, il mazzapicchio percosse successivamente i mostriciattoli, spezzò le teste come bocce di vetro. Entrambi si afflosciarono, morti, da lontano sembravano due cornamuse.

Allora gli uomini sconosciuti, senza dare la minima voce, si allontanarono correndo giù per i canali di ghiaia. Si sarebbe detto che fuggissero una improvvisa minaccia. Essi non provocarono rumore, non smossero frane, non volsero il capo neppure per un istante alla caverna del drago, scomparvero così come erano apparsi, misteriosamente.

Il drago adesso si moveva, sembrava che mai e poi mai sarebbe riuscito a morire. Trascinandosi come lumaca, si avvicinava alle bestiole morte, sempre emettendo due fili di fumo. Raggiunti che ebbe i figli, si accasciò sul ghiaione, allungò con infinito stento la testa, prese a leccare dolcemente i due mostriciattoli morti, forse allo scopo di richiamarli in vita.

Infine il drago parve raccogliere tutte le superstiti forze, levò il collo verticalmente al cielo, come non aveva ancora fatto e dalla gola uscì, prima lentissimo, quindi con progressiva potenza un urlo indicibile, voce mai udita nel mondo, né animalesca né umana, così carica d'odio che persino il conte Gerol ristette, paralizzato dall'orrore.

Ora si capiva perché prima non aveva voluto rientrare nella tana, dove pure avrebbe trovato scampo, perché non aveva emesso alcun grido o ruggito, limitandosi a qualche sibilo. Il drago pensava ai due figli e per risparmiarli aveva rifiutato la propria salvezza; se si fosse infatti nascosto nella caverna, gli uomini lo avrebbero inseguito là dentro, scoprendo i suoi nati; e se avesse levato la voce, le bestiole sarebbero corse fuori a vedere. Solo adesso, che li aveva visti morire, il mostro mandava il suo urlo di inferno.

Invocava un aiuto il drago, e chiedeva vendetta per i suoi figli. Ma a chi? alle montagne forse, aride e disabitate? al cielo senza uccelli né nuvole, agli uomini che lo stavano suppliziando, al demonio forse? L'urlo trapanava le muraglie di roccia e la cupola del cielo, riempiva l'intero mondo. Sembrava impossibile (anche se non c'era alcun ragionevole motivo), sembrava impossibile che nessuno gli rispondesse.

«Chi chiamerà?» domandò l'Andronico tentando inutilmente di fare scherzosa la propria voce. «Chi chiama? Non c'è nessuno che venga, mi pare?»

«Oh, che muoia presto!» disse la donna.

Ma il drago non si decideva a morire, sebbene il conte Gerol, accecato dalla smania di finirla, gli sparasse contro con la carabina. *Tan! Tan!* Era inutile. Il drago accarezzava con la lingua le bestiole morte; pur con moto sempre più lento, un sugo biancastro gli sgorgava dall'occhio illeso.

«Il sauro!» esclamò il professor Fusti. «Guarda che piange!»

Il governatore disse: «È tardi. Basta, Martino, è tardi, è ora di andare».

Sette volte si levò al cielo la voce del mostro, e ne rintronarono le rupi e il cielo. Alla settima volta parve non finire mai, poi improvvisamente si estinse, piombò a picco, sprofondò nel silenzio.

Nella mortale quiete che seguì si udirono alcuni colpi di tosse. Tutto coperto di polvere, il volto trasfigurato dalla fatica, dall'emozione e dal sudore, il conte Martino, gettata tra i sassi la carabina, attraversava il cono di sfasciumi tossendo, e si premeva una mano sul petto.

«Che cosa c'è adesso?» domandò l'Andronico con volto serio per presentimento di male. «Che cosa ti sei fatto?»

«Niente» fece il Gerol sforzando a giocondità il tono della voce. «Mi è andato dentro un po' di quel fumo.»

«Di che fumo?»

Gerol non rispose ma fece segno con la mano al drago. Il mostro giaceva immobile, anche la testa si era abbandonata fra i sassi; si sarebbe detto ben morto, senza quei due sottili pennacchi di fumo.

«Mi pare che sia finita» disse l'Andronico.

Così infatti sembrava. L'ostinatissima vita stava uscendo dalla bocca del drago.

Nessuno aveva risposto al suo grido, in tutto il mondo non si era mosso nessuno. Le montagne se ne stavano immobili, anche le piccole frane si erano come riassorbite, il cielo era limpido, neppure una minuscola nuvoletta e il sole andava calando. Nessuno, né bestia né spirito, era accorso a vendicare la strage. Era stato l'uomo a cancellare quella residua macchia del mondo, l'uomo astuto e potente che dovunque stabilisce sapienti leggi per l'ordine, l'uomo incensurabile che si affatica per il progresso e non può ammettere in alcun modo la sopravvivenza dei draghi, sia pure nelle sperdute montagne. Era stato l'uomo ad uccidere e sarebbe stato stolto recriminare.

Ciò che l'uomo aveva fatto era giusto, esattamente conforme alle leggi. Eppure sembrava impossibile che nessuno avesse risposto alla voce estrema del drago. Andronico, così come sua moglie e i cacciatori, non desiderava altro che fuggire; persino i naturalisti rinunciarono alle pratiche dell'imbalsamazione, pur di andarsene presto lontani.

Gli uomini del paese erano spariti, come presentissero maledizione. Le ombre salivano su per le pareti crollanti. Dal corpo del drago, carcame incartapecorito, si levavano ininterrotti i due fili di fumo e nell'aria stagnante si attorcigliavano lentamente. Tutto sembrava finito, una triste cosa da dimenticare e nient'altro. Ma il conte Gerol continuava a tossire, a tossire. Sfinito, sedeva sopra un pietrone, accanto agli amici che non osavano parlargli. Anche la intrepida Maria guardava da un'altra parte. Si udivano solo quei brevi colpi di tosse. Inutilmente Martino Gerol cercava di dominarli; una specie di fuoco colava nell'interno del suo petto sempre più in fondo.

«Me la sentivo» sussurrò il governatore Andronico alla moglie che tremava un poco. «Me la sentivo che doveva finire malamente.»

Una cosa che comincia per elle

Arrivato al paese di Sisto e sceso alla solita locanda, dove soleva capitare due tre volte all'anno, Cristoforo Schroder, mercante in legnami, andò subito a letto, perché non si sentiva bene. Mandò poi a chiamare il medico dottor Lugosi, ch'egli conosceva da anni. Il medico venne e sembrò rimanere perplesso. Escluse che ci fossero cose gravi, si fece dare una bottiglietta di orina per esaminarla e promise di tornare il giorno stesso.

Il mattino dopo lo Schroder si sentiva molto meglio, tanto che volle alzarsi senza aspettare il dottore. In maniche di camicia stava facendosi la barba quando fu bussato all'uscio. Era il medico. Lo Schroder disse di entrare.

«Sto benone stamattina» disse il mercante senza neppure voltarsi, continuando a radersi dinanzi allo specchio. «Grazie di essere venuto, ma adesso potete andare.»

«Che furia, che furia!» disse il medico, e poi fece un colpettino di tosse a esprimere un certo imbarazzo. «Sono qui con un amico, questa mattina.»

Lo Schroder si voltò e vide sulla soglia, di fianco al dottore, un signore sulla quarantina, solido, rossiccio in volto e piuttosto volgare, che sorrideva insinuante. Il mercante, uomo sempre soddisfatto di sé e solito a far da padrone, guardò seccato il medico con aria interrogativa.

«Un mio amico» ripeté il Lugosi «Don Valerio Melito. Più tardi dobbiamo andare insieme da un malato e così gli ho detto di accompagnarmi.»

«Servitor suo» fece lo Schroder freddamente. «Sedete, sedete.»

«Tanto» proseguì il medico per giustificarsi maggiormente «oggi, a quanto pare, non c'è più bisogno di visita. Tutto bene, le orine. Solo vorrei farvi un piccolo salasso.»

«Un salasso? E perché un salasso?»

«Vi farà bene» spiegò il medico. «Vi sentirete un altro, dopo. Fa sempre bene ai temperamenti sanguigni. E poi è questione di due minuti.»

Così disse e trasse fuori dalla mantella un vasetto di vetro contenente tre sanguisughe. L'appoggiò ad un tavolo e aggiunse: «Mettetevene una per polso. Basta tenerle ferme un momento e si attaccano subito. E vi prego di fare da voi. Cosa volete che vi dica? Da vent'anni che faccio il medico, non sono mai stato capace di prendere in mano una sanguisuga».

«Date qua» disse lo Schroder con quella sua irritante aria di superiorità. Prese il vasetto, si sedette sul letto e si applicò ai polsi le due sanguisughe come se non avesse fatto altro in vita sua.

Intanto il visitatore estraneo, senza togliersi l'ampio mantello, aveva deposto sul tavolo il cappello e un pacchetto oblungo che mandò un rumore metallico. Lo Schroder notò, con un senso di vago malessere, che l'uomo si era seduto quasi sulla soglia come se gli premesse di stare lontano da lui.

«Don Valerio, voi non lo immaginate, ma vi conosce già» disse allo Schroder il medico, sedendosi pure lui, chissà perché, vicino alla porta.

«Non mi ricordo di aver avuto l'onore» rispose lo Schroder che, seduto sul letto, teneva le braccia abbandonate sul materasso, le palme rivolte in su, mentre le sanguisughe gli succhiavano i polsi. Aggiunse: «Ma dite, Lugosi, piove stamattina? Non ho ancora guardato fuori. Una bella seccatura se piove, dovrò andare in giro tutto il giorno».

«No, non piove» disse il medico senza dare peso alla cosa. «Ma don Valerio vi conosce davvero, era ansioso di rivedervi.»

«Vi dirò» fece il Melito con voce spiacevolmente cavernosa. «Vi dirò: non ho mai avuto l'onore di incontrarvi personalmente, ma so qualche cosa di voi che certo non immaginate.»

«Non saprei proprio» rispose il mercante con assoluta indifferenza.

«Tre mesi fa?» chiese il Melito. «Cercate di ricordare: tre mesi fa non siete passato con la vostra carrozzella per la strada del Confine vecchio?»

«Mah, può darsi» fece lo Schroder. «Può darsi benissimo, ma esattamente non ricordo.»

«Bene. E non vi ricordate allora di essere slittato a una curva, di essere andato fuori strada?»

«Già, è vero» ammise il mercante, fissando gelidamente la nuova e non desiderata conoscenza.

«E una ruota è andata fuori di strada e il cavallo non riusciva a rimetterla in carreggiata?»

«Proprio così. Ma, voi, dove eravate?»

«Ah, ve lo dirò dopo» rispose il Melito scoppiando in una risata e ammiccando al dottore. «E allora siete sceso, ma neanche voi riuscivate a tirar su la carrozzella. Non è stato così, dite un po'?»

«Proprio così. E pioveva che Dio la mandava.»

«Caspita se pioveva!» continuò don Valerio, soddisfattissimo. «E mentre stavate a faticare, non è venuto avanti un curioso tipo, un uomo lungo, tutto nero in faccia?»

«Mah, adesso non ricordo bene» interruppe lo Schroder. «Scusate, dottore, ma ce ne vuole ancora molto di queste sanguisughe? Sono già gonfie come rospi. Ne ho abbastanza io. E poi vi ho detto che ho molte cose da fare.»

«Ancora qualche minuto!» esortò il medico. «Un po' di pazienza, caro Schroder! Dopo vi sentirete un altro, vedrete. Non sono neanche le dieci, diamine, c'è tutto il tempo che volete!»

«Non era un uomo alto, tutto nero in faccia, con uno strano cappello a cilindro?» insisteva don Valerio. «E non aveva una specie di campanella? Non vi ricordate che continuava a suonare?»

«Bene: sì, mi ricordo» rispose scortesemente lo Schroder. «E, scusate, dove volete andare a finire?»

«Ma niente!» fece il Melito. «Solo per dirvi che vi conoscevo già. E che ho buona memoria. Purtroppo quel giorno ero lontano, al di là di un fosso, ero almeno cinquecento metri distante. Ero sotto un albero a ripararmi dalla pioggia e ho potuto vedere.»

«E chi era quell'uomo, allora?» chiese lo Schroder con asprezza, come per far capire che se il Melito aveva qualche cosa da dire, era meglio che lo dicesse subito.

«Ah, non lo so chi fosse, esattamente, l'ho visto da lontano! Voi, piuttosto, chi credete che fosse?»

«Un povero disgraziato, doveva essere» disse il mercante. «Un sordomuto pareva. Quando l'ho pregato di venire ad aiu-tarmi, si è messo come a mugolare, non ho capito una parola.»

«E allora voi gli siete andato incontro, e lui si è tirato indietro, e allora voi lo avete preso per un braccio, l'avete costretto a spingere la carrozza insieme a voi. Non è così? Dite la verità.»

«Che cosa c'entra questo?» ribatté lo Schroder insospetti-to. «Non gli ho fatto niente di male. Anzi, dopo gli ho dato due lire.»

«Avete sentito?» sussurrò a bassa voce il Melito al medico; poi, più forte, rivolto al mercante: «Niente di male, chi lo nega? Però ammetterete che ho visto tutto.»

«Non c'è niente da agitarsi, caro Schroder» fece il medico a questo punto vedendo che il mercante faceva una faccia catti-va. «L'ottimo don Valerio, qui presente, è un tipo scherzoso. Vo-leva semplicemente sbalordirvi.»

Il Melito si volse al dottore, assentendo col capo. Nel movi-mento, i lembi del mantello si dischiusero un poco e lo Schro-der, che lo fissava, divenne pallido in volto.

«Scusate, don Valerio» disse con una voce ben meno disinvolta del solito. «Voi portate una pistola. Potevate lasciarla da basso, mi pare. Anche in questi paesi c'è l'usanza, se non mi inganno.»

«Perdio! Scusatemi proprio!» esclamò il Melito battendosi una mano sulla fronte a esprimere rincrescimento. «Non so pro-prio come scusarmi! Me ne ero proprio dimenticato. Non la por-to mai, di solito, è per questo che mi sono dimenticato. E oggi devo andare fuori in campagna a cavallo.»

Pareva sincero, ma in realtà si tenne la pistola alla cintola; con-tinuando a scuotere il capo. «E dite» aggiunse sempre rivolto allo Schrøder. «Che impressione vi ha fatto quel povero diavolo?»

«Che impressione mi doveva fare? Un povero diavolo, un disgraziato.»

«E quella campanella, quell'affare che continuava a suonare, non vi siete chiesto che cosa fosse?»

«Mah» rispose lo Schroder, controllando le parole, per il presentimento di qualche insidia. «Uno zingaro, poteva essere; per far venire gente li ho visti tante volte suonare una campana.»

«Uno zingaro!» gridò il Melito, mettendosi a ridere come se l'idea lo divertisse un mondo. «Ah, l'avete creduto uno zingaro?»

Lo Schroder si voltò verso il medico con irritazione.

«Che cosa c'è?» chiese duramente. «Che cosa vuol dire questo interrogatorio? Caro il mio Lugosi, questa storia non mi piace un bel niente! Spiegatevi, se volete qualcosa da me!»

«Non agitatevi, vi prego...» rispose il medico interdetto.

«Se volete dire che a questo vagabondo è capitato un accidente e la colpa è mia, parlate chiaro» proseguì il mercante alzando sempre più la voce «parlate chiaro, cari i miei signori. Vorreste dire che l'hanno ammazzato?»

«Macché ammazzato!» disse il Melito, sorridendo, completamente padrone della situazione «ma che cosa vi siete messo in mente? Se vi ho disturbato mi spiace proprio. Il dottore mi ha detto: don Valerio, venite su anche voi, c'è il cavaliere Schroder. Ah lo conosco, gli ho detto io. Bene, mi ha detto lui, venite su anche voi, sarà lieto di vedervi. Mi dispiace proprio se sono riuscito importuno...»

Il mercante si accorse di essersi lasciato portare.

«Scusate me, piuttosto, se ho perso la pazienza. Ma pareva quasi un interrogatorio in piena regola. Se c'è qualche cosa, ditela senza tanti riguardi.»

«Ebbene» intervenne il medico con molta cautela. «Ebbene: c'è effettivamente qualche cosa.»

«Una denuncia?» chiese lo Schroder sempre più sicuro di sé, mentre cercava di riattaccarsi ai polsi le sanguisughe staccatesi durante la sfuriata di prima. «C'è qualche sospetto contro di me?»

«Don Valerio» disse il medico. «Forse è meglio che parliate voi.»

«Bene» cominciò il Melito. «Sapete chi era quell'individuo che vi ha aiutato a tirar su la carrozza?»

«Ma no, vi giuro, quante volte ve lo devo ripetere?»

«Vi credo» disse il Melito. «Vi domando solo se immaginate chi fosse.»

«Non so, uno zingaro, ho pensato, un vagabondo...»

«No. Non era uno zingaro. O, se lo era stato una volta, non lo era più. Quell'uomo, per dirvelo chiaro, è una cosa che comincia per elle.»

«Una cosa che comincia per elle?» ripeté meccanicamente lo Schroder, cercando nella memoria, e un'ombra di apprensione gli si era distesa sul volto.

«Già. Comincia per elle» confermò il Melito con un malizioso sorriso.

«Un ladro? volete dire?» fece il mercante illuminandosi in volto per la sicurezza di aver indovinato.

Don Valerio scoppiò in una risata: «Ah, un ladro! Buona davvero questa! Avevate ragione, dottore: una persona piena di spirito, il cavaliere Schroder!». In quel momento si sentì fuori della finestra il rumore della pioggia.

«Vi saluto» disse il mercante recisamente, togliendosi le due sanguisughe e rimettendole nel vasetto. «Adesso piove. Io me ne devo andare, se no faccio tardi.»

«Una cosa che comincia per elle» insistette il Melito alzandosi anche lui in piedi e manovrando qualcosa sotto l'ampia mantella.

«Non so, vi dico. Gli indovinelli non sono per me. Decidetevi, se avete qualche cosa da dirmi... Una cosa che comincia per elle?... Un lanzichenecco forse?...» aggiunse in tono di beffa.

Il Melito e il dottore, in piedi, si erano accostati l'un l'altro, appoggiando le schiene all'uscio. Nessuno dei due ora sorrideva più.

«Né un ladro né un lanzichenecco» disse lentamente il Melito. «Un lebbroso, era.»

Il mercante guardò i due uomini, pallido come un morto.

«Ebbene? E se anche fosse stato un lebbroso?»

«Lo era purtroppo di certo» disse il medico, cercando pavidamente di ripararsi dietro le spalle di don Valerio. «E adesso lo siete anche voi.»

«Basta!» urlò il mercante tremando per l'ira. «Fuori di qua! Questi scherzi non mi vanno. Fuori di qua tutti e due!»

Allora il Melito insinuò fuori del mantello la canna della pistola.

«Sono l'alcade, caro signore. Calmatevi, vi torna conto.»

«Vi farò vedere io chi sono!» urlava lo Schroder. «Che cosa vorreste farmi, adesso?»

Il Melito scrutava lo Schroder, pronto a prevenire un eventuale attacco. «In quel pacchetto c'è la vostra campanella» rispose. «Uscirete immediatamente di qui e continuerete a suonarla, fino a che sarete uscito fuori del paese, e poi ancora, fino a che non sarete uscito dal regno.»

«Ve la farò vedere io la campanella!» ribatté lo Schroder, e tentava ancora di gridare ma la voce gli si era spenta in gola, l'orrore della rivelazione gli aveva agghiacciato il cuore. Finalmente capiva: il dottore, visitandolo il giorno prima, aveva avuto un sospetto ed era andato ad avvertire l'alcade. L'alcade per caso lo aveva visto afferrare per un braccio, tre mesi prima, un lebbroso di passaggio, ed ora lui, Schroder, era condannato. La storia delle sanguisughe era servita per guadagnar tempo. Disse ancora: «Me ne vado senza bisogno dei vostri ordini, canaglie, vi farò vedere, vi farò vedere...».

«Mettetevi la giacca» ordinò il Melito, il suo volto essendosi illuminato di una diabolica compiacenza. «La giacca, e poi fuori immediatamente.»

«Aspetterete che prenda le mie robe» disse lo Schroder, oh quanto meno fiero di un tempo. «Appena ho impacchettato le mie robe me ne vado, statene pur sicuri.»

«Le vostre robe devono essere bruciate» avvertì sogghignando l'alcade. «La campanella prenderete, e basta.»

«Le mie robe almeno!» esclamò lo Schroder, fino allora così soddisfatto e intrepido; e supplicava il magistrato come un bambino. «I miei vestiti, i miei soldi, me li lascerete almeno!»

«La giacca, la mantella, e basta. L'altro deve essere bruciato. Per la carrozza e il cavallo si è già provveduto.»

«Come? Che cosa volete dire?» balbettò il mercante.

«Carrozza e cavallo sono stati bruciati, come ordina la legge» rispose l'alcade, godendo della sua disperazione. «Non vi immaginerete che un lebbroso se ne vada in giro in carrozzella, no?»

E diede in una triviale risata. Poi, brutalmente: «Fuori! fuori di qua!» urlava allo Schroder. «Non immaginerai che stia qui delle ore a discutere? Fuori immediatamente, cane!».

Lo Schroder tremava tutto, grande e grosso com'era, quando uscì dalla camera, sotto la canna puntata della pistola, la mascella cadente, lo sguardo inebetito.

«La campana!» gli gridò ancora il Melito facendolo sobbalzare; e gli sbatté dinanzi, per terra, il pacchetto misterioso, che diede una risonanza metallica. «Tirala fuori, e legatela al collo.»

Si chinò lo Schroder, con la fatica di un vecchio cadente, raccolse il pacchetto, spiegò lentamente gli spaghi, trasse fuori dell'involto una campanella di rame, col manico di legno tornito, nuova fiammante. «Al collo!» gli urlò il Melito. «Se non ti sbrighi, perdio, ti sparo!»

Le mani dello Schroder erano scosse da un tremito e non era facile eseguire l'ordine dell'alcade. Pure il mercante riuscì a passarsi attorno al collo la cinghia attaccata alla campanella, che gli pendette così sul ventre, risuonando ad ogni movimento.

«Prendila in mano, scuotila, perdio! Sarai buono, no? Un marcantonio come te. Va' che bel lebbroso!» infierì don Valerio, mentre il medico si tirava in un angolo, sbalordito dalla scena ripugnante.

Lo Schroder con passi da infermo cominciò a scendere le scale. Dondolava la testa da una parte e dall'altra come certi cretini che si incontrano lungo le grandi strade. Dopo due gradini si voltò cercando il medico e lo fissò lungamente negli occhi.

«La colpa non è mia!» balbettò il dottor Lugosi. «È stata una disgrazia, una grande disgrazia!»

«Avanti, avanti!» incitava intanto l'alcade come a una bestia. «Scuoti la campanella, ti dico, la gente deve sapere che arrivi!»

Lo Schroder riprese a scendere le scale. Poco dopo egli comparve sulla porta della locanda e si avviò lentamente attraverso la piazza. Decine e decine di persone facevano ala al suo passaggio, ritraendosi indietro man mano che lui si avvicinava. La piazza era grande, lunga da attraversare. Con gesto rigido egli ora scuoteva la campanella che dava un suono limpido e festoso; *den*, *den*, faceva.

Il dolore notturno

Verso la periferia, in un quartiere giardino c'era una villetta dei giovani fratelli Giovanni e Carlo Morro, il primo di vent'anni, l'altro di quindici. La villetta era circondata da un piccolo giardino, e, benché nel viale davanti passassero molte automobili, dava una impressione di solitudine.

Quella sera, una tetra sera del tardo inverno, Carlo si mise in letto senza mangiare perché non si sentiva bene. Nella camera era accesa solo una piccola lampada, posta in un angolo, dove Giovanni si sedette a leggere, per tenere compagnia al fratello. Il suono intermittente delle auto che passavano nel viale non bastava a diminuire il silenzio. La piccola casa era entrata oramai nella notte.

A un tratto, uscito dal torpore, Carlo domandò al fratello: «Di', Giovanni, è stata chiusa la porta?».

«L'ha chiusa la Maria poco fa» disse il fratello «ho sentito che l'ha sprangata anche dall'interno.»

«Giovanni» insistette Carlo dopo un lungo silenzio «fammi il piacere, va' a vedere se è chiusa la porta, sento una corrente d'aria.»

Diceva così per trovare una scusa. In realtà, l'aria nella camera era completamente stagnante. Eppure il ragazzo aveva una strana impressione, come se la porta fosse rimasta aperta. «È chiusa ti dico» ripeté Giovanni «ma se non è che per questo, vado a vedere.»

Il giovane si alzò, uscì dalla camera e si udirono poi i suoi passi nella stanza accanto, incerti finché non scattò l'interrutto-

re della luce. Poco dopo, dall'anticamera, giunse il caratteristico rumore della porta che veniva sprangata. Carlo, inquieto, si
alzò a sedere sul letto.

«Hai visto che era aperta? Hai visto?» gridò il ragazzo prima
ancora che il fratello rientrasse nella stanza.

«Non so capire» disse Giovanni che non sembrava affatto impressionato «Maria dice di averla chiusa alle sette e mezzo, eppure l'ho trovata aperta.»

«E tu credi che non l'abbia chiusa?»

«Ma certo che non l'ha chiusa. Vuoi che siano entrati dei ladri? L'ha dimenticata aperta quando è venuto il lattaio, e adesso cerca una scusa. Ma figurati...»

Il ragazzo si distese nuovamente tra le coperte e Giovanni
riprese a leggere il libro. Tutto nella casa pareva quieto e rassicurante.

«Di', Giovanni» fece ancora il ragazzo, che andava rivoltan-
dosi sul letto. «Ma non ci poteva essere qualcuno?»

«Qualcuno dove?» rispose Giovanni distratto.

«Ma alla porta! Non può essere stato qualcuno ad aprirla?»

«Basta, Carlo» fece il fratello spazientito. «Calmati adesso, e
cerca di dormire. Che cosa sono queste stupide storie? Che fissazione ti è venuta adesso per la porta?»

Il ragazzo invece non seppe dominarsi.

«C'è qualcuno, ti garantisco, c'è qualcuno che vuole entrare!»
esclamò supplichevole. «Fammi la carità, va' a vedere!»

«Ma chi vuoi che sia? da dove vuoi che venga dentro? Se scas-
sinassero la porta si sentirebbe bene il rumore! Devi avere la febbre, ecco cos'è, ci sono qui io, in fondo... Hai sentito dei passi?»

«No» fece il ragazzo «non sono dei passi, ma sento che c'è
qualcuno.»

«Ma dove, ma dove, perdio?» Giovanni aveva veramente
perso la pazienza.

Il ragazzo non rispose, ma apriva i grandi occhi nella penombra.

«Dove vuoi che sia? Avanti, dillo tu, che vado ancora a vedere!» insistette Giovanni che cominciava a sentire il bisogno di
tranquillizzare anche se stesso.

«È dietro la porta, che aspetta» fece con voce piana il ragazzo. «Dietro la porta, lo so bene.»

Giovanni balzò in piedi, gettando il libro su un tavolo. «Avanti» disse in tono di scherno «andiamo a vedere. La finirai poi con queste paure da ragazzetta!»

«No, no» supplicò allora Carlo. «Fammi la carità, non aprire la porta, non aprirgli; se lui entra è finita.»

Giovanni non gli diede retta. A passi irritati uscì dalla stanza, attraversò, senza accendere la luce, il salotto e non accese neppure in anticamera prima di spalancare la porta.

Con il pomolo del catenaccio in mano, rimase per qualche istante incerto. «Chi c'è?» domandò, per istintiva precauzione, e si stupì udendo uscire dalla sua bocca una voce stranamente fioca. Nessuno rispose.

«Chi c'è?» ripeté dopo qualche secondo. Ma ancora silenzio.

Allora fece scorrere il catenaccio e tirò indietro uno dei due sportelli.

«Misericordia di Dio!» mormorò Giovanni, attraversato da un lento brivido. Sul pianerottolo, impassibile, stava un uomo sconosciuto.

Si capiva dall'insieme che era persona di buone condizioni sociali, benché Giovanni non riuscisse a concentrare l'attenzione su alcun particolare del vestito. Il colore del suo paltò, benché non fosse nero, dava una generica impressione di lutto. Poteva avere una cinquantina d'anni, ma era difficile dire, perché il volto senza rughe pareva staccato dal tempo.

Non disse una parola, e con gelida flemma fece atto di entrare. Giovanni si tirò indietro e accese la luce, rendendosi perfettamente conto che sarebbe stato inutile resistere. Non che il visitatore fosse armato o particolarmente robusto. Era così, e non c'era nulla da fare. In ogni modo, Giovanni lo comprese dal primo istante, quell'individuo sarebbe riuscito a entrare.

Allora l'uomo, senza levarsi il paltò, con il cappello in mano, si avviò a lenti passi verso la stanza del ragazzo. Il fratello maggiore fece per correre avanti e prevenire Carlo, ma l'altro gli fece un piccolo cenno, come per dire ch'era inutile, che il ragazzo sapeva già.

«Oh Dio!» mormorò con dolorosa rassegnazione Carlo, disteso nel letto, quando vide entrare lo sconosciuto. Non disse altro e abbandonò la testa sul cuscino.

L'uomo depose il cappello sul comò, e, in silenzio, straordinariamente composto, si sedette su una sedia di fianco al letto, donde cominciò a fissare il ragazzo malato.

Dal suo volto, a prima vista, traspariva una specie di sorriso, ma dopo un po' vi si leggeva una gelida ironia. Negli occhi stagnava una forza maligna.

Oh, era inutile ribellarsi! Il ragazzo lo guardava con aria dolorosa, incapace di reagire, mentre il fratello, in piedi, appoggiato al comò, osservava la scena, muto e triste.

Quasi per moto istintivo, a un certo punto Giovanni accese la lampada centrale, e alla viva luce si accorse che l'uomo stava aprendo, tenendola appoggiata alle ginocchia, una specie di cartella che nessuno dei due fratelli aveva fino allora notata.

Con una delle sue lunghe mani, lo sconosciuto trasse fuori dalla cartella un disegno colorato, deponendolo adagio sulle coperte del letto, in modo che il ragazzo lo potesse osservare. Il ragazzo vi gettò un'occhiata e cercò di voltare gli occhi da un'altra parte, con un lieve lamento. Ma era più forte di lui: dopo qualche secondo, attratto irresistibilmente, ricominciò a fissare il foglio.

Era un disegno incomprensibile, eppure di perfido fascino. Linee, curve, macchie di colore, schegge di assurde immagini in cui prevalevano figurazioni di occhi si intrecciavano in ridda, e, a osservarli lungamente, si vedevano ruotare gli uni entro gli altri, di un moto che pareva eterno.

Sempre in piedi presso il comò, Giovanni non poteva scorgerlo. Invece Carlo continuava a fissarlo.

Passarono forse quindici minuti, e poi lo sconosciuto trasse dalla cartella un secondo disegno, quasi identico al primo, ma pure completamente diverso, per il più intenso male che ne sprigionava.

«Basta, basta!» supplicò allora il ragazzo, esasperato da quel tormento. «Giovanni, mandalo via!»

Lo sconosciuto, accentuando alquanto il suo sorriso mellifluo, si volse verso Giovanni e scosse il capo a esprimere compatimento, come se soltanto il fratello maggiore lo potesse comprendere. Non scuoteva il capo come fanno di solito gli uomini, bensì con un meccanico dondolìo. Giovanni non mosse ciglio, paralizzato dalla pena di non poter aiutare il fratello.

Circa due ore passarono così nel silenzio, solcato dai gemiti del ragazzo. Poi Carlo cominciò ad assopirsi, con alterne riprese di agitazione. Lo sconosciuto – nel frattempo Giovanni aveva spento la luce centrale – riprese i suoi disegni (Giovanni con stupore non riuscì a distinguere che due fogli di carta immacolata) e tutto il suo atteggiamento assunse grado a grado l'espressione dell'uomo che sta per partire.

Alle tre di notte, il ragazzo cadde in un sonno torbido. L'uomo si alzò con immutabile flemma e scivolò fuori dalla stanza, scomparendo nel buio.

Anche il giorno dopo Carlo non poté alzarsi dal letto. Salutandosi al mattino, nessuno dei due fratelli osò accennare per primo alla triste visita della sera prima, e si arrivò così al crepuscolo senza parlarne. Solo quando fu giunta la notte, Giovanni disse:

«L'ho chiusa io stasera, sai, la porta. Sta' pur sicuro che nessuno può entrare. E tu potrai fare un bel sonno.»

«Oh, è inutile!» fece con rassegnazione il ragazzo. «È inutile chiudere la porta. Se vuol venire entra lo stesso.»

«Ma non dir sciocchezze!» replicò il fratello cercando di ridere. Eppure sapeva anche lui che era proprio così.

La notte, comunque, si consumava nella villetta senza che avvenisse nulla di nuovo. Il ragazzo, invece di dormire, si faceva via via più animato, al fresco soffio della speranza. Forse nessuno sarebbe venuto quella notte e neppure la notte dopo, e forse per sempre. Il ragazzo ci pensava e immaginava i giorni avvenire, la scuola, il sole, la primavera, tutto un mondo felice. A poco a poco si addormentò dolcemente.

Ma Giovanni restò sveglio a leggere, non sentendosi affatto tranquillo. Attraverso le fessure delle persiane scorgeva ogni tanto le ombre delle piante, in giardino, agitarsi, sebbene non soffiasse il vento. Dalle altre stanze, con la voce degli orologi, giungevano insoliti scricchiolii. E per due volte si udì come un secco scatto metallico, di origine inesplicabile.

Giovanni leggeva una storia d'amore, ma non riusciva a staccare la sua mente da quella stanza. Sul viale passavano a grande velocità automobili sempre più rare, il rombo della città si affievoliva nel sonno, passi solitari risuonavano ogni tanto sulla via, e il cuore di Giovanni cominciava a battere forte.

Anche lui già si lasciava invadere dalla sonnolenza quando sentì, oh Dio, sentì, con una precisione che non ammetteva speranza, come la porta della stanza lievemente si aprisse.

Si voltò, rassegnato, e lo vide. Con la metodicità della sera prima, l'uomo depose il cappello sul comò e si sedette al fianco del letto. Per fortuna, pensò il fratello, Carlo dormiva e non se ne sarebbe accorto.

Ma l'uomo si chinò premurosamente verso il ragazzo e gli toccò, gli sfiorò, anzi, la testa, con una mano. Carlo ebbe un sussulto, spalancò gli occhi, mandò un lungo lamento.

Allora lo sconosciuto parlò, scandendo le sillabe.

«Tutti dormono» disse soavemente «tutti dormono adesso. Nelle case vicine tutti sono addormentati, e nell'intera città... anche tuo fratello» aggiunse dopo una pausa, e non era vero, ma Carlo nella penombra non poteva scorgere il fratello, in piedi, con le spalle appoggiate a un muro. «Tutti dormono...» ripeteva ossessionante «tutti hanno la possibilità di riposare, tutti dormono, tutti dormono...»

Qui tacque e ritornò il grande silenzio. Carlo fu ripreso dal sonno.

«Fuori che te...» proseguì a voce alta il maledetto, toccando di nuovo il ragazzo e facendolo risvegliare.

«Tutti dormono, dormono, dormono...» andò avanti poi a mormorare lo sconosciuto come una litania. E appena Carlo accennava a chiudere gli occhi, lo toccava perché non dormisse. Lo toccava con un gesto straordinariamente gentile, calcolato con precisione matematica. E «Fuori che te» ripeteva.

"Tutti dormono eccetto me" pensava il ragazzo "e questo sarà anche domani sera, anche dopodomani, sempre?" Un sommesso singhiozzo risuonava nella stanza. Giovanni, immobile, taceva, non potendo far nulla.

«A che ora verrà stasera?» domandava Carlo dal letto, oramai senza più angoscia, ma solo con amara rassegnazione. Erano passati ormai quindici giorni dalla prima visita dello sconosciuto, e ogni notte regolarmente egli era tornato. Una sera Giovanni lo aveva trovato seduto in attesa, nel buio, sul divano in anticamera, un'altra volta lo aveva sentito passeggiar a lungo su e giù per il viale prima di entrare, ma in genere egli scivolava dentro alla camera senza fare annunciare da alcun segno la sua venuta.

Ancora una volta i due fratelli lo aspettavano. Erano già suonate le nove. La lampada era accesa nell'angolo, la storia d'amore era già finita, e Giovanni stava leggendo un nuovo libro che parlava di guerre.

«A che ora verrà stasera?» domandava dal letto Carlo, consunto ormai dalla pena.

«Vedrai che stasera non viene» faceva Giovanni per consolarlo. «Già ieri notte si è fermato poco. Vedrai che tutto è passato. Domani starai meglio.»

Quante volte aveva ripetuto queste buone parole. Quante volte invano! Mentre tutte le altre case della città a una certa ora parevano addormentarsi, e le finestre si spegnevano ad una ad una, e i sogni si spargevano nei mille appartamenti a consolare gli uomini affaticati, nella villetta si insinuava il crudele incanto.

«Dici sempre così» replicava Carlo «dici sempre così e poi lui viene lo stesso. Oh, mamma!» e si lasciava prendere dai singhiozzi.

«Sta' quieto» provava allora il fratello maggiore con altre parole «sta' quieto e non pensarci. Anche lui finirà per stancarsi. Non bisogna pensarci, ecco, come se non fosse mai venuto...»

«Giovanni!» gridava improvvisamente il ragazzo, preso da agitazione. «Giovanni, guarda quell'ombra! C'è qualcuno in giardino! È lui che viene, ti dico!»

«Ma calmati, per carità» pregava il fratello. «Non capisci che è il vento? Non senti il rumore? C'è la tramontana, che porta bel tempo.»

«Oh, non è vero» diceva il ragazzo ripiombato nel solito abbattimento. «Il vento fa un altro rumore, lo so bene, il vento non fa muovere così le piante... E poi non senti» riprendeva con nuova agitazione «non senti quei passi sulla ghiaia?»

«È una fissazione la tua!» diceva Giovanni. «Io non sento passi, ti giuro. Sarà stato qualche topo, ecco. Lo sai quanti ce ne sono in giardino...»

«Ce n'erano, adesso non ce ne sono più. Il gatto li ha... Era proprio il passo di un uomo.»

Tacque per qualche istante, poi si alzò di scatto a sedere sul letto, piegò la testa da un lato, tendendo le orecchie. «Eccolo, eccolo!» esclamò.

Dall'anticamera infatti un passo umano si avvicinava, risuonando sul pavimento di legno. Rispetto alle sere precedenti era però insolitamente veloce. L'ultima speranza fuggì e la porta si aprì lentamente.

«Ma è la Maria!» gridò Giovanni, con un impeto di sollievo, scorgendo la testa della cameriera che si affacciava a sbirciare. «Dio sia benedetto!»

Parve ai due fratelli di aver così guadagnato una specie di tregua. L'incubo subiva un rinvio. Ma per quanto ancora?

Il ticchettìo degli orologi scandiva il procedere della notte, così faticoso nelle case della città. Un cuscino gettato per terra, un giornale piegato sul tavolo, la lampada centrale spenta, i libri allineati nello scaffale, tutto già navigava nel sonno. Giovanni leggeva alzando ogni tanto gli occhi a salutare il fratellino, che lo guardava pensosamente. Ogni tanto lo afferrava la tentazione di voltare gli sguardi alla porta, che gli pareva lì lì per aprirsi, pure si dominava, per paura di allarmare il ragazzo.

Passarono le undici, le undici e mezza, e ancora non veniva nessuno. Da qualche chiesa lontana giungevano malinconiche le ore. A poco a poco, nella fonda notte, si ridestò la debole speranza. «È quasi mezzanotte» diceva Carlo, che sentiva il bisogno di illudersi. «Non è mai venuto così tardi. Se almeno stanotte si fermasse poco...»

«Vedrai che non viene. Ormai l'ora brutta è passata» ripeteva Giovanni, per tranquillizzarlo. Diceva così, ma era lui il primo a non crederci. Giovanni non si faceva davvero illusioni e già sentiva, pur non spiegandosi come, che lo sconosciuto era vicino.

Suonò mezzanotte e Giovanni guardò il fratello. Con la testa rovesciata sul guanciale, il ragazzo si era finalmente assopito e un sorriso innocente vagava sul volto. Proprio adesso era disceso nei gorghi del sonno, proprio adesso che lo sconosciuto stava per entrare.

Sì. Oramai Giovanni era sicuro che l'uomo si trovasse nell'interno della casa. Al di là delle pareti della camera ne percepiva la presenza. Oh, quanto era assurdo sperare! Alzandosi dalla poltrona, con infinite precauzioni per non far rumore, Giovanni attraversò la stanza, socchiuse lentamente la porta del salotto e si affacciò trepidante.

Era proprio come aveva sentito. La luce era stata accesa, e seduto su una sedia stava lo sconosciuto, immobile, in atteggiamento di attesa. Giovanni lo fissò negli occhi, ma gli sguardi dell'altro lo sfuggivano, tesi orizzontalmente e fermi.

Restò qualche istante sulla soglia, immaginando che lo sconosciuto si alzasse per andare a tormentare il ragazzo. Invece l'odiosa creatura non si mosse di un millimetro. Allora il giovane si ritrasse adagio dalla camera.

La porta venne rinchiusa, la serratura fece un piccolo clic, e Carlo per il rumore riemerse dal sonno.

«Dove sei stato?» chiese subito con affanno. «Sei andato a vedere di là se è venuto? Dimmi, l'hai visto?»

«No» rispose Giovanni «sono andato a prendere un bicchiere d'acqua. Non ci pensavo nemmeno, a lui. Oramai, oramai non viene.»

Un'improvvisa luce di contentezza si diffuse sulla faccia di Carlo. Quanto crudele ingannarlo così, pensò il fratello maggiore e si sedette di nuovo a leggere, senza più una parola.

Tic tac facevano i vecchi orologi della casa, passavano in fila indiana i minuti, Carlo stava riaddormentandosi, un autocarro mugolava lontano. Ma si decideva o no a entrare quel maledetto? Si apriva o non si apriva quella porta? Era ormai giunto, lui, perché dunque aspettare ancora lì fuori? Perché illudere fino all'ultimo il ragazzo?

Bisognava tornare a vedere, era assolutamente necessario. Giovanni si alzò nuovamente dalla poltrona, attraversò in punta di piedi la camera, aprì la porta del salotto, affacciò la testa a guardare.

Lo sconosciuto era ancora al suo posto, nella stessa identica posizione, sulla medesima sedia, immobile come prima, ma dormiva.

Dormiva. Le palpebre erano scese completamente a chiudere il gelido sguardo e il sorriso, il suo perfido sorriso era morto nel sonno. La bocca era chiusa, atona, rigida come un suggello.

Dormiva. Non di un sonno placido e umano. Il petto non si agitava per il respiro o, se palpitava, era un moto impercettibile. Si sarebbe detto ch'era morto se non fosse stata quella trista creatura.

«Se continuasse così per tutta la notte!» si augurò Giovanni ritraendo lentissimamente la testa. Ma non osava ancora sperare. Riaccostò i battenti della porta, a minuscoli passi riguadagnò il suo angolo sotto la lampada, prese il libro in mano e stette così, fermo, con le orecchie tese al minimo rumore.

Ma non giungevano che i tradizionali suoni notturni della casa. Gli orologi, un gorgoglio di acqua nei tubi, un mobile che si assestava scricchiolando, le persiane che ogni tanto gemevano al vento, quella notte così insistente. Carlo continuava a dormire.

Ora anche su lui, Giovanni, scendeva prepotente il sonno, facendogli pesante la testa, tirandogli giù pazientemente le palpebre. Gli occhi volevano chiudersi. Solo le orecchie restavano sveglie e ascoltavano avidamente il silenzio. Forse l'uomo non si era ancora ridestato.

La voce degli orologi, gli intermittenti scricchiolii, il penoso respiro di Carlo, il greve silenzio che su tutto incombeva divennero a poco a poco un lieve unico rombo, con un suo ritmo metodico, che annebbiava progressivamente la stanza. La lampada parve spegnersi (le palpebre di Giovanni si erano infatti chiuse) ed egli si sentì dolcemente trascinar giù nella fossa del sonno.

Fu ridestato da una incerta angoscia, che, ripresa conoscenza, egli non stentò a identificare. Si voltò verso il letto di Carlo. Certo la sagoma luttuosa dello sconosciuto doveva essere là, sulla sedia, negando il riposo al malato.

Invece niente. Carlo dormiva, e nessun altro nella stanza. Allora Giovanni s'accorse che qualcosa di nuovo accadeva. Subito non riuscì a capire, poi, guardando la finestra, notò sulla persiana strisce bianche.

La speranza! Con una febbrile agitazione Giovanni spalancò la finestra, afferrò la serranda della persiana, aprì questa di schianto.

L'alba, l'alba era giunta. Ai limiti del limpidissimo cielo, tra gli alberi nudi lavati dal vento, ampliavasi la luce del sole.

«Carlo, Carlo!» gridò Giovanni voltandosi indietro.

Il ragazzo si riscosse, si levò a sedere, si guardò attorno.

«Cosa c'è? cosa è successo?» chiese spaventato.

«È l'alba, ti dico!» gridava Giovanni pazzo di gioia. «È l'alba, e lui non è venuto!»

Non occorreva più andare a vedere. Era certo, ben certo, che dietro la porta, là nel salotto, adesso non c'era più nessuno. Il nuovo giorno era nato e lo sconosciuto era scomparso, risucchiato dai rigurgiti della notte. L'incanto era stato spezzato. Mai più sarebbe venuto.

La città dormiva, ignara che stesse nascendo il primo sole della primavera. Il viale deserto, le finestre tutte sprangate, le case ancora notturne.

Un sorriso dubbioso fiorì sulle labbra del ragazzo che da solo scese dal letto, e, a incerti passi, si avviò verso la finestra a guardare. I due fratelli stettero vicini e muti, oppressi dalla gioia: pensavano alla vita che cominciava, a mille stupide felicità, bevvero, tremando insieme, il primo raggio di sole.

Notizie false

Reduce dalla battaglia, il reggimento giunse una sera ai sobborghi di Antioco. La guerra in quei giorni si illanguidiva e il nemico invasore era ancora lontano. Si poteva fare una sosta: la truppa, stanchissima, si accampò alle porte della città, sui prati, e i feriti furono portati all'ospedale.

Poco lontano dallo stradone, ai piedi di due grandi querce, sorse la grande tenda bianca del comandante, il conte Sergio-Giovanni.

«Alzo lo stendardo?» domandò il suo aiutante, incerto.

«E perché non dovresti alzarlo?» rispose il comandante, leggendo nel suo pensiero. «Forse che non abbiamo?...» Ma non volle terminare la frase.

Sulla tenda venne così drizzato lo stendardo giallo dei Sergio-Giovanni, due spade nere e una scure erano ricamate sul drappo. Dinanzi all'entrata della tenda fu portato un piccolo tavolo con uno sgabello e il comandante vi si sedette, aspettando la cena. La sera, appena cominciata, era calda, luci temporalesche battevano le nude montagne intorno, per la strada bianca ecco avanzarsi un uomo che si appoggiava a un bastone. Era un vecchio, con abiti di altri tempi, ma assai dignitosi; alto e sbarbato, rustico, di grande fierezza.

La polvere lo imbiancava fino ai ginocchi, doveva aver camminato a lungo. Come vide l'accampamento, si guardò attentamente attorno e poi si avvicinò alla tenda del comandante.

Arrivato davanti al conte Sergio-Giovanni, si levò con gesto largo il cappello: «Eccellenza» disse «se permettete, vi devo parlare».

Il comandante, ch'era un gentiluomo, si alzò in piedi rispondendo al saluto, ma si capiva ch'era stanco e irritato. Poi si risedette, rassegnato.

«Vedete quella montagna?» fece lo sconosciuto additando un grande cono franoso verso oriente. «È da là dietro che vengo. Sono due giorni che cammino, ma se Dio vuole, sono arrivato in tempo. Ecco, Eccellenza» continuò dopo una pausa «dietro a quella montagna c'è il paese di San Giorgio. Io sono il podestà Gaspare Nelius.»

Il colonnello mezzo disattento dondolò su e giù la testa come per dire che aveva capito.

«Siamo tagliati fuori dal mondo, lassù» disse ancora il vecchio, evidentemente animato da una lieta eccitazione. «Ma presto o tardi le grandi notizie arrivano lo stesso. L'altro giorno capita un mercante. "Lo sapete" dice "che è finita la guerra? Il reggimento dei Cacciatori fa già ritorno alla pianura, l'ho visto io coi miei occhi." "Finita la guerra?" diciamo. "Finita per sempre" dice lui. "E dove scende il reggimento?" dico io. "Ha preso la strada di Antioco" risponde "fra tre giorni dovrebbe esserci arrivato."»

«Ho capito, ma...» tentò di interrompere il conte Sergio-Giovanni; l'altro però era troppo infervorato:

«Immaginate che notizia per noi. Sapete, Eccellenza, che la seconda compagnia, qui, del reggimento è tutta di giovanotti di San Giorgio? Il brutto è finito, pensiamo, i soldati faranno ritorno, con la paga e con le medaglie. Allora progettiamo una gran festa. Io scendo ad Antioco a prenderli; la guerra è ormai finita, il signor comandante» e qui il vecchio sorrise affabilmente «li lascerà venire. Hanno ben fatto il loro dovere. Due sono morti, anzi, il Lucchini e il Bonnaz, lui li lascerà ben venire...»

«Ma, mio brav'uomo...» interruppe il colonnello alzandosi in piedi. Il vecchio lo interruppe:

«Lo so che cosa volete dire, Eccellenza: che non si possono mica congedare così sui due piedi, i soldati. Lo immaginavo fin da prima, anzi. Ma non vuol dire, non vuol dire. Il reggimento si fermerà bene qualche giorno ad Antioco. Dateci quattro giorni di permesso, alla seconda compagnia, lasciate che vengano un momento al loro paese, qualche ora soltanto, fra quattro giorni ve li riporto tutti, parola d'onore.»

«Ma non è questo che voglio dire...» tentò ancora di interloquire il Sergio-Giovanni. «È un'altra cosa, la...»

«Non ditemi di no, Eccellenza» supplicò il vecchio, intuendo che l'altro stava per dargli un rifiuto «ho camminato per due giorni apposta. E poi, pensate, a San Giorgio hanno già preparato tutto. Simone ha costruito una specie di arco di trionfo alla porta del paese. Sarà alto più di questa tenda, tutto a colori, ci metteranno bandiere e fiori. In cima ci sarà la scritta... aspettate, ce la devo avere qui... l'abbiamo studiata insieme...» e dopo aver frugato in due o tre tasche tirò fuori un pezzo di carta spiegazzata «ecco qui... *Agli eroi vittoriosi che tornano, San Giorgio fiera e riconoscente*... è semplice ma mi pare detto bene.»

«Ma lasciatemi dire prima una cosa...» fece con voce alterata il comandante. «Siete un bel tipo voi, a...»

«Lasciatemi prima finire» pregò supplichevole il vecchio «e poi vi persuaderete che non potete dirmi di no. Pensate a questi poveri ragazzi, due anni che sono in guerra, sono stati bravi e coraggiosi, pensate che gioia sarebbe. Abbiamo fatto le cose sul serio. Da contro verrà la banda; si farà un grande banchetto, io porterò i fuochi artificiali, il Gennari darà in casa sua una festa da ballo, ci saranno dei discorsi...»

«Basta, basta!» gridò esasperato il comandante. «Ma non capite che sprecate il fiato per niente? Ma chi vi ha detto che la guerra è finita?»

«Come?» fece il vecchio interdetto.

«No» disse seccamente il Sergio-Giovanni con voce dolorosa «la guerra non è ancora finita.»

I due stettero in silenzio, guardandosi, per qualche secondo. Strani dubbi si presentavano al pensiero del vecchio.

«Ma sentite» tentò ancora il podestà di San Giorgio «qui ad Antioco il reggimento si fermerà pure qualche tempo. Date ai nostri soldati una licenza, anche due giorni basteranno, marceremo a tutta andatura, faremo a tempo lo stesso, non è poi mica una cosa straordinaria andare di qua a San Giorgio dalla mattina alla sera.»

«È impossibile. Sarebbe impossibile anche se la guerra fosse finita» fece reciso il comandante, sempre con quel suo tono fondo e doloroso. «La seconda compagnia non è più con me.»

Invano egli si illudeva che questa spiegazione bastasse. Il vecchio si era sbiancato in volto:

«Non c'è qui la seconda compagnia? E sarei venuto per niente? Non li potrò nemmeno vedere? Sono passati a un altro reggimento? Ditemelo sinceramente, Eccellenza, ditemi dove sono, che li andrò subito a raggiungere, ditemi: c'è anche mio nipote...»

«Sono morti» disse alla fine il comandante guardando per terra.

Si fece un grande silenzio. Pareva che anche nell'accampamento vicino tutto si fosse fermato. Il vecchio sentiva il sangue battergli con forza alle tempie. Sulle montagne stagnava sempre quella luce temporalesca. Lo stendardo giallo pendeva floscio sopra le tende.

Il conte Sergio-Giovanni piegò la testa, sembrava affranto, le sue mani poggiavano inerti sul tavolo.

«Morti...» mormorò il vecchio a se stesso con voce spenta. Nella sua mente turbinavano i pensieri. Stette irrigidito per qualche minuto, poi un amaro sorriso gli piegò lentamente le labbra, egli rialzò con fierezza la testa, a voce monotona ricominciò a parlare:

«Ecco, ecco, così doveva finire, siccome erano bravi soldati. L'avevo detto io, al Safron: purché non sia successa qualche disgrazia... glielo avevo detto... E adesso come faccio a portar la notizia? come faccio a tornare a San Giorgio?» la voce si era alzata, piena di un'irosa disperazione. «Per la Patria, ci devo dire, ecco l'unica consolazione. Sono morti in battaglia, sono stati degli eroi. Ecco quello che resta. Non è così, Eccellenza?»

Il comandante non rispose, il suo volto sembrava impietrito.

«L'arco di trionfo, le bandiere» disse ancora con triste scherno il vecchio «ai funerali potranno servire. I fiori andranno sulle tombe, le metteremo tutte vicine, con delle croci tutte uguali, i più bei giovani del paese. Qui giacciono gli eroi di San Giorgio, sarà scritto all'ingrosso. Agli eroi vittoriosi che tornano» ripeté Gaspare amaro «San Giorgio fiera e riconoscente. Almeno questo, Eccellenza, almeno questo ci verrà lasciato?»

«No» rispose con acredine esasperata il colonnello. «Basta! tacete! No, già che volete saperlo: no, non lo potrete dire, non sono morti da eroi, sono stati uccisi in fuga, per colpa loro siamo stati sconfitti...»

Gridò tutto questo sfogando un atrocissimo peso, poi per la vergogna abbassò la testa sul tavolo, forse anche singhiozzava, il conte Sergio-Giovanni, ma lo fece in silenzio, chiuso in se stesso.

Il vecchio parve finalmente svuotato di vita.

«Scusatemi, Eccellenza» disse piano piano dopo una lunga pausa, e piangeva «vedete, anch'io...»

Ma non riuscì a continuare. Si ritrasse umilmente indietro, lo si vide allontanarsi a passi strascicati, le braccia gli pendevano morte, una mano teneva ancora il cappello, l'altra tirava dietro il bastone. Se ne andò lentamente dalla tenda, s'incamminò per lo stradone bianco, in direzione delle montagne, mentre ormai si faceva buio.

Soltanto dopo tre giorni il podestà giunse in vista del suo paese sperduto tra i monti. Duecento metri circa prima delle case egli avvistò Jeronimo, l'oste che insieme al cugino Peter stava lavorando attorno a delle asticciole piantate ai lati della via; certo qualche preparativo per la grande festa. Lembi di stoffa policroma, che da lontano non si potevano distinguere bene, erano attaccati alle asticciole e brillavano al sole di quella giornata bellissima.

A un certo punto, rialzando il capo, Jeronimo scorse il podestà che s'avvicinava e si mise a gridare, per avvertire gli altri. Ma c'era poca gente nelle vicinanze. Accorsero, con Jeronimo, soltanto suo cugino, due ragazzi di contadini e una donna sui cinquant'anni.

«E così?» domandò Jeronimo, che sembrava lietissimo, al vecchio Gaspare. «Sei riuscito a trovarli? Quand'è che arrivano?»

«E il mio Max l'hai visto?» fece insieme la donna. «Sta bene? Saranno qui oggi?»

Il podestà sedette affranto sull'orlo della strada. Si tolse il cappello, restò per qualche istante ansimando.

«Non vengono» disse poi, piano.

«Come non vengono?» chiese Giuseppe. «E arrivano domani allora?»

«Neppure domani» rispose il podestà. «Non vengono.»

«Ma è assurdo...» esclamò Jeronimo. «La guerra è ben finita. Che cosa vuoi che rimangano laggiù a fare?»

«La guerra sarà anche finita» disse Gaspare «ma loro non vengono.»

«Parla, allora, che cos'è successo?» domandò con ansia la donna. «Che cosa ti hanno detto, dunque?»

Il vecchio restò alcuni istanti muto, rimuginando in se stesso.

«Se ne vanno alla capitale» annunciò finalmente. «Vanno a fare la Guardia del Re. Vogliono restare soldati. Oramai hanno fatto l'abitudine. Non sarebbero più capaci di lavorare i campi...»

«Ma... ma...» obiettò la donna «verranno bene a salutarci?...»

«Mi hanno detto di no, ecco» aggiunse Gaspare «mi hanno detto che non farebbero in tempo.»

In quel mentre sopraggiunse un altro uomo. Era Simone il falegname.

«Hai visto?» gridò avvicinandosi al vecchio Gaspare. «Hai visto l'arco finito? Hai visto come è venuto bello?»

«Sta' zitto» gli ordinò a bassa voce uno dei ragazzi presenti. Ma Simone non poteva capire e disse ancora, felice:

«Vieni subito a vederlo, Gaspare, ci ho messo in cima un cavallo dorato e di notte accenderemo le lampade.»

«È stato un lavoro inutile» fu la risposta di Gaspare «oramai non vengono più. Se ne vanno alla capitale, entrano nella Guardia del Re.»

«Va bene» insisteva la donna «ma gli daranno almeno una licenza, torneranno pure a salutarci!»

«Loro non me l'hanno detto» spiegò il podestà «non lo so proprio, però non credo.»

«Ma, dico» fece il falegname impressionato «l'arco... allora...»

«L'arco lo puoi demolire, ecco tutto» rispose Gaspare con pena. «Te l'ho detto, non vengono.»

«Ma è solido, sai? Anche i colori resistono. Perché vuoi demolirlo?» ribatté il falegname. «Si può aspettare anche qualche mese, vuol dire che dopo, quando i soldati verranno, ci daremo una ripassata di colore.»

«Te lo ripeto, è inutile» replicò Gaspare «non vengono, non hai capito ancora?»

«Ma una lettera?» insisteva la donna che non riusciva a capacitarsi. «Il mio Max non ti ha dato da portarmi una lettera? Non ti ha detto niente?»

«Niente» disse Gaspare. «Sono diventati tutti superbi, quasi si vergognavano di salutarmi. Del loro paese non gli importa più niente.»

«Oh, è impossibile» esclamò la donna. «Che storie dici! il mio Max superbo... qualsiasi altro ma non lui, è sempre stato come un bambino, mi ha sempre scritto quando...»

«Lui come gli altri» ribatté crudelmente il vecchio. «Anche lui è diventato superbo, chissà che cosa credono di essere. È proprio per questo che non vengono, la guerra gli ha montato la testa, non lo volevo dire prima per non farvi dispiacere...»

«Ma pensa...» disse il falegname, scuotendo tristemente la testa «pensa che avevamo messo delle bandiere attraverso la piazza, si era aggiustata la vecchia campana...»

«Non mi hanno quasi badato» incrudeliva intanto Gaspare. «"Vi aspettiamo" gli ho detto "vedrete che vi divertirete." "A San Giorgio?" mi ha risposto uno, mi pare che fosse il figlio di Filomena, aveva due medaglie sul petto. "Ma non pensarci neanche" mi ha detto "dobbiamo andare via subito, ci mancherebbe altro" e si è messo a ridere.»

Erano un gruppo immobile sulla strada e facevano sulla polvere bianca un'ombra sola che si andava allungando via via con il cammino del sole.

«Così mi ha detto» ripeté con amarezza il vecchio e gli altri oramai tacevano. «È inutile aspettarli, non vengono» disse ancora, come avesse paura di non essere creduto (e li immaginava, intanto, insepolti, in una deserta valletta, distesi qua e là fra gli sterpi e i sassi, tutto un massacro, fra le morte rovine della battaglia).

Il sole batteva festoso sulle stoffe policrome, sulle bandiere nuove, sul cavallo d'oro in cima all'arco di trionfo. Le ragazze, là in paese, erano ancora affaccendate nei lieti preparativi, stavano raccogliendo i fiori per i soldati, i fiori, gli addobbi, il vino, la musica, che non sarebbero serviti mai.

«È inutile» commentò melanconicamente Jeronimo, rompendo alla fine il silenzio «doveva finire così... troppo bravi sono, il Re non li ha voluti lasciare andare, non se ne trovano altri di soldati così...»

«Sì» approvò il vecchio «ma si sono montati troppo la testa, non dovevano farlo...» (distesi con la faccia in giù che mordono vilmente la terra, e i corvi che volano attorno, su quei morti senza onore, pietoso soltanto il sole che scalda le schiene immobili, asciugando il sangue delle vergognose ferite).

Quando l'ombra scende

Al ragioniere Sisto Tarra, proprio il giorno in cui venne nominato capo-economo della ditta, capitò uno strano caso. Era un sabato, giornata tiepida con un bellissimo sole e lui si sentiva in felici condizioni di spirito. La mèta sospirata per anni era finalmente raggiunta, in realtà egli poteva dirsi diventato il vero amministratore dell'azienda; ma più che la promozione in se stessa, più che i vantaggi finanziari, lo riempiva di gioia il veder trionfare così il suo sottile lavoro diplomatico per scalzare grado a grado il prestigio del dott. Brozzi, suo predecessore. Per anni, senza soste era rimasto in agguato per sorprendere i suoi minimi errori, aggravarne le conseguenze, farli risaltare agli occhi dei superiori. E tanto più abile era stato perché in apparenza aveva sempre poi preso le difese del Brozzi, così da acquistare il volto di uomo generoso e leale.

Il Tarra abitava da solo in una villetta a due piani, in un viale della città giardino, fuori la porta. Fatta colazione, egli sedeva nel suo studiolo meditando a come impiegare il vuoto pomeriggio, quando udì proprio sopra la testa, nella soffitta, dei passi presumibilmente umani.

Forse, in un lontanissimo tempo, quand'era ancora fanciullo, sarebbero sorte in lui, a quel rumore, misteriose paure di spiriti. Forse in altra giornata di pioggia o stanchezza, egli avrebbe pensato ai ladri e gli sarebbe perfino battuto il cuore. Ma oggi la serenità era troppa, troppo limpido il sole, troppo grate le prospettive future. Sisto, con la sua estrema ragionevolezza, esclu-

se ogni ipotesi sinistra e suppose che ci fossero topi, grosse be-
stiacce simulanti il rumore dei passi umani. Comunque volle
andare a vedere.

Salì le scale, aprì la porta, entrò nella soffitta abbandonata, dove filtrava dagli interstizi delle tegole (e da alcuni piccoli
sfiatatoi a mezzaluna) una luce quieta e diffusa, si guardò attorno, vide un bambino in piedi che stava frugando in una cassa.
"Non topi dunque" si disse il Tarra senza turbamento di sorta
"ma un ladruncolo sconosciuto." E stava per affrontarlo quando
il ragazzetto voltò la testa, così che i loro sguardi si incontrarono.

Sisto si fermò, inchiodato dallo stupore: ma lui lo conosceva quel ragazzo, perdio se lo conosceva! Quel taglio appena ri-
marginato sopra un occhio, ma lui lo sapeva ch'era stata una
caduta in giardino. Quel vestitino blu, quella cintura di cuoio
lucido, oh se li ricordava bene! E stava domandandosi dove li
avesse mai visti, quando improvvisamente capì: quello sconosciuto era lui stesso. Sisto Tarra, bambino. Proprio lui, Sisto,
all'età di undici dodici anni.

Prima fu un semplice sospetto, ma così assurdo che ci sarebbe stato da ridere. Poi, essendosi il ragazzo voltato verso di lui,
il Tarra lo riconobbe perfettamente, senza possibilità di errore:
era proprio lui stesso, Sisto, bambino.

Non era davvero facile a impressionarsi il Tarra. Pure sentì di colpo una gran timidezza, come quando veniva chiamato
a conferire dal direttore generale. Gli pareva di non essere più
capace di muoversi e fissava sbalordito la propria viva immagine di trentacinque anni prima.

Fu silenzio, e si udivano soltanto il respiro di Sisto, la voce di
un passero saltellante sul tetto, un lontano suono di automobile, mentre dagli interstizi delle tegole e dai piccoli sfiatatoi una
luce giallastra si spandeva sui vecchi libri ammonticchiati negli
angoli, sugli specchi rotti, i letti sgangherati, le cornici vuote, i
detriti di un'intera famiglia.

Ma intanto il ragioniere Sisto Tarra aveva ripreso il pieno dominio di se stesso, di cui andava solitamente così fiero, e con voce
fredda domandava (benché in cuor suo lo sapesse benissimo):

«Chi sei? Come sei entrato qua dentro?»

«I giocattoli!» rispose evasivamente il bambino con una voce stanca e sottile, come di malato. «Devono essere in questa cassa i giocattoli.»

«I giocattoli? Qui non ci sono giocattoli!» fece il Tarra sempre più rinfrancandosi, poiché cominciava ad apprezzare il lato interessante del colloquio; prima di tutto il ragazzo non lo aveva riconosciuto, ciò che dava a lui, Sisto, un decisivo vantaggio; poi pregustava il momento in cui egli, Tarra, si sarebbe rivelato, e il bimbo sarebbe rimasto sbalordito dalla meraviglia, sapendo di essere diventato così grande, ricco e autorevole.

Ma il ragazzetto insisteva:

«Sì che ci sono! in quella cassa li hanno messi, ho già trovato il "meccano"!»

«Ah, il "meccano"!» ripeté il Tarra con la bonaria condiscendenza che le personalità usano simulare in pubblico di fronte ai bambini «ti piace, il "meccano"?»

"Trentacinque anni" intanto pensava "ma quanto cammino! Bene spesa davvero la sua vita! Che abisso ormai separava quel ragazzetto sciocco e spaurito, da lui, ragioniere Tarra, solidamente piantato nel mondo, rispettato e temuto che trattava senza batter ciglio affari di milioni. Che spettacoloso regalo per quel bambino" pensava "fra poco, quando saprà la propria riuscita!"

Il ragazzetto però continuava a guardarlo con perplessità diffidente, né sembrava preoccuparsi più dei giocattoli.

«E Sisto?» domandò invece sempre con quel tono malato. «Dov'è Sisto adesso? Abita qui ancora? Tu lo conosci?»

«Se lo conosco!» fece il Tarra, sorridendo per la propria facezia. «Abitiamo insieme, e da molti anni anche!»

«E com'è? Che cosa fa adesso?»

«Oh, è diventato una persona importante, Sisto» e il sorriso si faceva sempre più aperto.

«Importante?» chiese ancora il bimbo rischiarandosi in volto. «E che cosa fa? È diventato generale?»

«Generale? E perché generale? Ti piacerebbe che fosse generale alle volte?» "Che gusti stupidi" pensava intanto "si vede proprio che è ancora uno sciocco."

«A me sì che piacerebbe!» rispose il ragazzo.

«Bene» continuò Sisto raffreddando la voce. «Non è generale, ma ha fatto strada lo stesso.»

«Fa l'esploratore allora?»

"Che stupidaggini" pensò ancora Sisto, domandandosi se non fosse meglio troncare il colloquio, ma lo tenne il desiderio di farsi ammirare.

«No, non è esploratore» disse. «Gli esploratori non esistono più che nei libri. Ma ci sono cose più importanti a questo mondo.»

«E che cosa fa allora? È ministro, forse?»

"Qui andiamo meglio" pensò allora il Tarra vedendo il bambino istradato a idee meno puerili. E rispose:

«Proprio ministro no, ecco. Ma ha una magnifica posizione. Puoi essere contento di lui.»

Il bimbo lo guardò fiducioso, in attesa di spiegazione. Si udivano vari passeri cinguettare sul tetto, una voce di donna giù nella strada, un rintocco di campana chissà da dove.

«È capo-economo» disse finalmente il Tarra scandendo le parole. «Capo-economo della ditta Troll, la prima casa di spedizioni d'Italia.»

Il ragazzo non parve capire. "Capo-economo" non gli diceva gran che. I suoi occhi scrutavano ancora quelli del Tarra, interrogativamente, ma scintillavano forse meno, per un velo sottile di delusione.

«Che cosa vuol dire?» domandò. «Fa i conti forse?»

«Anche i conti» ammise il Tarra, contrariato per la scarsa comprensione. «Praticamente è uno dei padroni.»

«È ricco allora, no?» Questo aspetto della questione sembrava piacere al ragazzo.

«Non c'è male, non c'è male davvero» rispose Sisto riaffiorandogli il sorriso di prima. «Non si può lamentare, insomma.»

«Chissà che bei cavalli, allora!»

«Cavalli?»

«Dico che avrà dei bei cavalli, allora.»

Il ragioniere scosse il capo, come se la stupidità di quel ragazzo lo scoraggiasse. E disse, tanto per non mostrarsi duro: «Oh, no, adesso non si usano più i cavalli».

Una nuova idea però veniva al ragazzo, che non si curò più dei cavalli, per chiedere:

«Ma dimmi: com'è adesso Sisto? Come si è fatto?»

«Ah, è diventato alto» rispose il Tarra, sempre più stimandosi per la presenza di spirito dimostrata. «Alto come me, pressapoco.»

«Ma è bello? Dimmi: è bello?»

«Bello? Non lo so. Negli uomini non si guarda alla bellezza. Certi però dicono che è un bell'uomo!»

«E porta la barba?»

«La barba, no; due baffetti porta, un po' come i miei. Un tipo inglese, certi dicono.»

La luce filtrante nella soffitta dagli interstizi delle tegole e dagli sfiatatoi a mezzaluna, da giallastra che era si fece improvvisamente grigia. Una nuvola doveva essere cresciuta nel cielo fino a nascondere il sole.

«E le preghiere?» chiese improvvisamente il ragazzetto sempre riferendosi a Sisto «Le dice sempre le preghiere alla sera?»

Eccolo di nuovo con le sue scempiaggini, si disse irritato il Tarra: possibile che quel piccolo fosse lui stesso, sia pure trentacinque anni prima? Possibile che fosse tanto diverso? Gli pareva assurdo, quasi vergognoso, essere derivato da quel bambino.

«Oramai no, caro mio» rispose quasi in tono di stizzosa sfida. «Perché vuoi che dica le preghiere? A una certa età nessuno le dice più. Soltanto le donne...»

«Ma le sa ancora, no? Se le ricorda?»

«Non lo so proprio questo... bisognerebbe domandarglielo, ma lo credo difficile.»

«E se poi ne ha bisogno? Che cosa fa se poi ne ha bisogno?»

«Bisogno delle preghiere? Perché mai ne dovrebbe avere bisogno?»

Il piccolo lo fissò perplesso, come se fosse stato ingiustamente sgridato.

«E i bambini?» domandò. «Abitano qui i suoi bambini?»

«Non ha bambini Sisto» fece il ragioniere Tarra seccamente. «Chi ti ha messo in mente che abbia bambini?»

«Niente bambini? neppure uno?»

«Ma no, naturalmente, non è mica sposato, Sisto.»

Si udiva adesso un nuovo rumore, una specie di mugolìo sordo che ondeggiava su e giù per le tegole, la voce del vento. La soffitta si era fatta rapidamente molto più tetra e a spiegarlo non bastava una nuvola dinanzi al sole, per pesante e nera che fosse, bisognava ammettere proprio che la sera stesse calando, che inaspettatamente, accelerando il normale ritmo delle ore, come mai era avvenuto, si avvicinasse la notte.

Il ragazzo fece allora un timido passo in avanti, puntando l'indice verso l'uomo e la sua voce divenne ancora più fioca:

«Sei tu, no?» chiese con ansia. «Di' la verità; sei tu Sisto?»

Finalmente il ragazzo aveva dunque capito: si era accorto che quel signore vicino alla cinquantina non era una persona qualsiasi, bensì proprio lui stesso, così come era stato trasformato dagli anni. La voce del bimbo tremava, per qualche sua particolare ragione.

La voce del bimbo tremava, il ragioniere Tarra invece sorrise, ergendo le spalle ad apparire il più imponente possibile.

«Proprio io in persona» confermò. «Non l'avevi ancora capito?»

«... avevi ancora capito?...» ripeté meccanicamente, come una eco, il ragazzo, senza intendere il suono delle parole, le pupille dilatate nella penombra.

«Sei contento, no? Dimmi, dimmi. Sei contento della riuscita?»

E perché adesso lo stupido ragazzetto non sorrideva neppure? Perché non gli correva incontro festante? Forse non aveva ancora ben capito? o sospettava uno scherzo e andava guardingo per timore di delusioni?

No, il fanciullo aveva capito benissimo e guardava Sisto con un'espressione intensa ed amara, come se si fosse aspettato un grande regalo e avesse trovato una misera cosa. A passi incerti si avanzava, attraverso la fosca soffitta, verso quell'uomo che avrebbe voluto non conoscere, fissava quel volto segaligno, quegli occhi freddi da pesce, quelle labbra sottili e dure, esaminava il colletto alto inamidato, la spilla della cravatta raffigurante la testa di un leone, il vestito scuro correttissimo, e ne toccò con una mano un lembo.

«Guarda che bell'orologio» disse Sisto Tarra per dare confidenza al bimbo, estraendo il cronometro di precisione. «L'ho comperato in Svizzera, c'è dentro la suoneria delle ore.»

Schiacciò un bottoncino e si udirono, nel pesante silenzio, tintinnare esili rintocchi metallici. Uno, due, tre, quattro, cinque, sei.

Le sei di sera, possibile? Un oscuro orgasmo si formò nel petto del Tarra. Gli pareva che il colloquio con il bambino non fosse durato più di dieci minuti, ma l'orologio e il buio crescente testimoniavano il sopraggiungere della notte. Il sole aveva divorato il cammino, quasi in odio a lui, Sisto. Cessata la flebile suoneria, si udì il vento di fuori lamentarsi rasente ai muri.

«Che bello» mormorò il bambino senza convinzione, esaminando l'orologio. «Ma fammi vedere le mani.»

Prese, con la sua, la destra del ragionier Tarra, la trasse a sé per vederla bene, la guardò adagio adagio. E pareva davvero incredibile, tristissima cosa, che quella mano pelosa e massiccia tutta solcata di rughe, dalle nocche sporgenti, dalle unghie grosse e giallastre, fosse stata così piccola, tenera e bianca, come l'altra del bimbo.

«E che cos'hai a quell'occhio?» chiese ancora il **ragazzetto** alzando gli sguardi alla faccia del Tarra. Sisto aveva infatti da un paio d'anni, in seguito a una paresi reumatica, la palpebra destra alquanto cascante, che gli dava un'espressione ambigua.

«Ma sì, perché lo tieni chiuso» insistette il bambino, siccome l'altro non rispondeva.

«Niente, ci vedo benissimo» fece il ragioniere Tarra, sentendo montare dentro a sé una collera trista. Che buio nella soffitta! Né dall'esterno giungeva alcun suono. Negli angoli perimetrali dove lo spiovente del tetto si innestava col pavimento, annidavansi a frotte le ombre.

"Maledetta la volta che sono salito quassù" si disse il Tarra. "Ma perché questo odioso bambino mi guarda in quel modo? E che cosa ho io in comune con lui, in fin dei conti?" Il ragazzo lo odiava, si capiva benissimo.

«Mi immaginavi diverso, eh?» fece Sisto nelle tenebre crescenti, con voce rauca e nemica.

«Non so, non so...» balbettò il bambino impaurito ritraendosi. Non disse altro ma si sentiva lo stesso la sua delusione.

«Che cosa ti eri messo in mente? Che cosa credevi che diventassi? Mi volevi veder vestito da generale? O con la mitria da vescovo?» imprecò, cercando però sempre di dominarsi. «Non so perché tu faccia quel muso! Potresti ringraziare il cielo, mi pare. Non sei soddisfatto, eh? Non ti piacciono le mie mani, eh?»

Gustava ora la gioia di far paura, di veder terrorizzato l'insolente bambino. Ma l'altro era retrocesso rapidamente e non si distingueva quasi più, tanto era buio.

«Sisto!» per la prima volta il ragioniere pronunciò il proprio nome, che risuonò sgradevole e infausto. «Sisto, dove sei?... Ho da farti vedere i francobolli, ho una magnifica raccolta» aggiunse in tono mellifluo, affinché il bimbo non cercasse di fuggire.

Attraversò la soffitta, badando a non inciampare nei travi che la interrompevano di traverso, giunto in fondo si chinò a esplorare gli angoli oscuri, si guardò attorno, crescendo l'orgasmo. Il ragazzo sembrava svanito.

«Sisto, Sisto!» fece ancora, sussurrando poiché il suono della propria voce cominciava a dargli disagio. Ma nessuno rispose. L'immagine antica si era dissolta nell'ombra e nella soffitta non restava assolutamente altri che il ragioniere Sisto Tarra, di quarantasette anni, assalito da inquieti pensieri.

Solo, nella soffitta buia. La notte lo aveva sorpreso come egli non aveva mai creduto possibile. Pensò fortemente alla propria carriera, alla promozione, alla nuova carica, ma tutto questo non gli diceva più niente. Invano cercava la contentezza di prima. "Chissà che bei cavalli che bei cavalli... neppure uno neppure uno..." sentiva ancora la voce del bimbo sussurrare tutt'attorno dagli angoli neri. Gli venne in mente che fuori era già venuta la notte, fuori continuava l'esistenza degli uomini, migliaia di creature intente alla vita, che ignoravano chi fosse Sisto Tarra; uomini e donne disseminati sulla terra che lavoravano e soffrivano insieme, commisti fra loro in turbe, inghiottiti nelle città, mediocri o abbietti forse, ma non soli. Non soli come lui che ne aveva sempre disprezzato la vita e a poco a poco se ne era straniato pretendendo di fare tutto da sé. E cominciava a nascergli il dubbio, come minuscolo barlume, di essersi completamente sbagliato, che ci potessero essere al mondo altre cose che il posto all'ufficio, i ruoli, gli stipendi, la società anonima Troll; cose che un giorno lontano aveva intraviste, stupidaggini naturalmente, fantasie senza costrutto, poi lasciate andare nell'avida fatica quotidiana.

Fu dapprima un dubbio remoto, poi lo prese un'acuta smania come di sete: poter tornare indietro, diventare ancora bambino, ricominciare tutto da capo, fare tutto diverso da com'era stato, il mestiere, gli amici, la casa, perfino gli abiti, perfino la faccia. Ed era terribile che fosse ormai troppo tardi, che l'ombra lo avesse sorpreso e mai più ci sarebbe stato rimedio. All'estrema luce del crepuscolo, entro cui i veli della notte si sovrapponevano lentamente, il ragioniere Sisto Tarra, brancolando per non urtar contro le travi, cercò la porta per uscire. Sciocchezze, sciocchezze, mormorava con impegno per richiamarsi alla solida e piacevole realtà della vita; ma non gli bastava. Udì sulle tegole dei leggeri colpetti, che si facevano sempre più fitti, un rumore quieto: le nuvole dovevano aver riempito il cielo e pioveva.

Vecchio facocero

Occorre considerare la psicologia del vecchio facocero. Giunto a una certa età, il cinghiale africano spesso è portato a considerare con disdegno le miserie della vita. Le gioie della famiglia si appannano, i facocerini irrequieti e famelici, sempre tra i piedi, divengono un continuo fastidio; e non parliamo della invadente alterigia dei giovanotti ormai fatti, convinti che il mondo e le femmine siano tutti per loro.

Adesso lui crede di essersene andato a vivere da solo per impulso spontaneo, di avere raggiunto il vertice della maestà belluina, vuol convincersi di essere felice. Eppure guardatelo come si aggira irrequieto tra le stoppie, come ogni tanto annusa l'aria sorpreso da improvvise memorie e come risulta sfavorevolmente asimmetrico nel grande quadro della natura che ha fatto tutte le vite a due a due. In realtà ti hanno cacciato via dalla tua famiglia patriarcale, vecchio facocero, perché eri diventato scorbutico e pretenzioso; i giovani avevano perduto ritegno, ti davano colpi di zanna per spingerti da parte, e le donne hanno lasciato fare, segno che anch'esse ne avevano di te abbastanza. Così per giorni e giorni, fino a che tu li hai abbandonati al loro destino.

Eccolo qui, nel mezzo della piana di Ibad, mentre si avvicina la sera, intento a spilluzzicare entro una specie di vecchio canneto secco. E attorno non c'è nulla, eccezion fatta per la desolazione del piatto deserto, con aridi termitai qua e là, e qualche piccolo misterioso cono nerastro a fior di terra. Verso il sud, tuttavia, si posson scorgere alcune montagne, veramente troppo lontane; ma sconsigliamo dal crederci, probabilmente si tratta di parvenze vuote, nate solo dal desiderio. Del resto lui non le vede perché gli occhi dei facoceri sono diversi dai nostri. Invece poiché il sole discende, il verro scruta soddisfatto la propria ombra farsi di minuto in minuto più oblunga; e avendo poca memoria, come succede ogni sera, monta in superbia, per l'illusione di essere diventato grande in modo meraviglioso.

No, non è specialmente grande rispetto ad altri giovani compagni, ma in un certo senso è magnifico, lui che è una delle bestie più brutte del mondo. Perché l'età gli ha generosamente allungato le zanne, gli ha donato una importante criniera di setole gialle, gli ha inturgidito le quattro verruche ai lati del muso, lo ha trasformato in un mostro corporeo di favola, inerme pronipote dei draghi. In lui ora si esprime l'anima stessa della selva, un incanto di tenebre, protetto da antiche maledizioni. Ma nella testa immonda dovrà pur esserci un barlume di luce, sotto il pelame scabro una specie di cuore.

Un cuore che si è messo a battere essendo nel pieno deserto comparso una sorta di mostro nuovissimo e nero; il quale mugola lievemente e si avvicina in modo strano, né correndo né strisciando, come non si era mai visto. Questo mostro è grandissimo, forse più alto di un gazzellone, ma il facocero aspetta, fermo, e lo guarda con intenzioni malvage (benché tutt'attorno, dalle solitudini, stia nascendo un avverso presagio).

Anche la nostra automobile si è adesso arrestata.

«Che cosa guardi?» faccio al compagno. «Perché hai fermato? Non vedi che è un bue?»

«Anche a me pareva» dice lui «ma è un facocero, invece. Aspetta che sparo.»

Lo strano mostro che mugola si è taciuto ed è fermo, apparentemente privo di vita. Eppure il facocero ha sentito di improvviso un colpo tremendo; poi un rumore secco e sinistro come di antico albero che crolli, o di certe frane. «Bravo, perdio, l'hai preso!» grido io. «Guarda come si rivolta per terra, guarda che polverone!»

Proprio così: attraverso i resti del vecchio canneto, il bestione è stato visto compiere una specie di capriola e rotolarsi in furore. «Macché» fa il mio compagno. «Non vedi che scappa?»

Fugge infatti il cinghiale, con la zampa posteriore destra spezzata. Assume un piccolo trotto ostinato, in direzione di est, allontanandosi dal sole morente, quasi timoroso di questa siderale allusione. E il mostro metallico riprende il mugolìo di prima, si mette a corrergli dietro, né guadagnando né perdendo terreno, per via di certi ciuffi di erba morta che ostacolano il cammino.

Ora lui è solo e perduto. Né dal cielo vuoto, né dagli ermetici termitai, né da alcuna parte della terra potrà venire il soccorso. La sua ombra personale lo precede, trottando di conserva, sempre più mostruosa ed ambigua; ma oramai essa non serve, l'orgoglio di poco fa gocciola fuori, col sangue, dalla ferita, e resta seminato per via.

Ed ecco, ma quanto lontana, al limite di congiunzione fra terra e cielo, mentre la luce lentamente declina, ecco una striscia scura, le acacie spinose, il fiume. Laggiù sono gli altri, lui lo sa bene, tutta la patriarcale famiglia, le mogli, i giovanotti brutali, gli antipatici facocerini. Oh, è inutile negare, forse senza che se ne rendesse ben conto, anche nei giorni scorsi lui ha continuato a seguirli, a distanza, curando di non farsi vedere. Ed è ridicolo, certo, ma lui provava piacere ad annusare le loro peste recenti, a riconoscere le orme di questo o di quello; ecco, qui devono essersi azzuffati, là hanno fatto scorpacciata di radici, non me ne hanno lasciata neppure una. Reietto, non aveva potuto staccarsi, non era stato capace di vivere solo, presuntuoso vecchio, e adesso l'unica speranza superstite deriva ancora da loro.

Ma una seconda fucilata l'ha preso a metà di una coscia, il sole tra poco affonderà sotto terra e dal fiume troppo lontano si avanzano a imbuto tetri abissi di buio. Vediamo, dall'automobile, che il suo trotto si è fatto in un certo senso svogliato e pesante, come se l'istinto ancora lo traesse alla fuga, ma non più sincera velleità di vita. Il deserto del resto sembra divenire sempre più sterminato, allontanandosi anziché approssimarsi il verde segno del fiume.

Io dico al compagno: «Guarda, si è fermato, è stanco. Fatti sotto, ci sono ancora pochi minuti di luce». E siccome noi possiamo continuare la strada (su di noi nessuno ha sparato a tradimento colpi di Mauser con pallottole dilaceranti), siccome noi ci avviciniamo, il facocero comincia a farsi più grande, scorgiamo finalmente il laido volto, le orecchie irte di setole, la molto nobile criniera. Esso è immobile, in piedi e ci guarda con due occhi a spillo. Deve essere oramai esausto, ma può darsi anche sia stato un solingo dio dancalo a trattenerlo, col vitreo scettro di sale, rimproverandogli la viltà della fuga.

La canna dello schioppo è già stata disposta secondo l'esatta linea di mira; a questa breve distanza sbagliare sarebbe impossibile, il dito indice si appoggia all'incavo del grilletto. Ed allora (mentre i draghi della notte sopraggiungevano dalle spente caverne d'oriente con la precipitazione di chi teme d'arrivare in ritardo) allora lo vedemmo volgere lentamente il muso in direzione del sole, di cui restava sopra il deserto soltanto una piccola fetta purpurea. C'era una pace immensa e ci nacque l'immagine di una villa ottocentesca alla medesima ora, con le vetrate già accese e affacciata una vaga figurina di donna che tra echi di musica mandasse un sospiro, mentre i cani viziati chiacchierano al cancello del giardino su aneddoti nobiliari e di caccia.

Il mugolìo del motore si spense e forse allora, per misericordioso fiato di vento, giunse al facocero la voce dei compagni liberi e felici, rintanati sulle rive del fiume. Era però troppo tardi. Intorno a lui stava per calare l'estremo sipario. Né gli restava più nulla se non dare uno sguardo al sole residuo, come positivamente fece; non già per sentimentali rimpianti, né per succhiarne con gli occhi l'ultima luce; solo per chiamarlo a testimone dell'ingiustizia che si compiva.

Quando tacque il colpo della fucilata, esso giaceva sul fianco sinistro, con gli occhi già chiusi, le zampe abbandonate. Sotto i nostri occhi – in alto accendevansi le prime stelle – esalò gli ultimi respiri: due borbottii profondi da vecchio, commisti ai rigurgiti sanguigni. E non successe nulla, non il più sottile spirito si involò dal mostro defunto per navigare nei cieli, neppure una minuscola bollicina. Perché il sapientissimo Geronimo, che di queste cose se ne intende, è disposto ad ammettere un'anima, sia pure rudimentale, al leone, all'elefante e ai più eletti carnivori; nei giorni di ottimismo si mostra benevolmente disposto perfino col pellicano, ma col facocero mai, assolutamente; per quanto insistessimo, egli ha sempre rifiutato di concedergli il privilegio di una seconda vita.

Il sacrilegio

Domenico Molo, di dodici anni, figlio del ricco industriale, sedeva nella chiesa, di fianco a un confessionale, preparandosi a dire i suoi peccati. Era un tepido pomeriggio di primavera e il tempio appariva quasi deserto.

L'indomani, per Domenico, sarebbe stato un grande giorno: la prima Comunione. Oltre alla poetica letizia del rito che lui, così piccolo, solo confusamente avvertiva, ci sarebbero stati molti regali, una piccola festa in casa. Una giornata di pura felicità, senza pensieri di scuola e di compiti. Anche la confessione, a cui si accingeva, non gli dava, come le prime volte, la tormentosa sensazione di affrontare un difficile esame. I suoi peccati, dall'epoca della Cresima, due anni prima, erano sempre gli stessi e don Paolo oramai li conosceva a memoria. Così Domenico pregustava in un certo modo quel senso di misteriosa leggerezza che seguiva ogni volta l'assoluzione dei peccati e intanto sfogliava distrattamente il suo nuovo libro da messa, dono di un parente. Don Paolo stava ancora ascoltando, dietro la grata, le colpe della signora Rop, la governante di Domenico, donna alta, severa e religiosissima.

La confessione della signora Rop durava solitamente a lungo e aspettarne la fine, le altre volte, metteva il bimbo in uno stato di progressiva inquietudine, come se proprio in quegli ultimi minuti le tentazioni del male si accanissero improvvisamente contro di lui, per rendergli più difficile e mortificante l'accusa dei peccati. Ma stavolta Domenico si sentiva calmissimo, le pie frasi del suo libriccino gli rivelavano una insospettata dolcezza, un raggio di sole batteva su uno dei grandi sportelli dell'organo, facendo risplendere il volto di un vecchio santo. Buono era il vago odore di incenso diffuso fra le navate.

A un tratto gli occhi del bimbo, scorrendo il libro da messa, caddero su una specie di questionario, nuovo a lui, attinente proprio alla confessione. Comandamento per comandamento, venivano citati tutti i possibili peccati di un giovanetto.

"Hai mai mentito?" chiedeva per esempio il libretto. "A chi? Ai tuoi genitori? Ai tuoi insegnanti? Per nascondere un altro peccato? Per procurarti un premio non meritato?" eccetera.

Questa requisitoria, così serrata e minuziosa, diede al bimbo una impressione sgradevole. Ebbe il timore, leggendola tutta, di poter scoprire in sé colpe insospettate. Meglio non leggere, si disse, lo farò se mai la prossima volta. Ma subito intuì come questo ragionamento fosse poco cristiano. Sarebbe stata una viltà tale da compromettere l'efficacia della confessione.

Perciò, vincendo l'istintiva riluttanza, prese a leggere fin da principio il questionario. Le prime domande lo tranquillizzarono. Erano tutti peccati ch'egli aveva già passato in rassegna nell'esame di coscienza, alcuni non li aveva mai commessi, altri si apprestava appunto a rivelarli. Riprese con più coraggio la lettura fino a che incontrò la frase: "Sei superstizioso? Dài importanza o credi ai sogni?".

Superstizioso? pensò, e un sottile brivido lo fece trasalire. Domenico in verità non era più superstizioso di qualsiasi altro ragazzo; ma naturalmente anche lui aveva le sue particolari manie. Diceva per esempio: se da qui al fondo del marciapiede incontro un numero di persone pari mi andrà bene, se dispari mi andrà male. Oppure: se riesco a camminare senza mai pestare le giunture fra pietra e pietra del selciato, buon segno; in caso contrario, cattivo. Restava pure profondamente impressionato dai sogni, specialmente di sciagure riguardanti le persone di casa e gli amici.

Mai aveva pensato che simili debolezze potessero costituire peccato. Ora la secca e precisa domanda del questionario gli faceva capire che quella doveva essere anche una colpa grave, specialmente in un ragazzetto. Cercò invano di persuadersi che le sue non erano superstizioni, che non aveva mai creduto ai sogni; quanto più si sforzava, sempre maggiore gli appariva il proprio peccato. Non fece però in tempo a risolvere il dubbio. La signora Rop si era scostata dalla grata con le mani giunte e veniva a inginocchiarsi al suo fianco, facendogli un piccolo cenno col capo, come per dirgli che toccava a lui. Meccanicamente, Domenico si accostò al confessionale, appoggiò le ginocchia nude al gradino, giunse le mani. Il cuore gli batteva affannosamente.

La sua bocca pronunciò le solite frasi, elencò i soliti peccati, ma Domenico aveva l'impressione che fosse la voce di un altro, tutto il suo pensiero era concentrato sulle colpe di superstizione, che gli parevano vergognosissime e non trovava il coraggio di confessare. Don Paolo per fortuna non pareva affatto notare il suo turbamento; assentiva col capo austeramente ad ogni frase di Domenico, come immagazzinando materia per il monito conclusivo.

In breve Domenico ebbe esaurito l'elenco dei propri peccati. Allora sentì ch'era venuto il momento decisivo. Si irrigidì tutto per dominare la cocente vergogna, cercò di profferire la terribile frase: "Sono superstizioso". Ma non riuscì a emettere parola. Don Paolo già cominciava le sue pie raccomandazioni.

Le parole del sacerdote gli giunsero all'orecchio lontane, senza senso, monotone. Il volto del bimbo si era fatto pallido, gli occhi luccicavano intensamente, ma nel confessionale la penombra era densa. Finalmente egli udì la penitenza stabilitagli dal sacerdote: tre *Pater*, tre *Ave*, tre *Gloria*. Insieme pronunciarono a bassa voce l'atto di contrizione. Don Paolo lo salutò con un sorriso e accennò a togliersi la stola.

Appena Domenico fu di nuovo a fianco della signora Rop, la coscienza della colpa commessa gli incupì l'animo di sgomento: egli aveva taciuto un peccato per vergogna. Si guardò attorno, quasi cercando un aiuto, una consolazione. Le statue dei santi, le alte colonne, il Cristo sospeso in mezzo all'arco del presbiterio non erano più immagini amiche, parevano essersi chiusi in un impenetrabile sdegno. Sentì la voce sottile della signora

Rop che discorreva con don Paolo. Un desiderio di liberazione lo colse, quel peso lo soffocava.

Toccò un braccio alla governante.

«Senta, signora» le disse «mi sono dimenticato di dire una cosa.»

«Di dire una cosa a chi?» chiese la signora Rop lievemente seccata.

«Alla confessione, mi sono dimenticato» fece il bimbo. «Bisogna che la dica a don Paolo.»

Suo malgrado, la signora Rop ebbe un sorriso, si rivolse al sacerdote, gli disse qualcosa sottovoce. Anche don Paolo sorrise benignamente. «Vieni, vieni allora» fece al bimbo. «Siamo qui per questo.»

Come a fonte che gli avrebbe spento la sete, Domenico ritornò al confessionale, si inginocchiò, fece il segno della croce. «Reverendo» disse senza misurare esattamente il significato delle parole nella furia di sfogarsi «prima non avevo detto una cosa: credo di essere superstizioso.»

«Superstizioso?» domandò il sacerdote leggermente stupito di tanto scrupolo.

L'animo del bimbo si era già istantaneamente sollevato. Oramai il più era fatto. La tentazione peccaminosa era vinta. Che importava adesso specificare le minute circostanze?

«Credo qualche volta ai sogni» disse. «Qualche volta penso che le cose mi andranno male se non faccio una cosa, oppure se si rovescia il sale.»

«Ho capito» fece il sacerdote, severo. «Guai a essere superstiziosi. È segno di ignoranza, perché equivale a credere in potenze occulte al di fuori di Dio. Lasciamola ai popoli selvaggi la superstizione.» E spiegò al bimbo i danni di quel peccato.

Sul sagrato della chiesa risplendeva il sole, gli alberi avevano messo fuori bellissime foglie verdi, la gente che passava sembrava molto più lieta del solito. Il bimbo chiacchierava sereno con la governante, l'animo assolutamente sgombero. "Che sciocco" pensava perfino fra sé e sé "non doveva essere poi questo grande peccato, la mia superstizione. Don Paolo non ci ha dato nessuna importanza!" Solo adesso capiva come tutti, probabilmente anche la signora Rop, fossero più o meno superstiziosi. Persino il papà, sempre così ottimista, diceva sempre che di venerdì non viaggiava mai, sebbene quel giorno i treni fossero quasi vuoti e le strade molto meno battute dalle auto. Quante volte del resto anche i suoi compagni di scuola, interpretando certi piccoli fatti casuali, prevedevano di essere interrogati o no e si regolavano in conseguenza. Che stupido era stato a spaventarsi così.

Pure, avanzando la sera, la serenità d'animo andò inesplicabilmente offuscandosi. Il bimbo aveva come l'impressione che nella duplice confessione di quel giorno qualcosa fosse rimasto ancora insoluto, ma non riusciva a capire il motivo. Alle nove, dopo aver lietamente cenato con il padre, i fratelli e un vecchio amico di casa, Domenico, quando fece per andare a letto, ebbe l'idea di rileggersi il questionario dei peccati nel nuovo libro da messa. "Tanto" pensò "tutto quello che sapevo l'ho confessato; se esistono altri peccati a me sconosciuti, e oggi non li ho detti a don Paolo, questo non costituisce colpa."

Aveva appena tratto dal comò il libretto, che la verità gli si rivelò improvvisamente in tutto il suo gravissimo peso. Egli aveva sì confessato di essere superstizioso, aveva dominato la vergogna di rivelare questa sua colpa, ma non aveva detto al sacerdote la colpa maggiore: quella di aver taciuto per vergogna, nella prima confessione, il peccato di superstizione.

Ora rievocava nella memoria, parola per parola, ciò che aveva detto a don Paolo. Sì, adesso ricordava: aveva detto esattamente così: "Reverendo, prima non avevo detto una cosa: credo di essere superstizioso".

Prima non aveva detto una cosa. Perché non aveva detto invece: "Reverendo: *prima non ho avuto il coraggio di confessare...*" questo sì sarebbe bastato a scaricarlo. Invece era ricorso a una frase sibillina: "Non avevo detto una cosa", senza spiegare il perché. Don Paolo aveva certo creduto in una semplice dimenticanza e come dimenticanza l'aveva assolta in nome di Dio.

La superstizione, la paura del sale rovesciato, la credenza nei sogni, risultavano adesso a Domenico mancanze assolutamente trascurabili, quasi ridicole. Di ben altro delitto egli si era macchiato.

Assediato dal panico, il bimbo provò, per giustificarsi, il seguente ragionamento: "Se la mia superstizione, come è risultato evidente dalle parole di don Paolo, era solo un peccato veniale, anche il tacerlo per vergogna dovrebbe essere colpa trascurabile".

Niente. Il ragionamento non serviva: Domenico si ricordava benissimo che, al momento della seconda confessione, la superstizione gli sembrava colpa gravissima, prova ne era che aveva sentito il bisogno di liberarsene. Non c'era stata insomma la buona fede.

Tentò allora una seconda scusa: quando era tornato al confessionale – pensò, o meglio cercò di persuadersi – egli *era convinto* che bastasse accusare la propria superstizione, senza bisogno di aggiungere che prima l'aveva taciuta per vergogna; tanto era vero che sul momento si era sentito liberato completamente. Il difficile era di vincere la vergogna e questo l'aveva fatto. "La frase: *prima non avevo detto una cosa*" si disse il bimbo "non era frutto di malizia." Forse era stata un'espressione infelice – poteva ammettere – ma maligna no. Se gli fossero venute alla mente parole più precise ed esaurienti, senza dubbio le avrebbe pronunciate con uguale facilità. Qui però cominciava il dubbio: era proprio sicuro Domenico che sarebbe stato proprio lo stesso? Non era stato il demonio, anche senza che lui se ne rendesse ben conto, a suggerirgli quella confessione abilmente elusiva?

Da nessuna parte il bimbo trovava uno scampo. Un orribile peccato mortale contaminava la sua anima e il mattino dopo egli avrebbe dovuto accostarsi alla prima Comunione. Ma come poter liberarsi? Avvertire la signora Rop che egli doveva confessarsi ancora? E in che modo giustificarle questa strana necessità? A don Paolo certe cose poteva dirle. Ma a lui solo, mai alla governante.

Aprì affannosamente il libro da messa nella estrema speranza di trovarvi qualche motivo di sollievo. Lesse avidamente il capitolo della confessione, cercando il caso che lo riguardava. Ecco, aveva trovato: "Chi nella confessione tace per pura dimenticanza qualche peccato mortale e qualche circostanza necessaria, ha fatto una buona confessione. Chi per vergogna o per altro motivo non giusto tace colpevolmente un peccato mortale, non fa buona confessione, ma profana il Sacramento e si fa reo di un grave sacrilegio".

Sacrilegio. La parola tuonò nel cuore del bambino. Fino allora *sacrilegio* era stata per lui una nozione vaga e teorica, senza alcun addentellato con la sua vita: delitto assurdo e terribile, da medioevo, più grave di un assassinio, che doveva ricorrere ben raramente nella vita degli uomini e nei tempi moderni forse mai si verificava. Una colpa spaventosa che Dio non aveva l'abitudine di perdonare.

Rilesse la frase e gli parve di trovare la salvezza. "Chi tace colpevolmente un *peccato mortale...*" diceva il libro. La sua superstizione certo non era di questa categoria. Dunque anche l'averla taciuta non era sacrilegio.

La consolazione fu breve. Ripensandoci, si accorse che questo era un ragionamento falso. Nel libro l'ipotesi di un peccato *veniale* taciuto per vergogna non veniva neppure considerata; evidentemente non si riteneva possibile che uno si vergognasse di un peccato veniale. Il fatto stesso della vergogna implicava dunque la gravità del peccato, vera o presunta che fosse; che poi il peccato fosse veramente mortale o invece soltanto creduto mortale, questo al giudizio di Dio non aveva importanza. Era il fatto di tacere per vergogna e non la gravità intrinseca del peccato taciuto che profanava la Confessione.

Egli era poi riuscito a confessarlo, il peccato, era vero; ma in fondo rimanevano due confessioni distinte; era lo stesso che, due anni dopo per esempio, egli si fosse accusato di superstizione dinanzi al sacerdote, senza però far cenno del peccato commesso nella confessione precedente tacendo per vergogna. Aveva saputo insomma vincersi, ma parzialmente, non in modo da poter sanare la prima colpa.

Moltiplicata dalla notte, l'idea del sacrilegio si trasformava lentamente in condanna senza rimedio. L'anima del fanciullo, per la prima volta, urtava contro la squallida muraglia della vita. Invano Domenico si diceva che tanta vergogna era troppa per un ragazzo; sì e no la avrebbe potuta sopportare un uomo adulto; e gli pareva che ci fosse sotto una profonda ingiustizia.

Invano si domandava: per un attimo di smarrimento, per un istante di paura, la maledizione di Dio?

Il ragazzo si sentiva perduto. Mai e poi mai, gli pareva, sarebbe riuscito a confessare il sacrilegio. Dure punizioni ne sarebbero seguite; don Paolo certo non rivelava ad altri ciò che gli si confessava, ma in un caso così grave avrebbe sentito il dovere di avvertire suo padre. Così immaginava il ragazzo. Il disprezzo di tutti sarebbe caduto su di lui. Fra l'altro sarebbe stato mandato a un collegio. E non pensarci nemmeno alla meravigliosa nave a motore che il papà gli aveva promesso se avesse passato bene l'anno scolastico.

Ma che gli importava più della meravigliosa nave in quella notte di tormento? "Bisogna che riesca a confessarmi prima di far la Comunione, se no il peccato si raddoppia" pensò il fanciullo, ma era un progetto teorico, senza profonda convinzione. Capiva benissimo, Domenico, che sarebbe occorso confessare tutto anche ai suoi e ne sarebbe nato uno scandalo.

Solo nel mondo, il bambino smaniava nel letto; nessuno, assolutamente nessuno, all'infuori di Dio, sapeva del suo delitto. Il giorno dopo tutti gli avrebbero parlato con il solito affetto, il papà gli avrebbe consegnato il famoso orologio d'oro a polso, molti altri regali sarebbero giunti dai parenti. Tutto inutile tutto inutile, per lui la vita non poteva offrire più nulla di buono.

Fino a che giunse il pietoso sonno e, vinto dalla stanchezza, il ragazzo giacque immobile sul letto, dimenticando ogni cosa.

Oh non fosse mai andato a svegliarlo il servitore Pasquale, il mattino dopo. Vecchio di casa, Pasquale adorava Domenico e quel giorno ci tenne a portargli il primo saluto. «Svelto svelto, signorino» gridò gioiosamente aprendo le imposte «è già tardi, avete appena il tempo di vestirvi. La signora Rop è già pronta.»

Domenico balzò a sedere sul letto, sentiva che una cosa importantissima era cambiata per lui in male. Per qualche istante non riuscì a rintracciarla. Poi la coscienza del sacrilegio gli affiorò nell'animo con potenza maligna, se pur alquanto spogliata degli orrori notturni. Si sedette sul letto, vide, piegato con cura sullo schienale di una sedia, il suo vestito nuovo, con attaccata alla manica sinistra una fascia candida di seta e la frangia d'oro, simbolo della sua presunta purezza.

Rispetto alla sera prima, la freschezza del mattino gli aveva dato nuove forze contro la sciagura. E con gioiosa sorpresa egli si trovò fermamente deciso a chiedere una confessione supplementare. Due o tre minuti sarebbero bastati, prima della cerimonia collettiva. Sarebbe andato lui direttamente da don Paolo, senza neppure avvertire la governante. Sì, avrebbe affrontato l'eroico rimedio, costasse quel che costasse; adesso, ripensandoci, capiva che don Paolo probabilmente non avrebbe rivelato il segreto a nessuno; forse non avrebbe preso la cosa neppure sul serio.

Perché allora Domenico, in quell'improvviso slancio di coraggio, volle confidarsi a Pasquale? Quale insidioso desiderio lo fece parlare?

«Pasquale» disse improvvisamente il ragazzo, tentando un tono quasi scherzoso «tu vai mai a confessarti?»

«Ogni settimana, signorino.»

«E dimmi una cosa. Hai mai taciuto un peccato per vergogna?»

«Oh, non saprei, signorino. Spero di no.»

«Ma, dico, allora» fece Domenico con un ritorno di apprensione «è molto grave tacere un peccato per vergogna?»

«Certo, signorino, è peccato mortale.»

«Pasquale!» esclamò il bimbo (mortagli la mamma nei primi giorni di vita, il servitore era l'unica persona al mondo con cui egli avesse vera confidenza). «Ieri ho taciuto un peccato per vergogna!»

«Oh, signorino, non sarà stato un gran peccato.»

«Sì, ma dopo son tornato da don Paolo e l'ho confessato.»

«Ma allora non c'è niente di male. Allora tutto è a posto.»

«Gli ho detto il peccato» specificò il ragazzo «ma non gli ho detto che prima l'avevo taciuto per vergogna.»

«Quante complicazioni!» rispose Pasquale ridendo, poiché cominciava a non capirci più niente. «Quante complicazioni inutili. Se l'avete confessato, non ci pensate più, signorino. Cosa andate a mettervi in mente? Su su, presto, a lavarsi.»

«Ma dici sul serio che non può essere un peccato mortale?»

«Macché peccato mortale!» fece Pasquale, inconsapevole di cosa potesse essere un'anima umana. «Non ci pensate nemmeno. Guai a sofisticare in queste cose. È allora che si finisce per far peccato!»

Oh quanto volentieri Domenico si lasciò persuadere da così semplice ottimismo. Certo Pasquale non immaginava neppure che il suo padroncino potesse macchiarsi di una colpa grave; a quell'età, pensava, tutti i bambini sono di per se stessi innocenti; qualsiasi cosa facciano, in fondo la colpa non è loro, Dio non può che perdonarli.

Così il proponimento di confessarsi prima della Comunione svanì in pochi istanti dalla mente di Domenico. Il ragazzo benedì in cuor suo Pasquale che aveva risolto con tanta bontà e saggezza il problema. Si vestì con esagerata animazione. Corse a salutare la signora Rop, la baciò sulle guance come da parecchie settimane non faceva.

«Ci voleva la prima Comunione perché tu ritornassi gentile» gli disse la governante, severa ma compiaciuta.

Il rito in chiesa si svolse rapidamente fra raggi compatti di sole che penetravano dalle vetrate, fumate di incenso, solenni boati d'organo. Domenico seguì la messa col massimo scrupolo, osò ringraziare il Signore che lo aveva liberato dall'affanno della sera prima, si avvicinò con la massima compunzione all'altare per ricevere il Sacramento, fu un ragazzo modello. Ma, sebbene cercasse di agire in modo da guadagnarsi il favore di Dio e degli uomini, egli attendeva invano la sperata letizia. Guardando i compagni, non riusciva più a considerarli uguali a sé; capì finalmente che li invidiava. Invidiava la loro spensieratezza, il loro sorriso sincero, i loro regali, la loro giornata di festa. I doni, il rinfresco organizzato in suo onore, il pomeriggio di giochi con i compagni, tutto era ormai per lui avvelenato.

Mentre usciva dalla chiesa dando la mano alla signora Rop, cominciava a dubitare che Pasquale avesse avuto ragione. Che ne poteva sapere lui, così ignorante? E poi la questione non gli era stata spiegata con esattezza. Era probabile che il servitore avesse non capito. Sì, sì, era certo: Pasquale aveva parlato leggermente, tanto per fargli un piacere, e lui ci aveva creduto troppo volentieri. Nelle parole di Pasquale aveva creduto di trovare una scusa che in verità non valeva niente.

Giunse a casa che il mondo attorno gli appariva immerso in una nebbia. L'orrendo segreto! Aveva fatto la Comunione con un peccato gravissimo sulla coscienza; il sacrilegio si era moltiplicato. Rispose meccanicamente ai complimenti dei familiari, meccanicamente sorrise, meccanicamente trangugiò le paste e i gelati, che gli parvero nauseabondi. Ricordò un libro, una storia poliziesca, in cui l'assassino recitava fino in fondo la parte del poliziotto. Gli pareva di essere come lui, anzi peggio. Rispondendo ai saluti, mangiando le paste, ricevendo i regali, non faceva che ingannare il padre, la signora Rop, gli amici che lo credevano un ottimo figliolo. Oh, se avessero saputo!

Visse quella giornata come in un torbido sogno. Arrivò alla sera estenuato dalla pena e dalla continua finzione. «Non sta bene questo ragazzo» disse la signora Rop all'ing. Molo, mentre il bimbo andava a dormire. «Deve avere mangiato troppo.»

«No, no, sto benissimo» fece il bimbo, che pure si faceva di ora in ora più pallido.

Passando i giorni, alternandosi le lezioni a scuola e i giochi con i compagni nelle ore di libertà, il tormento non accennò a calmarsi. Domenico non aveva neppure il coraggio di interpellare il libro da messa, certo avrebbe trovato nuove parole che lo condannavano alla pena eterna. Gli esperimenti in classe, i giocattoli, i libri d'avventure, gli incontri con gli amici al Parco, i giri in auto con suo padre, non avevano oramai per lui il minimo interesse. Domenico si lasciava trascinare dal ritmo giornaliero della vita, unicamente preoccupato di non tradirsi. E infatti nessuno sembrò accorgersi della sua angoscia.

Un giorno, entrato per caso nella camera della signora Rop, scorse sul tavolino da notte un libro. *Breve trattato di religione* era il titolo. Il primo impulso fu di avversione come se fra quei fogli lo attendesse un agguato. Nello stesso tempo il libro lo attraeva potentemente. Senza rendersene conto, egli l'aveva già preso in mano, già lo sfogliava, già cercava lo spaventoso argomento.

Misterioso influsso guidò i suoi occhi, li arrestò sulla pagina 190, li condusse al punto fatale. "Chi sa di essere in peccato mortale" era scritto "deve fare una buona confessione prima di comunicarsi. E se si accostasse a ricevere la S. Comunione sapendo di non essere in grazia di Dio, riceverebbe Gesù Cristo, ma non la sua grazia, e *commetterebbe un orribile sacrilegio rendendosi così meritevole di dannazione.*"

Scosso da un tremito mai prima provato, Domenico lasciò cadere a terra il libro, uscì dalla stanza, girò senza requie per la grande casa a quell'ora deserta. Le cose più care, gli oggetti più desiderati, i progetti più audaci di viaggi e di successi gli erano diventati odiosi. Il suo animo chiedeva soltanto un po' di riposo.

Ma come? Alla sola idea di confessare l'orrendo peccato, l'animo di Domenico si ribellava. A costo di affrontare duri castighi egli avrebbe evitato, con qualsiasi pretesto, alla prossima scadenza mensile, di andare a confessarsi. E il mese dopo lo stesso; mai più avrebbe potuto farlo.

Cominciò allora a pensare: rimanderò di mese in mese, di stagione in stagione, non andrò più in chiesa (come del resto fa anche mio padre), passeranno interi anni, pure verrà bene un giorno in cui mi dovrò confessare. Altrimenti l'inferno, la dannazione eterna. Pensò a una caldaia di pece bollente, lui Domenico completamente immerso, un dolore spaventoso da fare impazzire, eppure non svenire mai, giorno e notte quell'atroce supplizio, e domani ancora, e ancora il giorno dopo, sempre avanti così, mai, neppure per un istante una diminuzione di sofferenza, questo per interi anni, per centinaia di anni, per milioni, inutilmente aspettare la morte, sempre così, sempre così, per l'eternità dei secoli. Gocce di sudore scendevano dalla fronte del ragazzetto, gli occhi si erano accesi di febbre.

"Ecco, quando sarò in punto di morte" concluse "allora finalmente avrò il coraggio di confessare." E fece una specie di giuramento con se stesso, un impegno solenne, l'unica superstite via di salvezza.

Questo progetto, meditato con ferrea determinazione, servì un poco a tranquillizzarlo. Con l'andar del tempo anzi divenne l'idea fissa, l'appiglio a cui Domenico si aggrappava nei momenti di maggiore pena, il motivo più profondo e vivo dell'anima sua. La morte, pensiero così inadatto ai bambini, si trasformava così in una specie di rimedio, pur non assumendo nessuna particolare consistenza. Domenico, come tutti alla sua età, la considerava un fatto strano e lontanissimo, che per decine d'anni non lo avrebbe potuto riguardare personalmente. Si era così procurato una lunga tregua, che almeno gli permetteva di vivere.

Neppure quando si ammalò, circa un mese dopo la prima Comunione, Domenico pensò seriamente alla morte. Si mise in letto con forti dolori di ventre e alta febbre, il medico dichiarò che era una semplice colica, consigliò un purgante e il riposo. Il giorno dopo però la febbre salì ancora fin dal mattino. I dolori erano cessati, ma uno strano sfinimento si diffondeva in tutte le membra.

«Signora Rop» chiese a un tratto il bimbo alla governante che sedeva ai piedi del letto, nella camera in penombra, con le mani incrociate sul grembo, immobile e silenziosa «signora Rop, credete che io possa morire?»

«Morire?» fece la signora Rop. «Sono discorsi da fare alla tua età? E poi, dimmi, avresti paura di morire?»

«No, paura no» osò dire il bambino. «Ma vorrei allora confessarmi.» E aggiunse con qualche ipocrisia: «Mi hanno detto alla dottrina che si va in paradiso solo se si muore in grazia di Dio».

«Basta, adesso, con questi sciocchi discorsi» fece la signora; «cerca piuttosto di dormire.»

Nel pomeriggio la febbre continuò a salire. Domenico sentiva nella testa un fondo ronzìo, gli oggetti attorno tremolavano, come d'estate le case sotto il sole. Udì senza invidia, attraverso la porta della stanza, il rumore delle stoviglie dei suoi che mangiavano. Si lasciò passivamente esaminare dal dottore, venuto a sera inoltrata, si accorse che suo padre, invece di uscire, come faceva di solito dopo pranzo, si era seduto in un angolo della stanza, come aspettando qualcuno. Si accorse pure che i medici erano due, sentì che parlavano, udì ad un certo punto una strana parola: peritonite.

«Papà» chiese allora con un grandissimo sforzo, perché la bocca gli si era tutta impastata «papà, credi che io possa morire?»

«Macché morire!» anche lui rispose. «Che cosa ti salta in mente? Domani starai meglio.»

Le ultime parole il bimbo non le udì neppure, perché era entrato in delirio.

Verso le undici – i due medici stavano discutendo con un terzo in un salottino, a bassa voce – verso le undici l'ing. Molo, che fino allora si era mostrato ottimista, disse:

«Signora Rop, non sentite un rumore?»

«Un rumore? Che rumore?»

«Un rumore come di un uccello che sbatte le ali.»

La signora Rop credette ch'egli facesse allusione alla morte.

«No, signor ingegnere» rispose urtata «non sento proprio niente.» "Tutta letteratura!" mormorò poi fra sé. "Possibile che con il figlio in quelle condizioni lui abbia ancora voglia di dire certe cose?"

«Come avete detto, signora?» chiese l'ing. Molo.

«Niente, non dicevo niente» mentì la governante.

Allora l'ingegnere Molo disse al servitore, pure in attesa in un angolo della stanza:

«Pasquale, mentre i dottori decidono se portarlo in clinica o no, va' un momento a vedere sul balcone. Continuo a sentire quel rumore, ci deve essere qualche bestia. Qualche rondone, può darsi; ma dà fastidio.»

Pasquale uscì sul balcone, vide la notte, i lampioni nella strada, qualche passante, tutto come al solito. Tese le orecchie, non c'era che il consueto silenzio della città, con quel continuo brontolìo in fondo.

Tornò dentro, disse: «Non c'è niente, signor ingegnere, neanche io sento niente».

«Possibile?» fece l'ingegnere allarmato. «Adesso poi è ancora più forte. È proprio come un battere d'ali. Ci deve essere pur qualche cosa.»

Oh, se c'era qualche cosa. Mentre nel salotto addobbato in stile Luigi XV i tre medici stavano discutendo se convenisse tentare o no l'operazione, mentre la signora Rop guardava severamente le boccette di medicinali e le scatole di iniezioni allineate sul comò giudicandole inutile spreco, mentre il padre, allo strano rumore d'ali, finalmente ne capiva lo spaventoso significato, la testolina di Domenico, che era ritta contro un cumulo di cuscini, si piegò leggermente da una parte, si abbandonò a se stessa, rimase ferma.

Ecco adesso una immensa città sulla riva del mare, così immensa che sembra non finire mai: case, viali e ordinati giardini distesi sulla scalinata dei monti attorno, fin dove arriva la vista. Domenico, cosa strana, si trovò improvvisamente a metà di una scala e ignorando dove fosse, non sapeva se andare in su o in giù. Pure trovava naturale la cosa, perché si rendeva conto di essere morto, e qualsiasi avventura non l'avrebbe gran che stupito. Si guardò prima di tutto le mani, cercò poi la propria immagine riflessa in una porta a vetri, riconobbe se stesso, identico, vestito come il giorno della prima Comunione, solo che al braccio sinistro non aveva la fascia di candida seta.

Una giovane e bella donna, dalla faccia dipinta, gli si fece vicina, scendendo dalla scala:

«Sei appena arrivato?» gli chiese. «Oh povero bambino, così presto?»

«Sì» fece Domenico che solo lentamente prendeva coscienza del nuovo stato «e qui dove siamo?»

«Non ha nome questa città» disse la ragazza cordialmente. «Si viene qui per il giudizio. Poi saremo spediti dove ci tocca.»

Alla parola "giudizio" si ridestò impetuoso in Domenico il ricordo del sacrilegio, delle pene trascorse, della malattia, della inaspettata morte, così repentina che non aveva fatto in tempo a confessarsi. E il ragazzo si sentì ancora una volta perduto.

«Anch'io sono arrivata oggi» disse ancora la giovane, vedendo che il bimbo non rispondeva. «Ma è inutile che tu faccia il muso. Il peggio è passato. Che paura vuoi avere tu, così piccolo? Tu certo sarai perdonato.»

«Oh, mio Dio!» esclamò, sopraffatto dall'angoscia, Domenico, scoppiando in singhiozzi e si aggrappò alla sconosciuta, cercando da lei un aiuto.

La giovane si sedette su uno scalino, prese il bimbo sulle ginocchia, cercò di consolarlo, si fece spiegare – e fu lungo perché i singhiozzi lo scuotevano tutto – il motivo di tanto dolore, infine tacque, meditabonda, non sapendo che dire.

«Usciamo, intanto» propose dopo qualche minuto e, preso Domenico per una mano, lo condusse giù per le scale.

Uscirono in un viale larghissimo, pieno di gente e inondato di sole. Nella maggioranza erano uomini e donne anziani, molti pure i vecchi, rarissimi i bambini. Domenico si accorse che parecchi lo fissavano con curiosità e si scambiavano pure commenti, qualcuno scuotendo il capo in atto di commiserazione.

La giovane, di nome Maria, benché fosse giunta da poche ore, si era già perfettamente ambientata e si mise a spiegare al ragazzo che razza di città fosse quella. Gli abitanti erano tutti uomini morti – le loro anime s'intende – in attesa di essere giudicati. Innumerevoli tribunali, disseminati per la sterminata città – le loro moli si distinguevano subito campeggianti sopra ogni altro edificio – funzionavano in permanenza dall'alba alla sera.

Fino al momento di iniziare la vita eterna, dannazione o salvezza, i morti conservavano ancora la loro umana parvenza, e come uomini ancora vivevano, in case simili a quelle lasciate sulla terra, con l'unica differenza che tutto era sempre in ordine, non si formava sporco, niente si logorava per l'uso.

Alcuni venivano giudicati quasi subito dopo il loro arrivo, altri invece dovevano aspettare. Moltissimi erano in attesa ancora da migliaia di anni – così almeno raccontava Maria, e a questo punto la sua voce si era fatta come misteriosa. – Si diceva che fossero i cattivi, gli uomini destinati alla pena eterna, a cui si concedeva una specie di rinvio senza fisso termine. Non che molti non venissero giornalmente mandati alla dannazione; ma era certo che la precedenza toccava alle anime sante; poi ai meritevoli di salvezza con pene temporanee; infine ai casi dubbi, i malvagi, era fama, passavano in coda a tutti.

Non vi era comunque una netta discriminazione, tanto più che il giudizio non poteva essere anticipato: le eccezioni a questa specie di regola erano di tutti i giorni. Le anime in attesa restavano così sospese a un continuo dubbio, si logoravano nell'incertezza, non sapevano se fosse meglio affrontare o rimandare la fatale sentenza.

Meravigliosa era la vista della città, quale mai nessun uomo, sulla povera terra, avrebbe potuto immaginare. Meravigliosa per architetture, alberi immensi, fiori infiniti, il mare di un azzurro sconosciuto, il cielo limpido, con nuvole bianche di pittoresca forma che non toglievano mai il sole. Pure Domenico, avvelenato dal rimorso, non ne traeva alcun piacere e come lui, visibilmente, restavano affatto freddi moltissimi altri, seduti sulle panchine, o sdraiati sui prati, o affacciati pensosamente alla finestra, tutti esprimenti infinita noia e nessuna speranza: forse i malvagi, il cui giudizio non si faceva mai.

Erano giunti in un bellissimo giardino, pieno di fontane e di uccelli. «Sediamoci qui» disse Maria accennando a una lunga panchina all'ombra «tanto, se è il nostro turno, ci verranno a chiamare.»

Sedettero, e un signore sulla cinquantina vestito molto distintamente, vedendosi accanto Maria, dopo averla lungamente squadrata, lasciò il suo posto con aria sdegnosa, trasferendosi a un'altra panchina più in là, vicino a due pacifiche vecchie.

«Perché?» chiese Domenico alla sua protettrice. «Lo conosci?»

«Mai visto» rispose la ragazza, oscuratasi in volto. «Ha fatto così perché io...» "Dovrebbe vergognarsi" mormorò poi fra sé e sé "come se anche lui non fosse morto!"

Domenico non capì perché il distinto signore se ne fosse andato, ma tacque, nuovamente assorbito dalla propria sciagura. Maria adesso lo guardava con grande pietà, né sapeva come consolarlo perché la colpa di Domenico, così come lui gliel'aveva spiegata, le sembrava realmente di una gravità estrema.

«Quando ero viva» disse Maria, tanto per provare un argomento «quando ero viva mi chiamavano Mèri. Ma adesso sarebbe poco serio...» e aggiunse un timido sorriso.

Ma Domenico pareva non la sentisse. Sedeva immobile, lasciando penzolare le gambe, gli sguardi fissi dinanzi a sé, privi di vita.

«Mi sarei levato anche questo rosso» continuò Maria, pur di non lasciare dominare il silenzio, e così dicendo si passava le dita sulle labbra, cariche di carminio. «Me lo sarei levato, ma, non so come, da che sono morta, non riesco più a mandarlo via, ho un bel fregare, sembra entrato nella pelle.»

Ancora rise la ragazza, questa volta più vivamente, ma Domenico non mosse ciglio. Tristissimo egli teneva gli sguardi fissi dinanzi a sé, senza la minima espressione di vita.

Fu lieta quindi Maria quando due uomini, due tipi grossolani di operai, si sedettero accanto a loro, chiacchierando animatamente. Forse i due sarebbero riusciti a distrarre il ragazzo.

«È come dico io» sosteneva uno dei nuovi venuti. «È questa la pena. Restare ad aspettare in eterno, sempre col dubbio di poter essere chiamati.»

«Magari!» esclamò l'altro, che evidentemente doveva avere grossi pesi sulla coscienza. «Magari! ma sarebbe troppo comodo. La chiami punizione questa?»

«Parli così perché sei qui da poco» ribatté l'altro con un'espressione indefinibile nella voce. «Cosa vuoi di peggio? Questa maledetta vita, non avere mai un'ora tranquilla, sempre la paura che ti chiamino. Vorrei vedere te, dopo quarant'anni, come io adesso. Ogni giorno gli altri che se ne vanno al paradiso, ogni giorno a migliaia, e dover restare inchiodati qui, a fare niente, senza poter neanche lavorare, e di minuto in minuto aver paura che ti chiamino, lo capisci?» E pareva agitato da infrenabile smania. «E sapere che se ti chiamano sei perduto e invece nessuno viene, nessuno si ricorda di noi, nessuno in tutto l'universo, neppure Dio più ci ricorda. Soli come cani, capisci?»

«Basta adesso!» lo interruppe il compagno con ira. «Basta, adesso! Ho capito. Che bisogno c'è di tormentarsi ancora?»

«Che bisogno c'è... che bisogno c'è... che bisogno c'è...» fece l'altro, rinchiudendosi a poco a poco in un cupo mutismo.

Tacquero così i due uomini, taceva Domenico, sempre immobile, taceva pure Maria che guardava pietosamente il bambino, senza preoccuparsi dei propri peccati; pura incoscienza o sfrenata fiducia nella misericordia di Dio?

Stettero in tal modo fermi e silenziosi per parecchi minuti senza speciale fatica, perché il tempo pareva sospeso; mancava stranamente, come prima laggiù sulla terra, il senso delle ore che fuggono, fuggono e non si riesce a star dietro.

Finalmente uno dei due uomini parlò, quello che aspettava da quarant'anni.

«Di'» fece all'altro improvvisamente «non ce l'avresti mica ancora una sigaretta?»

L'altro, senza muovere il volto torvo e brutale, trasse fuori da una tasca un pacchetto di "popolari", lo allungò al compagno. Entrambi accesero e cominciarono a fumare. Quello delle sigarette parve però esser preso da un improvviso sospetto:

«Ehi» chiese con risentimento «mi avevi chiesto se avevo ancora delle sigarette?»

«Sì, e con questo?» fece l'altro.

«Se avevo ancora delle sigarette? Perché "ancora"?»

«Oh bella!» disse l'altro «perché qui non se ne trovano. Pensavo che le avessi già finite.»

L'uomo dal viso torvo si rivoltò, imbestialito:

«Come? Non se ne tro...»

Non poté finire la frase. Il compagno gli diede un secco colpo di gomito in un fianco, facendogli un segno col capo, come a dire che stesse attento, che non era il momento di sbraitare. Attraverso il viale avanzavano infatti verso la loro panchina, a celere passo, due giovani in uniforme, due specie di valletti.

«Vengono a chiamare uno di noi» avvertì a bassa voce quello che aspettava da quarant'anni. «Vengono per il giudizio.»

Entrambi impallidirono orribilmente. Per uno di loro era dunque giunta l'ora fatale. Non pensarono che potesse trattarsi della giovane donna o del bambino seduti al loro fianco. Ed era invece proprio così:

«Maria Ferri! Domenico Molo!» chiamarono quasi contemporaneamente i due strani valletti. «Presto, presto! Tocca a voi!» E lo dicevano con voce cordiale, come se recassero una lieta notizia.

Maria e Domenico si alzarono e si fecero incontro.

«Siamo insieme?» domandò subito la donna a uno dei valletti con stupefacente disinvoltura, quasi parlasse a un cameriere.

«No, mi dispiace» disse il messaggero. «In due tribunali differenti.»

Dovettero separarsi. Il bimbo si abbrancò al collo di Maria, scoppiò in un lungo pianto, non voleva abbandonarla.

«Ci rivedremo subito dopo» diceva la donna amorosamente. «Partiremo insieme, vedrai. Ti aspetterò qui. Non aver paura.»

Sempre singhiozzando, ma sempre più debolmente, il bimbo a poco a poco si accorse di camminare tenuto per mano da uno dei valletti. Erano usciti dal parco e si dirigevano verso uno degli immensi tribunali, una specie di torre mozza, di incalcolabile ampiezza, priva di tetto.

Nelle vicinanze dell'edificio era raccolta una stragrande folla, che urgeva agli ingressi, ansiosa di poter entrare. Non si udivano però urli incomposti, imprecazioni e proteste, come avviene nella solita vita; soltanto un brusìo si levava, un diffuso stormire di gente che parli, fitto e sottovoce.

Il messaggero condusse Domenico a una porticina chiusa, a cui la folla non badava, la aprì con una chiave, entrò con il bambino, richiuse la porta, cominciarono a salire una stretta scala illuminata da lampadine elettriche.

Domenico già ansimava dalla fatica quando sbuca. ino all'aperto, nella cavea dell'immenso tribunale. Il bimbo si ricordò certe fotografie di stadi americani dove si facevano i grandi incontri di pugilato; ma questo era infinitamente più grande; a milioni dovevano essere gli uomini che gremivano le scalinate, erigentisi ripide verso il cielo. Pure vi era un grande silenzio.

Domenico vide, nel centro, una specie di palco dove sedeva, isolatissimo, un signore anziano vestito di scuro. Di fronte al palco si ergeva il trono – non si poteva dire altrimenti per la sua regale solennità – il trono del giudice. Era una persona giovane, dal volto bellissimo, vestito di un manto rosso; di un colore meraviglioso, quale sulla terra non si conosce, che risplendeva nello smisurato circo e pareva illuminarlo più del sole. Due altri personaggi, con un mantello nero e uno bianco rispettivamente, sedevano a fianco del giudice, a un livello alquanto più basso.

Era strano come, nonostante le proporzioni vastissime del tribunale, le voci giungessero distintamente anche agli estremi punti perimetrali. In quel momento il signore sul palco si era alzato in piedi e parlava.

Domenico e il giovane in uniforme erano intanto scesi verso la platea, avvicinandosi al centro. Il bimbo con stupore riconobbe nell'uomo sul palco, probabilmente in procinto di essere giudicato, il signore che si era alzato sdegnoso dalla panchina quando lui e Maria gli si erano seduti vicini. Ora Domenico sentiva benissimo le sue parole.

«Io davo da lavorare a 2300 operai» diceva in orgoglioso tono cattedratico, tornendo le frasi, come se tenesse una conferenza. «In fondo ho faticato tutta la vita per loro. Senza di me avrebbero fatto la fame; le loro donne si sarebbero date al peccato, i figli avrebbero popolato le prigioni. Con la mia paga potevano invece vivere bene. Temo anzi che fosse eccessiva...» qui fece un risetto significativo «be', del resto non avevo niente in contrario che anche loro, di tanto in tanto, andassero a divertirsi!»

Disse questo con un compiaciuto sorriso e si guardò attorno, prima verso il giudice, poi verso l'immensa folla, persuaso evidentemente di aver guadagnato il generale favore. Ma il giudice lo fissava senza batter ciglio e il pubblico non gli si mostrava certo amico. Invano si sarebbe cercato un solo sorriso di simpatia.

Il distinto signore sembrò non accorgersene; la certezza in un giudizio favorevole continuò a trasparire dalla sua soddisfatta espressione.

«Ho poi sempre fatto anche beneficenza *extra*» disse a un certo punto sottolineando la parola *extra*. «Sorvolando le cariche più onerose che onorifiche» anche qui fece un piccolo riso che pareva meccanico «in molte società filantropiche, solevo da molti anni elargire lire 20.000. Certo il vizio non l'ho mai voluto finanziare!» disse ancora, quasi fosse uno specifico motivo di benemerenza. Si guardò nuovamente attorno. Il giudice non batteva ciglio, la gente lo fissava con sguardi vitrei.

L'uomo parlò ancora per qualche minuto finché, ad una sua breve pausa, si udì una voce di timbro sovrumano, voce ferma e pacata, al cui confronto quella baritonale del distinto signore era abbietto suono. «Basta» disse la voce.

Due specie di inservienti, come quello che era andato a prendere Domenico, comparvero allora sul palco a fianco dell'industriale e lo trassero giù per una scaletta, benché lui si dimenasse, facendo segno che aveva ancora molto da dire. Dalla bocca che si apriva e chiudeva rapidamente non usciva più alcuna voce umana.

Sbigottito, Domenico si volse al messaggero, chiedendo: «E allora? Va all'inferno?».

«Credo di sì» rispose l'altro. «Di solito è brutto segno quando finisce così. Ma andiamo: tocca a te, adesso.»

Al paragone del corpulento signore che lo aveva preceduto, Domenico, in cima al palco, circondato dalla sterminata folla, sembrò piccolo piccolo, debolissimo, indifeso, un cosino da niente. Avrebbe voluto stare in piedi in segno di rispetto, ma le forze non lo sostenevano più e dovette abbandonarsi sulla sedia. Il sole brillava fra i suoi capelli. La gente, alla sua vista, si era visibilmente rianimata; molti sorridevano bonariamente, qualcuno agitò le mani in segno di saluto. Era un tenero bambino – pensavano – una piccola anima pura, e sarebbe stata certamente salva.

Anche il giudice – così almeno parve a Domenico – gli fece un dolce sorriso, mentre prendeva in mano un grosso libro, portatogli da un inserviente. Poi cominciò a sfogliare il volume, lo richiuse di scatto, disse con voce grave:

«Non è il suo, questo libro. Avete sbagliato. Non può essere di un bambino, questo.»

«È proprio il suo» disse l'inserviente. «Domenico Molo, di dodici anni; non ce ne sono altri.»

Vi fu un lungo silenzio. Domenico capiva il perché di quel dubbio, anche l'ultima speranza abbandonava il suo cuore.

Poi il giudice alzò il capo e fissando il bambino disse: «Qui è segnato un sacrilegio».

«Sì, un sacrilegio» confermò il personaggio ammantato di nero, l'accusatore, alzandosi in piedi. «Un duplice sacrilegio; egli ha profanato il Sacramento tacendo per vergogna alla confessione il fatto di aver taciuto, pure per vergogna, a una precedente confessione, un peccato creduto mortale; una seconda volta ha sfidato la collera di Dio, ricevendo la Santa Comunione mentre sapeva di essere colpevole di sacrilegio.»

«Non era sacrilegio» ribatté dignitosamente l'altro personaggio, vestito di bianco. «Il peccato da lui taciuto non aveva alcuna importanza.»

«Forse non aveva importanza» fece l'accusatore «ma è un fatto che lui lo credeva gravissimo, tanto che nella prima confessione non ha avuto il coraggio di rivelarlo. Egli aveva dunque coscienza di tacere un peccato mortale e in ciò sussiste la grave colpa iniziale.»

«Anche ammettendo questo» disse il personaggio in bianco, il difensore «il male è stato sanato, perché subito dopo egli ha saputo vincere la vergogna, confessando il peccato.»

«Non bastava» replicò l'altro «non bastava: egli ha confessato il peccato ma si è guardato bene dal dire che prima l'aveva taciuto per vergogna.»

«In quel momento» disse il difensore «lui non si rendeva conto della necessità di specificare. In buona fede credeva che bastasse ciò che ha fatto.»

«Non è vero! Prova ne sia che subito dopo egli è stato assalito dal rimorso.»

Domenico ascoltava il dibattito senza riuscire a seguirlo. I suoi occhi spaventati giravano sulla folla e non più incontravano sorrisi e cenni affettuosi, bensì sguardi colmi di esecrazione e stupore. Mostruoso appariva quell'esile bambino che aveva saputo offendere così gravemente Iddio. Doveva essere – pensava la gente – un ragazzo orribilmente precoce, contaminato oramai fino in fondo. Nessuno osava parlare, ma in tutti covava una sorda agitazione, un desiderio di fuga, come se fosse troppo crudele assistere fino in fondo. E il cielo, per l'avvicinarsi del tramonto, si faceva sempre più azzurro.

Parlò ancora il difensore: «Egli avrebbe confessato tutto il giorno dopo, prima della Comunione. Era oramai deciso» diceva «ma fu mal consigliato. A quell'età manca una completa consapevolezza».

«Troppo volentieri ha obbedito a quel consiglio» replicava l'accusatore. «Nel fondo dell'animo egli sapeva benissimo che la scusa era insufficiente. Ha creduto di poter scherzare con Dio.»

«Ma poi si è pentito» esclamò il difensore. «La voce della coscienza lo ha tormentato giorno e notte. E aveva fatto proponimento fermissimo di rimediare, aveva scritto questo suo giuramento anche in un quadernetto, confessando tutto quanto.»

«Un proponimento troppo vago. Aveva rimandato la confessione a quando fosse stato in punto di morte, perché era sicuro che sarebbe morto solo a tarda età. Troppo comodo! Sapeva bene che dopo tanti anni non gli sarebbe costata alcuna fatica confessare anche un sacrilegio.»

«Ma come può pensare un bambino a queste cose?» domandò il difensore. «Un'astuzia da Lucifero in un bambino? Aveva rimandato la confessione perché il peso del peccato, di ciò ch'egli riteneva gravissimo peccato, gli aveva tolto ogni forza. Già egli aveva espiato abbastanza nelle notti di disperazione.»

«Soffriva soltanto per paura» disse l'accusatore «non per il rimorso di aver offeso Dio. Temeva l'inferno e questo solo gli toglieva la pace. Troppo poco per la remissione dei peccati; non basta l'attrizione, come dicono gli uomini. Il dolore perfetto, la contrizione, il dispiacere di aver insultato Dio non lo ha affannato neppure un istante. Il fatto che sia...»

Sospese la frase notando qualcosa di strano che stava succedendo. Da un punto dell'estremo culmine dell'arena, proprio di fronte a lui, un uomo scendeva a precipizio, facendosi violentemente strada fra la densa folla; e gridava parole incomprensibili, agitando in una mano dei fogli bianchi. La sua marcia impetuosa lasciava nella moltitudine una visibile scia a zig zag, come canotto in acqua stagnante.

Taciutosi l'accusatore, le grida dello sconosciuto si fecero più distinte: «Adagio! Adagio!» gridava. «Aspettate, aspettate un minuto!» E scavalcando persone sedute, scostando gli indifferenti a colpi di gomito, agitandosi come un pazzo, scendeva sempre più verso il centro del tribunale.

Anche Domenico finì per voltarsi. E quando riconobbe chi era quell'uomo, quando lo vide avvicinarsi ai piedi del suo palco e arrampicarsi su per la scaletta, allora il bimbo mandò un altissimo grido.

Era Pasquale, il vecchio Pasquale in persona. E aveva come al solito la sua simpatica e buona faccia, il suo aperto sorriso, come al solito, sollevò da terra il bambino e se lo prese in braccio, assolutamente incurante della maestà del luogo.

Solo dopo qualche istante Domenico si domandò come mai

Pasquale potesse averlo raggiunto. Anche lui morto? Stava per chiederglielo quando notò sul suo collo, tutt'attorno, un segno regolare fra il paonazzo e il nero, che non gli aveva mai visto.

«O Pasquale» gli domandò spaventato Domenico, con un terribile sospetto. «Pasquale, che cosa hai fatto?»

«Niente, signorino, è stato un accidente.» E rideva felice. «Sono caduto malamente in cantina e una corda mi ha preso qui al collo. Uno stupido accidente.»

«Perché, perché Pasquale? Che cosa è successo?»

«Niente, signorino. Lo sapevo, l'avevo sempre detto, con quelle corde lasciate là in cantina, un giorno o l'altro succede un accidente. Lo dicevo sempre...»

A questo punto si guardò attorno, ebbe un attimo di vergogna vedendosi addosso gli occhi della moltitudine, depose a terra il bambino, si rimise un po' in ordine la giacca, alzò i fogli, rivolgendosi istintivamente al giudice e disse:

«Sono venuto apposta, signore. È garantito che se non vado finiscono per condannarlo, mi son detto; loro non sanno. Ma io ci ho qui la confessione.»

«Che confessione?» domandò l'accusatore. Il giudice ascoltava impassibile.

«Non ha potuto confessarsi al prete, il signorino» esclamò vivamente Pasquale. «Ma aveva confessato tutto in questo quaderno. E io l'ho trovato in un cassetto. L'ho portato qui perché serva da prova. Volete che legga?»

Il personaggio col mantello nero accartocciò le labbra in segno di sprezzo: «Lo sapevamo già, è tutto inutile» disse «non ha nessuna importanza. È una confessione senza nessun valore».

«Ma la colpa era stata mia!» gridò Pasquale. «Ero stato io a dirgli ch'era una sciocchezza! Non l'avevo preso sul serio. Soltanto quando il signorino è morto ho capito.»

«Tu hai la tua parte di colpa» disse l'accusatore «ma non è sufficiente a scusarlo. Due sacrilegi ha commesso. A lui il fuoco della Geenna!»

«No, no, signore!» protestò Pasquale «è impossibile! Un bambino di dodici anni! Non avete cuore voialtri? Un bambino di dodici anni! La pena eterna a un bambino di dodici anni!» Così esclamava fuori di sé e la smise soltanto quando si accorse che il giudice si era alzato in piedi.

«Già viene la sera» disse con la sua voce sovrumana. «Rimando la sentenza a domani.»

Scendeva infatti la sera. Il sole non illuminava più che le ultimissime file del favoloso circo, nuvole sottili e bianche si erano irraggiate nel cielo, annunciando le prossime tenebre. Una grande dolcezza era nell'aria, ma Domenico non la poteva sentire.

Pasquale, prendendolo per mano, lo accompagnò giù per la scaletta. In silenzio entrambi si incamminarono verso una delle uscite, indifferenti al fatto che la gente si scostasse al loro passaggio come fossero lebbrosi.

Pasquale scuoteva il capo. Tutto era stato dunque inutile? La notte stessa in cui il padroncino era morto, oppresso dal dolore, egli si era rintanato nello studiolo di Domenico, si era messo a rimestare fra i libri e i quaderni che non sarebbero mai più serviti. Si era ricordato allora che un giorno, un giorno lontano, almeno due anni prima, il bambino gli aveva parlato di una specie di cassetto segreto, che aveva scoperto nello scrittoio antico: segreto per modo di dire perché bastava far scorrere uno sportello di legno, apparentemente unito al resto del piano.

Chissà che cosa teneva là dentro il signorino. Chissà quali innocenti segreti. E Pasquale aveva così trovato il quaderno con la confessione.

Ora Pasquale era religiosissimo, tutte le domeniche andava a messa e due volte al mese si comunicava, non aveva il minimo dubbio sulla infinita potenza e sapienza di Dio. La sua fede era ingenua e profonda, ma non gli sembrò assolutamente possibile che Dio potesse conoscere l'esistenza di quel piccolo quaderno, rintanato nel nascondiglio dello scrittoio. Non che Dio non ne avesse la possibilità – pensava – certamente Dio può penetrare dappertutto, leggere i pensieri di qualsiasi uomo e probabilmente anche bestia, se le bestie riescono a pensare. Non era proprio questione di fede. Pasquale però non capiva perché mai il Signore potesse aver voglia di gettare uno sguardo anche in quel minuscolo ripostiglio. E se Domenico, timido com'era, non avesse parlato? Se la sua anima fosse arrivata nell'aldilà con la macchia di quel brutto peccato? Bisognava salvarlo, bisognava raggiungerlo senza perdere tempo. E perciò si era tolto la vita.

Ora soltanto capiva come tutto fosse stato vano e cominciava ad agitarsi al pensiero che il suicidio è condannato da Dio, che la sua bella trovata non era servita a salvare il padroncino, ma piuttosto aveva rovinato lui stesso.

Turbato da questi tristi pensieri, Pasquale non parlava più e se n'andava a testa bassa, trascinando per mano il bambino. Giunto alla soglia di uno dei cunicoli di uscita del tribunale, si voltò indietro a guardare le immense scalinate circolari, il trono del giudice, il palco su cui aveva trovato Domenico; tutto oramai era completamente deserto. Soltanto loro due erano ancora rimasti, e non c'era un cane che li consolasse, tutti evitavano persino di accostarsi a Domenico, il bambino sacrilego. Non c'era bisogno di aspettare il giorno dopo – pensavano – per sapere quale sarebbe stata la sentenza.

Ciondolarono raminghi per le vie, mentre il rosso splendore del tramonto si spegneva lentamente. Fino a che si trovarono sulla riva del mare e a sentire quel profumo di libertà e di salsedine entrambi furono colti da un confuso rimpianto della prima vita.

Seduti su di un parapetto, se ne rimasero a guardare. E videro un bastimento bellissimo, molto più grande di quelli fatti dall'uomo, ma quasi uguale di forma. Era bianchissimo con solo una striscia azzurra lungo i fianchi, non portava nome, e gli ultimi raggi del sole lo facevano risplendere contro il fondo scuro del mare, immagine viva della felicità umana.

Carica di anime, la nave candida salpava verso il misterioso regno di Dio, al di là dello sterminato oceano. Dai ponti si udivano liete canzoni intonate in coro, creature felici salutavano per sempre la vita. L'acqua sui fianchi cominciò a ribollire. Il bastimento lentamente si mosse senza alcun rumore. Aveva quattro grandiosi comignoli, ma si capiva ch'erano stati messi solo per bellezza.

Dalla riva, proprio sull'estremo molo, un gruppo di gente faceva segni di saluto. «Arrivederci!» molti osavano gridare. Altri soltanto: «Addio!» esclamavano, con voce rotta dal pianto. Il bastimento passò loro dinanzi; maestoso si allontanò sui flutti azzurri, divenne rapidamente più piccolo, dirigendosi verso l'ultimo confine dell'orizzonte.

Intanto Pasquale e Domenico vedevano, lungo tutta la riva, seduti sui gradini, i parapetti, o distesi anche per terra, silenziosi e tristi come loro, centinaia e centinaia di uomini e donne. Essi non avevano salutato i partenti, non avevano agitato fazzoletti né gridato "Addio!". Sconsolatamente fissavano il bastimento che se n'andava verso il regno della beatitudine eterna, ogni sera tornavano al porto per vederlo, molti oramai da molti anni, si sedevano silenziosi e di minuto in minuto, quanto più si approssimava la partenza, l'animo loro traboccava di amarezza e di invidia: poi, quando la nave era scomparsa nell'oceano avvolta dalle ombre notturne, se ne ritornavano a lenti passi nella città, rassegnati a un'altra notte di solitudine e di dolore.

Come il bastimento non fu più visibile, Pasquale e Domenico si riscossero, si guardarono a vicenda nella penombra. «Che peccato!» disse Pasquale e prese per mano il bambino, rimettendosi in cammino.

Costeggiarono la riva del mare lungo un largo viale alberato, capitarono in uno dei tanti giardini della città, sentirono musiche uscire da una specie di rotonda di carpini. Si affacciarono fra i cespugli.

Sparse su di un prato, alla luce di grandi lampade elettriche e di graziosi lampioni colorati, centinaia di persone celebravano una festa. Nel mezzo, gruppi di giovani donne stavano danzando, sul ritmo di chitarre e violini. Musica e danza tuttavia risultavano profondamente diverse da quelle usate sulla terra, c'era un'estrema leggerezza, una soavità, e un candore sconosciuti generalmente agli uomini.

E Domenico, fra le donne che danzavano, riconobbe ad un tratto la Maria e capì ch'era stata perdonata, tanto risplendeva di contentezza il suo volto. Con tutta la sua esile voce chiamò: «Maria, Maria!», della qual cosa si pentì subito amaramente, riconoscendosi indegno.

Maria lasciò le compagne, si guardò attorno, vide Domenico, corse da lui festante. «Domani partiamo, allora! Oh, pensa, felici per sempre!» Ma si tacque agli sguardi disperati del giovanetto.

«Sono contento per te» trovò la forza di dirle Domenico. «Per me decideranno domani.»

Maria sapeva, da quanto aveva sentito dire, che solitamente quello era un brutto segno; ma si guardò bene dal dirlo. Anzi, cercò di interpretarlo favorevolmente, per rianimare il bambino. Anche Pasquale intervenne per consolarlo, ma senza successo. Oramai Domenico era sprofondato in una tetra semi-incoscienza, nell'attesa del supplizio eterno.

Povera Maria, cercava di condividere il suo dolore, di assumersi un po' del suo tremendo peso, ma oramai non poteva più, oramai la sua anima era per sempre costretta a una perenne letizia. Solo si meravigliò come dinanzi a quel bimbo, che pareva contaminato dal sacrilegio, lei non provasse la minima avversione, come sarebbe stato logico e giusto in un'anima entrata nella grazia di Dio.

Danzarono ancora per circa un'ora le donne, altrettanto continuarono i suoni di violini e chitarra. Strano, pareva – se pur pensarlo non era profanazione – che in quella gente, destinata senza più dubbi al paradiso, restasse ancora un vago rimpianto delle cose umane, e fino all'ultimo essi volessero virtuosamente goderne. E altrettanto strano fu che quasi tutti se ne andarono a dormire subito dopo, quasi che potessero aver bisogno di riposare.

No, non è che avessero sonno, che fossero stanchi, che si sentissero poco bene; queste miserie non erano più di loro. Pure era l'ultima volta che potevano dormire su un letto, addormentarsi umanamente, dimenticare tutto, sognare. Quello sarebbe stato l'ultimo loro sonno, poi basta per l'eternità infinita. Il letto non era il loro, su cui avevano in vita dormito, amato, patito, od erano morti, non era il letto familiare ed amico, lentamente allenato a ricevere il loro corpo; ma era pure un letto, con materasso, elastico, coperte di lana e lenzuoli bianchi, un letto come quello degli uomini vivi: poi non ne avrebbero veduti mai più, mai più avrebbero chiuso per stanchezza gli occhi, mai più sarebbero entrati nel misterioso e qualche volta soavissimo mondo dei sogni. Ed era perciò dolce distendervisi sopra e addormentarsi serenamente, sapendo che era l'ultima volta.

A tarda notte Maria e Domenico ritornarono alla loro casa provvisoria, accompagnati dal vecchio Pasquale. Nessuno per tutta la sera aveva più parlato del buon servitore. Pure Pasquale si era sacrificato per il padroncino, per lui ora rischiava la dannazione eterna. Ma, come era suo costume d'umiltà, anche questa volta portava chiusa in sé la sua pena, senza disturbare gli altri, come se non fosse successo niente di strano, come se si trovasse sempre nella casa dell'ingegnere Molo, rincalzò le coperte del letto di Domenico, lo aiutò a spogliarsi, gli fece fare il segno della croce, gli spense la luce; poi si ritirò nella sua stanzetta, un piccolo andito all'ultimo piano. Si distese nel lettuccio, Pasquale, senza neppure svestirsi e poco dopo era addormentato profondamente. Solo al risveglio, all'ora sua solita, prima dell'alba, ebbe come il pentimento di aver dormito così bene, minacciato com'era di pena eterna; gli parve una mancanza di riguardo a Dio, quasi una sfida alle sue punizioni e per la prima volta ebbe vera paura. Inginocchiatosi sul pavimento, dopo aver cercato invano sui muri un'immagine sacra a cui rivolgersi, si mise a pregare.

Aveva appena giunte le mani che la porta si aprì ed entrò con agitazione Maria: «È inutile che tu preghi» gli disse «oramai non serve più a niente. Dovevi pensarci, se mai, prima di morire».

Pasquale si volse meravigliato.

«Vieni giù, piuttosto» fece la donna. «Domenico è scomparso.»

Scesero alla stanza del bimbo e trovarono infatti il letto vuoto.

Sulla sedia erano deposti il vestito, le calze, la biancheria, sul pavimento bene allineate le scarpe, così come le aveva messe Pasquale la sera prima.

«Domenico! Domenico!» chiamarono i due nei corridoi e giù per la tromba delle scale, ma non rispondeva nessuno.

«Dimmi» chiedeva Pasquale a Maria «credi che sia un brutto segno? scomparire così è un brutto segno?»

«Non so, non so» faceva la giovane donna. «Qui in genere dicono che è un brutto segno. Ma io non ci credo. Non può essere condannato. E poi non c'era nessun'ombra sul suo faccino.»

«Ombra, che ombra?»

«È proprio così» disse la donna. «Tutti quelli che finiranno all'inferno, hanno tutti una specie di ombra sulla faccia, chi più chi meno. Prima credevo che fosse una superstizione, ma poi mi sono dovuta persuadere.»

«E lui no, dici?»

«No, lui proprio non ce l'aveva.»

Uscirono intanto dalla casa e si misero a perlustrare le strade e i giardini attorno, a quell'ora completamente deserti. «Domenico! Domenico!» ogni tanto chiamava Pasquale.

«Domenico! Domenico!» La voce risuonava con strani echi nelle strade, sembrava che non si estinguesse mai. Mentre la notte moriva e le case, proprio come sulla lontana terra, si facevano livide, i due giravano con affanno alla ricerca del bimbo.

A un certo punto Maria si fermò: «Aspetta» disse «mi pare di udire una voce».

Da molto lontano infatti si udiva un fievole richiamo che si avvicinava. Col cuore in gola attesero fermi. «Pasquale! Pasquale!» a un tratto si udì distintamente, perché chi chiamava doveva esser sbucato da un angolo.

Ahimè, non era Domenico. Entrambi se ne resero subito conto. Era una voce maschia e squillante, piena di mattutina allegrezza.

Finalmente comparve. Era un giovane in uniforme, un messaggero del tribunale. Annunciò: «Pasquale, vieni, è il tuo turno!».

«Vengo, vengo» fece Pasquale «ma prima devo trovare il padroncino. È scappato dalla sua stanza!»

Il messaggero sorrise. «Pasquale, è il tuo turno, devi venire per forza.» Lo disse con cortesia, ma dal tono, Pasquale comprese che non c'era da fare niente.

«Maria» non gli restava altro da dire «pensaci tu a cercarlo. Trovalo, per carità, anche se devi partire.»

«Va' e sta' tranquillo» gli disse la donna. E il servitore si allontanò a fianco del messaggero per le strade deserte.

Il tribunale era lo stesso del giorno prima, solo che per la prestissima ora era quasi deserto. Pochi uomini insonnoliti punteggiavano le bianche scalinate a imbuto. Nell'azzurro crepuscolo però il mantello rosso del giudice ancora più fiammeggiava di propria luce, così da incutere reverenza sovrumana.

«Questo è il tuo libro, Pasquale» disse il giudice quando il servitore fu salito sulla cima del palco. «Non ci sarebbe gran che di male se tu non ti fossi tolta la vita.»

«Sì, un suicidio!» esclamò, rizzandosi in piedi, avidamente, l'accusatore, ammantato di nero. «Si è suicidato e avrà...»

Il giudice fece un cenno severo, quasi di stizza, troncandogli la parola in bocca. L'altro si sedette, facendo finta di niente, e simulava piccoli colpi di tosse.

«Lasciatemi dire, signor giudice» supplicò Pasquale con la sua solita voce. «Ditemi, ché voi certo lo saprete, ditemi dove è andato Domenico, il mio padroncino, quello che era qui ieri sera...»

«Tu ti sei tolto la vita» disse il giudice con accento alto e bellissimo, come se non avesse sentito «ma...»

«Signor giudice» insisté Pasquale «abbiate pazienza, fate di me quello che volete, ma aspettate un minuto, mandate a cercare...»

«Tu ti sei tolto la vita» ripeté il giudice con tale solennità da ammutolire Pasquale «ma che tu sia benedetto per l'eternità, anima semplice, amica di Dio.»

Smarrito, Pasquale si guardò attorno, perché sentiva che succedeva qualcosa di strano. I pochi spettatori si erano alzati in piedi e lo guardavano fisso. Nella penombra antelucana, sopra la testa del servitore si era improvvisamente accesa una sottile corona di luce.

Pasquale cadde in ginocchio, le mani giunte, la testa china, e sentì nell'aria un meraviglioso suono di tromba che attraversava sopra di lui il cielo della città addormentata.

Stette così qualche istante, vergognoso di tanta grazia, fino a che, rialzati gli sguardi al giudice, osò ripetere ancora:

«Signor giudice, per la misericordia di Dio: dov'è andato Domenico?»

«C'è stato uno sbaglio» rispose il giudice. «Domenico ha dovuto ritornare.»

«Ritornare?»

«Ritornare alla vita di prima.»

Capì allora Pasquale che Domenico lo aveva lasciato, e probabilmente giaceva nel suo solito letto, in via di guarigione, con la signora Rop al fianco. Avrebbe fatto in tempo a confessarsi – pensò – a cancellare la macchia del sacrilegio, un giorno o l'altro sarebbe anche lui giunto nel regno della felicità eterna, a bordo della nave meravigliosa. Nello stesso tempo Pasquale pensò che non lo avrebbe più visto, per molti anni, per molti secoli, forse, se il padroncino da grande avesse accumulato su di sé molti peccati, lunghi da espiare. E benché riconoscesse che questo dovesse essere per lui motivo di dispiacere, non riusciva assolutamente a patirne; anche lui oramai era salvo, per sempre straniero al dolore.

Il bambino sacrilego intanto si svegliava in un letto non suo, in una camera bianca, un fortissimo dolore lo trapassava al ventre se appena tentava di muoversi. Non capiva che cosa fosse successo, solo ricordava vagamente che la sera prima, mentre smaniava di terrore sul letto, nella arcana città delle anime, era entrata una singolare persona; e che era un uomo, dal volto fiero e nobile, assomigliante moltissimo al giudice del tribunale; che l'uomo gli aveva detto qualcosa, accennando come a uno sbaglio, e che allora lui, Domenico, non aveva capito più niente.

Ora si guardava attorno, un acuto dolore gli trapassava il ventre se appena provava a piegare una gamba, ma, se stava fermo, niente. Seduta ai piedi del letto vide la signora Rop, sempre con la sua espressione di sentinella in agguato, che lo scrutava intensamente.

«Apre gli occhi» disse qualcuno da un'altra parte della stanza. Voltando le pupille, perché la testa era come inchiodata al guanciale, Domenico scorse una ragazza vestita di azzurro e bianco, con una cuffia candida in testa; doveva essere un'infermiera.

«Apre gli occhi» confermò la signora Rop. «Ma ce n'ha fatto passar di paura!» aggiunse come se non volesse lasciarsi sfuggire la minima occasione per fare un rimprovero, di qualsiasi genere fosse.

Domenico, semi-intontito, ebbe per un istante l'idea che quello fosse l'inferno. Ma fu un breve pensiero. Capì invece di essere ancora vivo. Intuì di essere stato operato e che quello era un ospedale. Non aveva né la voglia né la forza di parlare con alcuno.

Alla fine, dopo grandi sforzi, riuscì a piegare lentamente la testa da una parte, fino a raggiungere con gli sguardi la finestra. Vide fuori il cielo azzurro, gli alberi verdi, il sole allegro che li faceva scintillare.

Con la coscienza della vita, entrava in Domenico un sentimento nuovo e profondo. Ricordando ciò che aveva visto nella città del giudizio, si meravigliò di non provare speciale sollievo. La dannazione eterna era, almeno per ora, evitata; forse quello della città poteva essere stato soltanto un brutto sogno, il peggio della malattia era evidentemente passato, adesso egli avrebbe cominciato lentamente a guarire, la morte ritornava ad essere un'eventualità remota e assurda. Pensò a questo, ma ciononostante sentiva come un insistente peso, simile a quando gli avevano dato a scuola lunghi e difficili compiti. E Pasquale? – il pensiero si fece vivo in lui come una trafittura – Che si fosse ucciso veramente?

Il bimbo aprì a fatica la bocca impastata di febbre e di cloroformio, riuscì a pronunciare:

«Signora Rop, dov'è Pasquale?»

«Non pensare a Pasquale adesso, pensa piuttosto a guarire. Taci, non devi stancarti» fu la risposta. Ma Domenico sentì l'infermiera che sussurrava alla governante, credendo di non essere da lui udita: «Ha sentito? Par fino impossibile. Si direbbe che abbia sentito tutto!».

"Si direbbe che abbia sentito tutto!" Dunque era vero: Pasquale non esisteva più, si era tolto la vita per venire in soccorso di lui all'altro mondo. Per niente, per niente. Lui aveva fatto ritorno e Pasquale invece era morto davvero, non si sarebbe visto mai più, non sarebbe più venuto a svegliarlo al mattino. Relegato nella città dei morti, solo nella moltitudine delle anime, ora attendeva il giudizio di Dio. Povero Pasquale, quanto era stato buono e balordo!

Allora, sebbene fosse un bambino, Domenico intuì vagamente per la prima volta che cosa fosse l'esistenza degli uomini. Diverso ormai in confronto ai compagni, diverso in confronto a se stesso di ieri, già cominciava dunque a conoscere le scadenze terribili della vita. Adesso era partito Pasquale, poi sarebbe stata la signora Rop (e benché fosse una creatura così noiosa sarebbe pur stato un triste giorno), poi sarebbe toccato al padre, ad uno ad uno tutti i buoni compagni lo avrebbero lasciato sempre più solo. Il terrore del sacrilegio era nel ragazzo del tutto scomparso: gli restava invece quell'arido gusto della vita che ricominciava, come presentimento di lunga fatica.

Di notte in notte

Me n'andavo in ferrovia dalla grande città in sul far della sera. Partivo per un lido lontano dove mi attendeva la guerra, partivo e tornavo insieme. Ma sui sipari violetti delle case – che si erano fatte immense e misteriose a causa della notte – splendevano centinaia di lumi, finestre e verande accese. Perché ancora non era cominciata la vera notte regolamentare di guerra, la quale adesso d'agosto ha inizio notoriamente alle ore ventuno. Così io guardavo con tristezza quei lumi, considerando ciò che essi dicevano al mio cuore. E il treno passando tramezzo ai falansteri dei sobborghi, vedevo le case illuminate e ignare, una donna che lavava i piatti, un uomo che leggeva il giornale, due vecchie che parlavano tra loro, un bambino che cascava dal sonno seduto a un tavolo, altri uomini che giocavano a carte, le mille vite! Vedevo anche, nelle strade buie, duplici ombre quasi immobili e presumibilmente felici; e ogni tanto pure le luci di un palazzo dove maggiordomi attendevano l'ora prescritta per far cadere le saracinesche d'argento. La città dunque continuava a vivere senza sapere di me, di me se ne fregava completamente, non conosceva neanche il nome. Era piena di esistenze giovani o no, di speranze, malattie, di fasto e di sogni arcani. E donne belle sparse sotto gli alberi neri, amore che fuggiva dietro a me restandomi per sempre ignoto. Essa mi lasciava andare senza rimpianti; non aveva fatto niente per trattenermi, né un sorriso né invito di sorta, non mi aveva neppure dato un saluto. Eppure mi dispiaceva lasciarla, era triste separarsene, e riusciva ama-

ro pensare a tutte le dolci cose ivi lasciate, le giornate buone, le
sere grandi e poetiche, le primiere illusioni, le strade dove solevo incontrarla, i favolosi portoni non ancora varcati dove forse
mi aspettano; le occasioni infine vagheggiate e lasciate andare,
non tentate nemmeno, ore, giorni, anni interi della rapida vita
buttati via così, per viltà o per orgoglio. Alla esistenza trascor-
sa meditavo con la malinconia di tali partenze, tanto più che il
futuro si presentava incerto come una valle sconosciuta che in-
canta e impaurisce. Laggiù tra quei lumi lasciavo le immagini della giovinezza cadente, le sere placide e sgombre di pensieri, gli agevoli sonni, tante cose infine che non si possono dire.

Ma nel frattempo sempre più rari facevansi i lumi delle case,
sempre meno ombre di giovani donne, o volti di miei simili in-
tenti a consumare la vita; sempre più uscendo il mio treno dalla città smisurata.

Finché anche l'ultima finestra si spense in fuga lontana, il fra-
stuono delle rotaie divenne una musica e sopra la terra tenebro-
sa, la campagna addormentata, le solitarie torri, non rimase che
il lume delle stelle. Il quale dava però a me assai minore soddisfazione che le luci della città perché non parlava affatto della
amabile vita, musiche, amori, incanti domestici, segreti antichi.
Le stelle avevano una voce immobile e fredda, non indulgeva-
no alle debolezze della creatura.

Tuttavia io rimasi a guardarle, per un vago appello che da
loro a me pareva venisse. Esse non erano presenti quella notte
sotto la specie astronomica, non distavano da noi migliaia o milioni di anni luce, non raffiguravano mostri o deità, né orsi né
scorpioni né delfini né lire, non ruotavano nell'universo secondo leggi matematiche e neppure era tetradimensionale lo spazio
che le reggeva, ma assomigliava piuttosto allo spazio inesplo-
rato degli antichi maghi. Avevano dimenticato, penso, anche la
forza di gravitazione, per ritornare ad essere stelle pure e semplici, lumi accesi nel cielo. Non ne derivavano perciò disperan-
ti problemi di fisica su cui consumare la vita; in compenso da
loro scendeva un flebile e personale richiamo.

Molto flebile però: mentre ne consideravo con insistenza
questo o quel gruppo, alle volte mi sembrava infatti di avverti-

re una nuova speranza; altre volte no. Evidentemente, a differenza del sole che nasce o dello splendore del plenilunio, così generosi e patetici, esse incoraggiavano ad amare non le gioie di questo mondo, bensì cose più rare e pretendevano molto di più per rispondere ai nostri cenni. Tanto che mi chiedevo se non mi fossi sbagliato – forse erano davvero troppo lontane e io avevo presunto troppo immaginando che potessero interessarsi di me – quand'ecco mi accorsi che erano le medesime stelle della mia fanciullezza, lo stesso mitico fiammeggiare; avevano poi scintillato tutte le notti successive al di sopra di me e adesso le medesime risplendevano sul mare lontano che mi aspettava. Ed ancora le avrei viste, immutabili, all'arrivo sopra il mio capo, appena venuta la sera. E poi ancora la sera dopo e la notte seguente, e avanti avanti, eternamente, fino a che avrò lume degli occhi per vedere; ancora più in là infine, quando la storia sarà terminata, sul marmo della mia tomba. Le instancabili, le fedeli sorelle! Loro non mi lasciavano partire solo, non si allontanavano da me alla velocità di questo treno notturno, non mi illudevano con ridicole offerte per poi disincantarmi. Ciascuna di esse, pur minima, era un sempiterno bene di cui nessuno mi avrebbe mai potuto frodare.

Io ne fissavo specialmente una, di nome a me ignoto, grandetta e bellissima, azzurra di colore, che pareva mi sorridesse. Poveri lumi della città al confronto! Lei – pensavo – non mi tradirà mai, basta che io abbia un'ombra di fede. Senza farsi notare, con discrezione materna, mi accompagnerà tacita di notte in notte fino all'ora destinata. E neppure qui essa si stancherà di scortarmi, neppure in occasione di quella grande partenza. Sopra di me la vedrò pur sempre tremolare, luce benedetta, io levandomi attraverso le sfere, lentamente, spirito senza carne.

Indice

«I sette messaggeri»
di Dino Buzzati
Oscar
Mondadori Libri

Questo volume è stato stampato
presso ELCOGRAF S.p.A.
Stabilimento - Cles (TN)
Stampato in Italia. Printed in Italy